現代フードサービス論

日本フードサービス学会 [編]

創 成 社

発刊に寄せて

　日本のフードサービス産業の市場規模は 1997 年の約 29 兆 702 億円をピークとしてその後徐々に減少し，現在では約 23 兆 2386 億円となっています。しかし同産業にかかわる従業員は約 500 万人で，日本の国民経済で大きな位置づけをもつ産業の一つです。

　振り返ってみると，フードサービスである飲食業が外食産業あるいはフードサービス産業という産業としての位置づけを確保したのは，1969 年の第二次資本自由化を通じて海外のフードサービス企業との提携や合弁が盛んに行われるようになったことによります。

　69 年から 70 年代の初頭には，すかいらーくや日本ケンタッキーフライドチキンが創業し，マクドナルドやロイヤルホスト，ミスタードーナッツ，モスバーガーなど，今日のフードサービスの中核となったファストフードやファミリーレストランが次々と誕生しました。

　続く 80 年代前半までは安定成長を背景に，国内外のフードサービス企業が店舗数の増大に拍車をかけました。またこの時期はフードサービス企業が近代経営技術を積極的に習得した時期でもあります。

　80 年代後半から 90 年代前半はフードサービスが多様化・多業態化した時代といえます。消費者のライフスタイルの変化に伴って食生活の多様化が進み，それらのニーズに対応するために多様な業種・業態が輩出しました。

　90 年代初頭にバブル経済が崩壊しましたが，外食市場は 90 年 25.6 兆円，91 年 27.2 兆円，92 年から 94 年 27.7 兆円，95 年 27.8 兆円，96 年 28.6 兆円の市場規模を維持しました。そうした中で，95 年に産・官・学が一体となってフードサービスを研究しようという趣旨で設立されたのが日本フードサービス学会です。

　バブル経済崩壊は物価が持続的に下落するデフレ経済をもたらしただけでな

く，フードサービスにもさまざまな変化が現れました。たとえば95年の阪神・淡路大震災や96年のO-157による食中毒などの一連の"事件"はフードサービスに危機管理と安全衛生管理という課題を提起しました。

2000年以降もフードサービスには多様かつ複雑な課題が山積しました。01年には国内BSEの発生，02年には食品偽装や虚偽表示，未認可添加物の使用，輸入食品の残留農薬問題，03年の米国BSEの発生，04年鳥インフルエンザ，10年の口蹄疫など諸事故や事件が発生し，消費者の食への不安をかきたてました。

しかしフードサービスの抱える課題は負の側面ばかりではありません。急速に進展していくIT（インターネットやスマホ等）は，フードサービスにその活用を通じた新たなビジネスのあり方を提起していますし，SCM（サプライチェーン・マネジメント）の概念を基盤にした六次産業化の視点も新しいビジネス・モデルを構築する機会を提供しています。

さらに東南アジアをはじめとする新興国家の経済発展が著しい海外市場に，新たなビジネスチャンスを求めて積極的に進出する企業も数多くみられます。

フードサービスはエンターテイメント，環境保全，安心・安全など多面的な意味をもちますが，近年では2013年に和食がユネスコ世界無形文化遺産に登録されることにより，また2020年に東京オリンピック・パラリンピックの開催が決定したことで文化継承・創造，国際交流，ホスピタリティ・おもてなしとしての側面も大きく浮上してきました。

フードサービスは日本経済や人々の生活にとって極めて多大かつ多様な役割を果たしてきましたが，残念ながら日本にはフードサービスを学問として専門に扱う大学あるいは学部・学科はごくわずかです。そのためフードサービスを専門テーマとする教員や研究者はもとより，それを学ぶ学生（院生も含めて）も決して多いとはいえません。

そうした中で，少しでもフードサービスを学として学ぶ入門書的書籍が必要であろうという問題意識のもとに，日本フードサービス学会発足20周年記念事業としてまとめたものが本書です。

本書は創立20周年記念大会実行委員会（理事会）が中心となり，理事の一人

である横川潤（文教大学准教授）先生を中心にしてまとめました．本書の編集統括にご尽力を頂いた横川潤先生，また貴重なご寄稿を賜った学会員の諸先生，さらに学会の創設以来多大なご支援を頂いている（一社）日本フードサービス協会および本書の上梓にあたってご支援を頂いた（株）創成社 西田徹氏に衷心から感謝致します．

　本書がフードサービスを体系的かつ包括的に，しかも簡便に学べる書として活用されることを祈念します．

2015年5月吉日

日本フードサービス学会　会長

江口泰広

目　次

発刊に寄せて

第1部　フードサービスの歴史と現在

第1章　フードサービスの歴史 ──────────── 2
1．江戸時代のフードサービス ……………………………… 2
2．明治から高度経済成長期まで …………………………… 5
3．チェーンレストランの発展 ……………………………… 12

第2章　産業としてのフードサービス ─────── 19
1．はじめに─「食」の産業化とフードサービス産業 ……… 19
2．フードサービス産業のマーケット ……………………… 21
3．産業としてのフードサービス業の特徴 ………………… 29
4．フードサービス産業の未来への展望 …………………… 35

第3章　フードサービスと中食 ──────────── 39
1．イントロダクション ……………………………………… 39
2．中食とは …………………………………………………… 39
3．「中食」という語の登場 ………………………………… 41
4．中食の萌芽 ………………………………………………… 43
5．中食の隆盛 ………………………………………………… 44
6．中食の産業分類と市場規模 ……………………………… 46
7．共働きの増加と中食市場 ………………………………… 49
8．今後の展望 ………………………………………………… 50

第4章　フードサービスのトレンド ────────── 55
1．高原価率経営の賛否両論 ………………………………… 57

2．熟成肉ブーム ……………………………………… 60
3．注目を集める「ニッポン」の酒 ………………… 63
4．生産者一体型の事業モデル ……………………… 65
5．ホスピタリティ企業志向 ………………………… 67

第2部　フードサービスの戦略課題

第5章　マーケティングマネジメント ─────── 72
1．マーケティングの流れ …………………………… 72
2．環境分析としての3C分析とマーケティングのSTP ……75
3．マーケティングの4Pの実践としてのプロダクト ………77
4．マーケティングの4Pの実践としてのプライス …………80
5．フードサービス業の価値構造と見える化 ………………84
6．フードサービス業におけるインターナル・マーケティングの
　重要性 ……………………………………………………87
7．結　び …………………………………………………88

第6章　フードサービスのブランド・マネジメント ─── 90
1．フードサービスにおけるブランドの意味と役割 …………90
2．フードサービス・ブランドのマネジメント ………………97
3．フードサービス・ブランドの社会的評価 ………………104
4．まとめ …………………………………………………107

第7章　情報マネジメント ───────────── 111
1．フードサービスにおける情報化の歴史と現在 ……… 111
2．情報マネジメントを支えるインフラの変化 ………… 116
3．将来像 ………………………………………………… 124
4．おわりに ……………………………………………… 125

第8章　フードサービスと流通 ───────────── 127
1．流通懸隔と流通コスト概念 …………………………… 127
2．生鮮食料品と流通─青果物を中心として …………… 132
3．フードサービス業からみた流通 ……………………… 136

4．流通の主導権を誰が握るか ································· 148

　　　　　　　第3部　フードサービスと社会対応

第9章　外食産業における食の安全・安心 ── 152
　　　1．食の「安全」「安心」とは ································ 152
　　　2．食におけるリスクをめぐって
　　　　　──これまでの事件事故から学ぶこと ············· 154
　　　3．食の安全の確保と保証のための取り組み ············· 166
　　　4．外食産業における食の安全・安心の考え方 ········· 169

第10章　フードサービスと環境問題 ── 178
　　　1．環境問題対応の基本 ···································· 178
　　　2．主な環境問題とフードサービス産業との関連および対策 ··· 180
　　　3．取り組みの手順と環境認証 ····························· 188
　　　4．取り組みの基本 ··· 192

第11章　フードサービスとメディア ── 195
　　　1．メディアとは ·· 195
　　　2．ソーシャルメディアの台頭 ····························· 197
　　　3．ソーシャルメディアの利用者は食に関心が高い ······ 197
　　　4．フードサービスにおける生活者の認知と行動 ········· 198
　　　5．紙媒体を使った広告・販促 ····························· 200
　　　6．インターネットを使った広告・販促 ····················· 201
　　　7．フードサービスの広報戦略 ····························· 202
　　　8．食のブームとメディア ···································· 203
　　　9．食の安全とメディア ······································ 206
　　　10．結　び ·· 207

第12章　フードサービスの社会的責任 ── 210
　　　1．CSRとその領域 ·· 210
　　　2．FS産業とCSR活動 ······································ 214
　　　3．まとめ ·· 228

第4部 21世紀のフードサービス像を求めて

第13章 フードサービスと6次産業化 ── 234
1．問題の背景と課題 …………………………… 234
2．6次産業化とは ……………………………… 234
3．食分野の連携・融合 ………………………… 239
4．フードサービスが主導する6次産業化へ
　　～3次産業と1次，2次産業の連携から融合へ ……………… 245

第14章 フードサービスの日米比較
── フードサービスとレストラン ── 250
1．アメリカにおけるフードサービス産業の誕生 ………… 251
2．フードサービス産業の日本上陸 …………………… 253
3．業態コンセプトの日米比較 ………………………… 257
4．レストランの発祥と日本上陸 ……………………… 258
5．レストランの大衆化とシェフのスター化 ………… 261
6．レストラン業界におけるメディアの影響力 ……… 263
7．おわりに …………………………………………… 266

第15章 フードサービスの日欧比較 ── 268
1．市場規模 …………………………………………… 268
2．イギリスの外食産業 ……………………………… 273
3．フランス …………………………………………… 277
4．イタリア …………………………………………… 281
5．ヨーロッパの大企業 ……………………………… 283
6．まとめ ……………………………………………… 285

索　引　288

第1部

フードサービスの歴史と現在

第1章　フードサービスの歴史

　本章では，フードサービスの歴史を大まかに三つに区切って俯瞰してみたい。

　第一の区分は，江戸時代（中期以降）のフードサービスの様子についてである。江戸（現東京）は，当時世界最大規模の消費人口を擁する大都市であり，今日のフードサービスのいわば原型が相当に出揃ったという見方ができる。

　第二の区分は，明治以降の資本主義経済の発展とともに人口の流動化や諸外国からの情報の流入などによりフードサービスが多様化していく時期である。

　第三の区分は，第二次大戦終結後四半世紀経ってチェーンレストランの思想と仕組みがアメリカから齎され，フードサービスの事業主体として企業経営が確立していく時代である。

1．江戸時代のフードサービス

　江戸（後期）の人口は，町人人口がおよそ50万～60万人，武士，僧侶などを加えると推定で100万人を擁するといわれている。この巨大都市で，人々の外食生活が一挙に花開いた。江戸社会を支える町人の経済力，旺盛な職人たちの消費力を背景に，さまざまな料理や業態が生まれ，江戸市民が外食生活を謳歌した。

　今日，和食の代表的な料理として確立している蕎麦（そば切り），すし，天ぷらは，いずれもこの時代に開発され普及したものである。固定店舗のほかに屋台（移動店舗）が多く供給を担った。屋台は，人出のあるところを求めて，各

所に出店（出没）して簡便な食事として賑わった。団子など腹持ちのよい菓子などもあわせ、それらの屋台が立ち並ぶ様子は、今日の繁華街のファストフード通りやフードコートを髣髴とさせるものである。

　蕎麦は、もともとは救荒作物として植えられ、米麦中心のわが国の食生活上では傍系に位置して、それまではいわば代用的に「蕎麦がき」として食されていたが、「蕎麦切り」（繋ぎを混ぜて水で捏ね、麺棒で薄く延ばしたものを細く切って一旦湯に通し、出し汁に浸すかつけて食べる）が江戸の初期に開発され、以後は蕎麦屋が爆発的に増えた。蕎麦屋は、江戸末期のある文献では、市中に3763店あったとされ、人口100万人で単純に割ると人口２百数十人に１店舗の割合となる[1]。そして屋台による振り売りはその倍あったとも言われている。

　スシの原型は、保存食であるが、江戸時代には、保存性を度外視した「早ずし」「一夜ずし」といういわば即席ずしが販売されるようになり、文化文政期（江戸後期）には、握りずしが出現した。握りずしは、江戸湊（東京湾）で獲れる魚貝類を具に乗せて摘み食いするところから「江戸前すし」といわれる。すし屋の店数は蕎麦屋をはるかに上回ったとされる。

　天ぷらも、江戸前の小魚や貝類などが主たる食材で、これらを串に刺し、熱した食用油につけて揚げた料理で、今日では串揚げというべきかもしれない。お客の目の前で油を加熱するので、屋内ではなく屋台での立ち食いが主流であった。本格的な店構えをするには広い空間が要るので、江戸末期に登場する「お座敷天ぷら」（座敷部屋を複数使う）はその後に高級料理の一角に収まった。

　これら蕎麦、すし、天ぷらには、共通点がある。調理が簡便なこと、食材価格が安価なため料理値段も安いこと、一時凌ぎの腹持たせにも食事の代用にもなること（すし、天ぷらは個数調整が自在である）、そして、食べ方が自由自在で従前の食事作法から無縁であったこと、である。

　手掴みで、音を立てて、立ち食いでと、正餐の場面では憚られる食べ方であり、庶民派ファストフードとして面目躍如の感がある。

　これらファストフードとならび本格的な料理屋や高級料理店も多数出現している。これらは「料理茶屋」と呼ばれた。「料理」という言葉には、ご馳走というニュアンスがあり、「茶屋」というのは飲食店、レストランのことである。

山海の珍味を揃え，座敷や庭園に贅を尽くし，食器，家具，調度などにも凝ったものを配していた。現代の言葉に直せば高級料亭であり，あるいは屋敷，施設の景観は，大型ホテル，高級旅館のよく造園された庭園の風情である。客層は，上級武士，大商人，一部の文人墨客に限られ，一般町人の利用は経済的にはかなわなかった。

もうすこし大衆的なフードサービス施設では「奈良茶飯」を謳う店がある。「奈良茶飯」は，ある種の炊き込みご飯で，これに豆腐汁，煮豆，煮しめ，梅干し，漬物などを添えて膳を組んでお客に提供した。定食のセットメニューが定番で，一膳飯屋ともいわれた。

当時はこれら食べ物店などのいわゆるガイドブックもたくさん出版されており，それらのなかにも「奈良茶飯」の店が描かれており，子供連れとおぼしき客や街道を行きかう人たちで賑わっている様子が分かる。さしずめ今のファミリーレストランのようにかなりの程度日常的な利用に供されていたようである。

今日の喫茶店，あるいはカフェに相当する「水茶屋」もいたるところにあった。

道端に葭簀（よしず，葦で編んだ簾）を立て掛けて営業する簡易な仮設型店舗が原型である。関西では「掛茶屋」，「腰掛茶屋」とも，関東では「出茶屋」ともいわれた。時代劇映画などでよく見かける「茶見世」である。

これらが江戸期中期以降では簡易型店舗にかわって常設式の店舗が増えて「水茶屋」とよばれた。ある考証では，常設型，仮説型合わせて寛政年間（18世紀末）に2万8千〜2万9千店舗もあったというから，夥しい数の「水茶屋」がいたるところにあったことになる。また「水茶屋」が集中してある街並みは，「並び茶屋」と呼ばれた。さしずめ今なら「〇〇通り」とでもいうのであろう。一例を挙げると，浅草の伝法院には36軒の「水茶屋」があったことから「歌仙茶屋」と呼ばれた。三十六歌仙（平安時代の有名歌人の総称）をもじった言い方であることは言を俟たない。

これら「水茶屋」は，店数が多い分だけ競争も激しかった。享保年間（18世紀前半）のころより茶汲女（茶屋女）を雇い，接待させるところが増え始め，こ

れらは「色茶屋」と呼ばれるようになった。幕府はこれを厳しく規制したが，ある種のイタチゴッコの繰り返し状態でもあった。

ただ，いわゆる看板娘は評判を呼んで，浮世絵版画界を代表する美人画のモデルにもなっている。著名な喜多川歌麿の大首絵の代表作である寛政の三美人は，いずれも「水茶屋」の看板娘がモデルであった。この他にも「娘評判記」の類も多数出版されており，今で言えば芸能界カタログのモデル供給源であったわけである。

もっと違うやり方で特色を打ち出す店も少なくなかった。「孔雀茶屋」「花鳥茶屋」「花屋敷」などもその一角にある。当時では珍しい孔雀をオリに入れてお客に見せる，珍種の植物や鳥を店内で見せ物としてお客を呼ぶ，店の敷地内に規模の大きな建築物と花園を作り散策させるなど，そのバリエーションは多種多様である。ある種の庭園やテーマパークへの志向性をも有していたといえよう。当時の語彙では「水茶屋」の一種でそのバリエーションの一つということになるが，江戸時代後期の外食社会の豊饒性，成熟性を物語るところであろう。

以上のように，今日のフードサービス施設の原型のほとんどが江戸時代後期に出揃っていたという見立てができるのである。けだし，都市社会の発展にはフードサービスの発展が伴うという原理が認識できるところである。

2．明治から高度経済成長期まで

明治維新以降，わが国は資本主義を導入して近代国家の確立を目指していく。国家建設のスローガンは殖産興業と富国強兵であるが，具体的には欧米からの制度・技術・文化の導入を急ぐことになる。わが国が欧米文明の洗礼を受けるなかで，フードサービスの世界には二つの新しい潮流が生まれた。肉食の普及と西洋料理の（日本流の）発展である。

実はわが国では，7世紀後半の推古天皇の肉食禁止令以降，獣肉食は，1千年以上の長きにわたって公には禁忌とされてきた。これが欧米文化に晒されて覆った。政府も，欧米人との体格体力の差の要因を肉食習慣に求めるところが

あり，国力増強の観点からも牛肉食を推奨する事態となった。これに呼応して，牛鍋屋が一大ブームとなった。なかには，牛鍋店「いろは」のように30店近くの店を統一メニュー，統一価格，統一サービスで運営を試みたチェーン店も登場した[2]。もっともこれらの店は，創業者の妾や近親者で運営されており，創業者の死去によりまたたくまに衰退してしまうので，家族経営形態の例外的拡大版と見るべきであるが。牛鍋あるいはすき焼きは，ブームのあとも各地で真似されて，全国的なフードサービス業種の一つとなった。

またホテル及びホテル兼西洋料理店も外国人居留区各地（長崎，函館，神奈川（横浜），築地）の周辺にでき始めるが，こちらは価格の点で一般人が利用できる店とは言い難かったようである。しかしながら，明治の後半期に入ると日本的要素で調整された折衷料理が試みられるようになり，そうした料理を掲げて西洋料理店の一般化がはじまった。具体的には，カレーライス，コロッケ，カツレツ（ビーフカツレツ），オムレツなどである。（一時は前3者を三大洋食と呼んでいたこともある。）この後に統計を紹介するなかで格付けされている西洋料理店とは，このような折衷料理あるいは今日的では日本料理と認識されている折衷料理を中心とした店がほとんどである。（ちなみにトンカツは新しいメニューでその普及は大正以降であり，当時はやはり洋食とされていた。）

明治中期以降になると行政統計資料が少しずつ整備されてくるので，ここからは，フードサービスの実像を統計資料にもとづいて俯瞰してみよう。

図表1-1は，19世紀末からの東京市（旧市15区）のフードサービス施設の30数年間にわたる推移を一覧したものである。

図表1-1　東京市（旧市15区）の1898年（明治32）～1932年（昭和7）の外食施設数の推移

	料理店	飲食店	喫茶店	氷水店	新聞雑誌小説類似縦覧所	人口（万人）
1898年（明治31）	361	3,473	69	2,384		143
1899年（明治32）	385	3,741	69	2,792		150
1900年（明治33）	440	4,151	74	3,147		150
1901年（明治34）	482	4,640	74	3,576		163
1902年（明治35）	492	5,194	66	4,237		171
1903年（明治36）	526	5,754	74	4,575		180
1904年（明治37）	503	6,170	62	4,758		187

	料理店	飲食店	喫茶店	氷水店	新聞雑誌小説類似縦覧所	人口（万人）
1905年（明治38）	513	6,174	55	4,784		197
1906年（明治39）	524	6,271	58	5,037		206
1907年（明治40）	490	6,546	57	5,074		215
1908年（明治41）	534	7,222	48	5,273		217
1909年（明治42）	545	7,736	44	5,661		162
1910年（明治43）	520	8,222	52	5,564		181
1911年（明治44）	533	8,637	51	5,818		191
1912年（大正元）	529	8,971	47	6,393		201
1913年（大正2）	540	9,495	46	5,875	577	203
1914年（大正3）	547	9,381	41	4,811	488	210
1915年（大正4）	460	9,452	40	6,679	183	225
1916年（大正5）	423	8,907	38		173	228
1917年（大正6）	414	8,831	32		121	235
1918年（大正7）	394	8,070	25		48	233
1919年（大正8）	375	8,087	27	4,777	38	236
1920年（大正9）	374	8,468	32	4,106	39	238
1921年（大正10）	385	9,212	31	4,266	39	244
1922年（大正11）	392	9,888	32		39	248
1923年（大正12）	253	9,362	55		9	153
1924年（大正13）	318	12,764	159		6	193
1925年（大正14）	323	12,962	226		6	200
1926年（昭和元）	315	12,898			6	201
1927年（昭和2）	304	12,931	397		4	203
1928年（昭和3）	290	13,036	671			204
1929年（昭和4）	331	13,652	1,073			206
1930年（昭和5）	307	14,346	1,082			207
1931年（昭和6）	277	15,051	1,254			210
1932年（昭和7）	279 (758)	15,110 (31,190)	2,056 (3,125)			214 (531)

注1）表中の空欄は，原表に記載がないことを示す。
注2）人口は「東京市統計年表」1941年（昭和16）刊行版による。ただし，1932年（昭和7年）の旧市分の人口は「東京市統計年表」1940年（昭和15年）刊行版による。
注3）1898年（明治32年）～1927年（昭和2年）の各項目には，以下のような英文表記がある。
「料理店」＝「Higher Restaurants」，「飲食店」＝「Lower Restaurants」，「喫茶店」＝「Tea House」，「氷水店」＝「Ice-Water Shops」，「新聞雑誌小説類似縦覧所」＝「Reading Rooms」。
注4）1923年（大正12年）に「料理店」，「飲食店」，および人口が前年と比べ減っているのは，関東大震災の影響と推測される。
注5）1932年（昭和7年）10月に東京市は隣接する5郡82町村を合併し，それまでの東京市15区から35区へと拡大した。（　）は新市35区分である。
注6）原資料には，本表5項目の他，「待合茶屋」，「遊船宿」，「貸席」，「引手茶屋」，「銘酒店」，「芝居茶屋」などの項目がある。
出所：（茂木 1996），p.27
資料：「東京市統計年表」より作成。

これによるとフードサービス施設の格付け名称は「料理店」,「飲食店」,「喫茶店」,「氷水店」,「新聞雑誌小説類閲覧所」となっている。「料理店」は高級店のことであり,「飲食店」は大衆店のことであり,両者は店構えやメニュー価格やサービスなどあらゆる点で歴然と区別されていた。当然客層も別々である。両者は業種的には混在していて,業態区分だと看做さなければならない。「氷水店」は,簡易店舗,仮設店舗で夏場の季節営業のものが多く前節で指摘した「水茶屋」の類であるといってよい。これに対して,ここでの「喫茶店」は,明治の文明開化の担い手たるハイカラな飲み物を扱う店で,「水茶屋」の西洋ハイカラ版とみなせよう。

　次にこれらの店舗数の推移を見ると,高級な「料理店」数は5百店舗台で留まり,人口数千人に1店舗の割合である。大衆的「飲食店」数は,この30余年間で4〜5倍に増えている。同じ時期の人口増加は約1.5倍であるので,大衆的フードサービス店舗が都市生活者の外食生活を担うべく激増しているということが分かる。19世紀末ではほぼ4百人に1店舗の割合であったものが,30余年後には140人に1店舗の割合になっている。この期の東京も,江戸と同様にあるいはそれ以上に外食社会であった評することができよう。

　「新聞雑誌小説類閲覧所」は,当時「ミルクホール」とも呼ばれたところであり,新聞や官報が閲覧できるなど学生や官吏あるいは金融・相場などビジネスユーズに答えた喫茶店であり,立地的にも都心など限定的で店数もさほど多くはならず大正の末には時代の役割を終えている。「水茶屋」インテリ版とでも例えられようか。また,都市のインフラが整ってくると「氷水店」も時代の役割を終えて統計対象から姿を消していく。

　ところで,関東大震災（1923年，大正12年）は,建築物の倒壊と火災とで大都市東京を灰燼に帰すかのような大事であったが,その後の復興は目覚しく,復興の都市計画の具体化,都心交通網の整備,住宅地の外延化（郊外の形成）などを伴って,改めて人口の再膨張を促していった。それに伴い,外食の大衆化がいっそう進展した。都市の建物にはガラスが用いられるようになり,「飲食店」や「喫茶店」も急増していくこととなる。

　行政統計もこの実態を追いかけ,大衆的「飲食店」は,「西洋料理」,「支那

図表1－2　東京市（旧市15区）の1932年（昭和7）～1939（昭和14）年の外食施設数の推移

	料理屋	西洋料理	支那料理	寿司屋	蕎麦屋	喫茶店	その他	合計	人口（万人）
1933年（昭和8）	355	3,475	612	1,026	1,608	2,601	7,546	17,223	217
1934年（昭和9）	357	3,261	642	1,020	1,620	2,402	7,565	16,867	221
1935年（昭和10）	354	3,079	647	959	1,624	2,479	7,837	16,979	225
1936年（昭和11）	305	3,214	778	(915)	(1,565)	2,518	〔7,752〕	17,047	228
1937年（昭和12）		3,326	666	(1,030)	(1,575)	3,067	〔8,134〕	17,796	232
1938年（昭和13）		2,785	720	(1,093)	(1,514)	3,307	〔7,326〕	16,745	236
1939年（昭和14）		2,615	591	(952)	(1,401)	3,061	〔7,730〕	16,350	238

注1）表中の空欄は原表に記載がないことを示す。
注2）人口は「東京市統計年表」（1940年，昭和15年）刊行版による。
注3）「合計」は1933～1935年（昭和8～10年）は原表による。1936～1939年（昭和11～14年）は茂木が作成。
注4）「東京市統計年表」では，「普通飲食店」と「特殊飲食店」とに区別している。「特殊飲食店」とは「婦女が客席に侍して接待し」「洋風である」飲食である。
1936年（昭和11年）～1939年（昭和14年）の「寿司屋」「蕎麦屋」の項目の（　）は「普通飲食店」に分類された店数である。〔　〕には，「特殊飲食店」に該当した「寿司屋」，「蕎麦屋」を含むものと推測される。
出所：(茂木1996)，p.36
資料：1933～1935年（昭和8～10年）は「東京市産業統計年鑑」，1936～1939年（昭和11～14年）は「東京市統計年表」。

料理」，「寿司屋」，「蕎麦屋」，「その他」に区分されるところとなった。これらの店数の合計は，この年代だと東京全体として（旧市街地で見ても新市街地でみても）人口1百数十人に1店舗存在するというほどの割合となる。ただ，関東大震災以降10年ほどがフードサービス店供給増のピークであり，その後は昭和恐慌以降の経済不況とそれに続く戦争経済化への傾斜により，フードサービスの総店数は横這いないし漸減傾向を示すようになる。

　以上のような明治，大正，昭和期（戦前）のシンボル的なフードサービス施設について3題触れておこう。ビアホールと百貨店食堂と須田町食堂である。

　ビールは，明治の文明開化とともにわが国に紹介された飲み物でハイカラ飲料の代表であり，ビアホールは，新興のビールメーカーがビールの宣伝と拡販を目的に用意した大型の飲食店である。広い空間と豪華な内装の割りに値段が大衆的であったため人気を博した。いわば高級な「料理店」と大衆的な「飲食

店」が融合したかのような客層の広がりがあった。

　百貨店は，それまでの大型呉服店がアメリカのデパートメントストアを真似て衣替えした大型小売店であり，明治末期から大正期にかけて開業が相次いだ。その先駆けは三越であるが，物販小売に加えて食堂（フードサービス）も手掛けた。同店は大正になると白レンガ造りの5階建てで新装オープンし，4階には120人収容の大食堂を設け，家族連れ客を意識的に開拓し，「お子様ランチ」（最初は「お子様洋食」名）を考案して定番メニューとした。他の百貨店も追随して，百貨店食堂は賑わった。

　昭和に入って開業した大阪梅田の阪急百貨店では，8階建て（地下2階）の7階8階を食堂とし，各階2,000人収容という空前の大型フードサービス施設を設けた。同店の売り物の一つはカレーライスであるが，そのための食材用に農家へ牛の預託肥育を実施した。

　第二次大戦後においても，チェーンレストランの時代が到来するまでは，各地の百貨店食堂は，フードサービスの代表的な存在であった。

　一方，街場では，大正末年に開店した「須田町食堂」（当初店名「簡易食堂」のちの「聚楽」）は，多店舗化を進めて，最盛期69店舗を擁して，サラリーマンなど中間層の外食需要に応え，洋食の大衆化に貢献した。メニュー価格を抑えるために仕入れ部を設け，各店への食材の一括購入を実施している。

　第二次世界大戦下は統制経済が敷かれ，物資不足も深刻となり，やがてわが国の生産体制はほとんど破壊されて，1945年（昭和20年）に終結したが，その年の冬には多数の餓死者も出している。しかしながら，東西冷戦という世界情勢を背景に，その後のわが国の経済の立ち直りは速かった。11年後の政府の『経済白書』は経済復興を称して「もはや戦後ではない」と宣言した。

　全国を悉皆で調査する「商業統計」は1952（昭和27）年から実施されるようになったので，その調査結果により「飲食店」数の推移を見てとることができる。図表1‒3によると，戦後経済の高度成長とともに全国で「飲食店」数が激増していく様子が分かる。

　最初の調査年1952（昭和27）年の「飲食店」数は約12万7千店であり，1960（昭和35）年の「飲食店」数は約23万店，1970（昭和45）年は約42万6

図表1－3　飲食店数の推移

	店数	人口（千人）	1店当たり人口（人）
1952年（昭和27）	126,614	85,808	678
1954年（昭和29）	147,426	88,239	599
1956年（昭和31）	169,085	90,172	533
1958年（昭和33）	199,908	91,767	459
1960年（昭和35）	229,960	93,419	406
1962年（昭和37）	242,754	95,181	392
1964年（昭和39）	269,043	97,182	361
1966年（昭和41）	321,354	99,036	308
1968年（昭和43）	371,331	101,331	273
1970年（昭和45）	425,971	103,720	243
1972年（昭和47）	483,709	107,595	222
1974年（昭和49）	542,288	110,573	204
1976年（昭和51）	616,001	113,094	184
1979年（昭和54）	736,815	116,155	158
1982年（昭和57）	838,449	118,728	142

資料：通産省（現経済産業省）「商業統計」、総務庁（現総務省）「日本の推計人口」。

千店である。1970年は大阪万国博覧会開催の年であり、チェーンレストラン幕開けの年である。そして1982（昭和57）年は約83万8千店である。30年間で「飲食店」数は6.6倍となっている。あるいは、人口678人当たり1店舗であった「飲食店」は、人口142人当たり1店舗になったのである。

　1970年代はチェーンレストランの叢生によりフードサービス事業に企業的経営が確立拡大していくことになるのであるが、同時にこの時代は、企業的経営のみならず個人経営も含めてフードサービス施設の追加供給が圧倒的に続いていたのである。社会が求める外食需要はそのように大きく拡大が続いていたともいえる。かつての江戸あるいは東京を凌ぐ外食社会が日本列島全土で出現したということができる。

3．チェーンレストランの発展

　わが国に本格的なチェーンレストランが多数登場し，社会全体からフードサービス業界が注目を集めていくのは，1970年代以降のことである。チェーンレストランとは，同一メニュー，同質サービスを提供する多数の店舗が同じ店名を掲げて運営する事業体のことである。

　その契機となったのは，1970（昭和45）年に開催された大阪での日本万国博覧会の開催と，前年に実施された資本の（第2次）自由化政策である。

　資本の自由化とは，外国の資本が日本国内で営利法人を設立して事業活動することが自由化されることをいう。戦後の日本経済の発展は，「資本取引の自由化」を国際公約とし，1967年から1973年にかけて都合5度にわけて段階的に外国資本に市場開放していくこととなるのであるが，1969年の第2次自由化の指定業種に「飲食業」がリストアップされた。

　1950年代から1960年代は，アメリカ全土においてハワード・ジョンソン，ケンタッキーフライドチキン，マクドナルドなど数多のチェーンレストランが華々しく店舗拡大を続けて，新しいフードサービスの消費生活を演出していった時代である。1960年代の後半になるとその様子がわが国の関係者の間でも少しずつ知られるようになり，一部の先進的な起業家たちは，アメリカ視察を繰り返して，チェーンレストランのわが国への導入を試みようという気運が盛り上がり，外資の自由化を見越してアメリカのフードサービス企業との提携話も少なからず進行していた。

　その同じ時期に大阪で万国博覧会が開催された。大阪万博のアメリカ館では，アメリカの月探索機アポロ11号が持ち帰った月の石が展示され，大評判となった。

　アメリカゾーンのフードサービス施設は当時のレストラン王といわれていたハワード・ジョンソン社が出店運営予定であったが，採算上の問題で見送られ，替わって九州・福岡に本拠のあるロイヤルが出店運営することとなった。

　同社は，「飲食業の産業化」を掲げてすでに10店舗以上のレストランを擁し，

事業拡大を目論んで福岡にセントラルキッチン（中央調理場とよんでいた）を設けており，ここで下拵えした食材を大型トラックで山陽道をピストン輸送して万博会場に供給する方法を考案した。併せて，炭火を通せばすぐに出せるように大きさや形を整えて冷凍・パッキングしたステーキ用の肉をアメリカのミートパッカー（食肉加工業者）から直送する体制をつくり，そのための厨房機器類もアメリカから購入して対応した。

大阪万博は，会期183日間に史上最高の6,421万8,770人の見学者を集めた。1日平均35万人強という驚異的な集客であり，各所で長蛇の列や入場制限が相次いだ。万博会場内には，レストラン241店とスナック32店が出店していたが，そのほとんどで殺到する顧客に対して混乱や食材切れなどを生じ対応に苦慮した。それらとは対照的に，ロイヤルが担当したアメリカ館のレストラン（4店舗）では，比較的スムーズにお客への対応を実現していたことでその運営手法に俄然注目が集まるところとなった。

実際，その営業実績も凄まじかった。ロイヤルのアメリカゾーンへの出店はハワード・ジョンソンの指導を期待していわば「産業化」ための授業料としての大きな赤字覚悟の決断であったが，それでも7億円の売上げで収支トントンという淡い期待をもっていたところ，10億円以上の売上げで大幅な営業黒字を計上した。また混乱を重ねたとはいえ，万博会場内のレストラン，スナックの期中の総売り上げは236億円に上った。一日平均1億3千万円である。

それまでは，戦後の人々の食生活の基本は家庭内食にあるものとして，マスコミなどもふくめ社会全体の関心が，外食生活に向けられることなどほとんどなかったという実情の中で，この大阪万博での実績はフードサービスへの実需の顕在化とビジネスへの期待を一気に膨らませる出来事となった。いわば大阪万博は，1970年代以降に堰を切るかのごとくに始まるチェーンレストランの時代を揺籃する壮大な実証実験場として機能し，人々をフードサービス生活に誘うきっかけとなったのである。

そして現実に多くの企業がアメリカのフードサービスチェーンと技術提携したり，合弁会社を設立したりしてわが国のフードサービス市場にアメリカのチェーンブランドが持ち込まれるところとなった。

1970（昭和45）年には，化学雑巾のレンタルで知られるダスキンは「ミスタードーナツ」と技術提携し，三菱商事は外資と折半の合弁会社日本ケンタッキーフライドチキンを設立し，1971（昭和46）年には藤田商店が合弁で日本マクドナルドを設立し，アメリカのチェーンブランドがいっせいに増店を開始している。これらはいずれも当時の日本人の憧れであったアメリカンライフスタイルの立役者として流行の先端と認知され，出店そのものがブームとなっていった。ファストフードという言葉もここから派生して普及していくのである。そしてフランチャイズシステムを採用してミスタードーナツとケンタッキーフライドチキンは1980（昭和55）年に300号店を数え，当初直営店にこだわったマクドナルドはその翌年に300号店を達成した。
　また，1973（昭和48）年にはイトーヨーカ堂がアメリカのデニーズ社と技術提携して子会社デニーズジャパンを設立している。ロイヤルは大阪万博の翌年にロイヤルホストの1号店を九州で出店して同ブランドのチェーン化を手掛けた。一方ですかいらーくは，渡米を重ねたりロイヤルのセントラルキッチンを研究したりして独自で駐車場付き大型洋食レストランを1970（昭和45）年に開店し，東京の郊外で急速に多店舗化して11年間で300店舗のテーブルレストランチェーンを実現した。これらはマスコミによってファミリーレストランと命名され，上記3ブランドはその後ファミリーレストラン御三家と呼ばれて，ファストフードと並び，新しいフードサービスの時代を代表する存在となった。
　1970年代はわが国の高度経済成長が終焉しオイルショックによる打撃を受けて経済不況のさなかにあったので，新興フードサービスブランドの店舗急増の様子は倍々ゲーム（1年で店舗数が倍増するという意味）と呼ばれて持て囃されたのである。
　1980年代に入ってもその勢いは止まらずチェーンブランドは全国隈なく出店しようと拡大を続けた。図表1－4は，1970年代以降四半世紀わたる主要な外資フードサービスブランドの登場の様を整理したものであるが，この間における外資との提携が如何に頻繁に行われていたかが窺える。ただそうは言っても成功事例ばかりであるはずもなく，撤退や失敗事例も当然のことながら多かった。

第 1 章　フードサービスの歴史 | 15

図表 1 − 4　日本に上陸した主な外資系フードサービスチェーン（1995 年まで）

名称	業態・主力商品	一号店	店舗数＊	主な提携企業	提携形態
ケンタッキーフライドチキン	フライドチキン	1970	1,045	三菱商事	合弁
東食ウインピー	ハンバーガー	1970	撤退	東食	合弁
マクドナルド	ハンバーガー	1971	1,432	藤田商店	合弁
ダンキンドーナツ	ドーナツ	1971	73	レストラン西部	技術提携
ミスタードーナツ	ドーナツ	1971	787	ダスキン	技術提携
ディッパーダン	アイスクリーム	1972	26	ダイエー	技術提携
A&W ハンバーガー	ハンバーガー	1972	撤退	明治製菓	技術提携
デイリークイーン	アイスクリーム	1972	170	丸紅	合弁
ピザ・イン	ピザ	1973	撤退		技術提携
シェーキーズ	ピザ	1973	85	三菱商事 キリンビール	合弁
ピザハット	ピザ	1973	136	アサヒビール 住友商事	合弁
アンナミラーズ	コーヒーショップ	1973	20	井村屋製菓	技術提携
バーニー・イン	ステーキ	1973	撤退	三菱商事，日本ハム	合弁
サーティーワン・アイスクリーム	アイスクリーム	1974	333	不二家	合弁
デニーズ	ファミリーレストラン	1974	480	イトーヨーカドー	技術提携
ハーディ	ハンバーグ	1977	撤退	兼松紅商	技術提携
ビッグボーイ	ファミリーレストラン	1978	101	ダイエー	技術提携
IHOP	ファミリーレストラン	1978	30	長崎屋	技術提携
ロングジョンシルバー	シーフードレストラン	1978	撤退	ダスキン	技術提携
トニーローマ	バーベキューレストラン	1979	10	WDI グループ	技術提携
ウインチェルドドーナツ	ドーナツ	1979	撤退	ユニー	技術提携
サンボ	コーヒーショップ	1979	—	すかいらーく	技術提携
シズラー	ステーキ	1979	12	日本コインコ	技術提携
チャーチス・デキサス・フライドチキン	フライドチキン	1980	撤退	レストラン西武	技術提携
マリー・カレンダー	ファミリーレストラン	1980	撤退	タカラブネ	技術提携
ウエンディーズ	ハンバーガー	1980	53	ダイエー	技術提携
ビクトリア・ステーション	ステーキ	1980	22	ダイエー	技術提携
ココス	ファミリーレストラン	1980	284	カスミストア	技術提携
アービーズ	サンドイッチ	1982	撤退	ニチイ	技術提携
ジョーズ	シーフードレストラン	1982	2	ダスキン	技術提携
レッドロブスター	シーフードレストラン	1982	41	ジャスコ	合弁
タイガーシーフードレストラン	シーフードレストラン	1983	撤退	忠実屋	技術提携
ハードロックカフェ	アメリカンレストラン	1983	2	WDI グループ	技術提携

名称	業態・主力商品	一号店	店舗数*	主な提携企業	提携形態
ハーゲンダッツ	アイスクリーム	1985	89	サントリー	合弁
ホブソンズ	アイスクリーム	1985	14	スコーレ	技術提携
ドミノ・ピザ	宅配ピザ	1985	134	ワイ・ヒガコーポレーション	技術提携
スティーブス	アイスクリーム	1986	撤退	アサヒビール	技術提携
タコタイム	タコス	1987	撤退	日産自動車販売	合弁
エド・デベビックス	ダイナーレストラン	1988	撤退	ダスキン	技術提携
ディ・アンジェロ	サンドイッチ	1988	撤退	春陽堂	技術提携
シュロッキーズ	サンドイッチ	1988	撤退	家族亭	技術提携
カールス・ジュニア	ハンバーガー	1988	1	フレンドリー	技術提携
タコベル	タコス	1988	撤退	日本ペプシコ・フードサービス	
エル・ポヨ・ロコ	網焼きチキン	1988	撤退	三井不動産	合弁
ヨーグルト・ツリー	フローズンヨーグルト	1988	撤退	日本信販,ワコール	技術提携
TCBY	フローズンヨーグルト	1990	37	UCC上島珈琲	合弁
カフェデュモンド	ベニエ（揚げ菓子）	1990	45	ダスキン	技術提携
サブウエイ	サンドイッチ	1992	102	サントリー	技術提携
パンダエキスプレス	中華ファストフード	1992	4	オージーロイヤル	技術提携
バーガーキング	ハンバーガー	1993	10	西武商事	技術提携
ケニー・ロジャース・ロースターズ	ロテサリーチキン	1995	2	ロースターズジャパン	技術提携
スターバックス	コーヒーバー	1996	—	サザビー	技術提携

注1）「店舗数」欄および注4，注7は1995年時点である。
注2）主な日本側提携企業名と提携形態はチェーン進出時のもので，その後，企業名称および提携企業，提携の形態が変更しているものもある。
注3）提携の形態で外国企業とフランチャイズチェーン契約など外国の資本が入っていない場合は「技術提携」，展開にあたって外国企業が日本企業と合弁会社を設立した場合は「合弁」とした。
注4）店舗数の項目にある「撤退」は，日本側独自の判断による撤退の他，提携先の外国企業が消滅した場合やチェーンの営業権を譲渡するなどし，日本での展開が不可能になったものを含む。「撤退」はまた，表に示した企業によるチェーン展開中止を示し，「A&Wハンバーガー」「アービーズ」「タコタイム」「タコベル」などのように表に示した企業とは別の事業体が別個に外国企業と提携し，現在でも国内で営業しているケースもある。
注5）「ピザ・イン」の閉店年は農水省資料による。
注6）店舗数が一になっている「サンボ」「スターバックス」について。「サンボ」はすかいらーくと技術提携後，経営陣が変わったのを機に，すかいらーくは契約を白紙に戻したため，日本での出店には至らなかった。このためサンボの閉店年は提携年を示す。ただ，すかいらーくは契約解消後もコーヒーショップ分野への出店を目指し，「ジョナサン」1号店を1980年に出店している。「スターバックス」は1996年8月に1号店開店。
注7）日本ペプシコフードサービスは米国ペプシコの100％子会社のため「提携の形態」を空欄とした。

出所：(茂木1996)，pp.68-69

しかしながら，そのことも含めて拡大を続けるフードサービス業界全体として社会的には人的資源の蓄積と増加を得るところとなり，チェーンレストラン運営手法やそのなかで追求される立地開発，メニュー開発，マーケティングなど，企業的経営を活性化させるさまざまなノウハウも普及するところとなった。全国各地で，さまざまな業種業態で国産ブランドのチェーンレストランが多数登場し，これらを含めてフードサービス業界は「外食産業」と呼ばれるようになった。

そして，1980年代の前半ではそれまでの中高年男性客の利用に比較的限定されていた居酒屋市場が若年層と女性にも開放されて急拡大した。またその後半からはバブル経済へ向かって高級なフレンチやイタリアンを謳う店も増店し始めた。流行を追いあるいは演出する雑誌メディアも頻りとこれらの開店の様子を伝え，あたかもアパレル業界のファッションブランドの流入と連動するがごとくにフードサービスのメディ化，ファッション化も進行した。

1990年代に入りバブル経済が弾けると，フードサービスの世界でも低価格路線が定着することになるが，その一方で，和食の隆盛や多国籍料理，あるいは無国籍料理といったメニューと業態の多様化が際限なく進行するようになった。21世紀では，個性を競い合ったり，食材とメニューに地産地消を謳うなど，新しいフードサービスの潮流も生じて，外食社会の内実がさらにいっそう拡充していっている[3]。

【注】
1) 喜多川守貞『守貞謾稿』(朝倉治彦，柏川修一校訂編集版) 1992年，東京堂出版，第一巻，136頁 (嘉永6 (1853) 年成稿，全34巻，『類聚近世風俗志』の名で1908 (明治41) 年刊行)。
2) 牛鍋チェーン「いろは」については，茂木信太郎『都市と食欲のものがたり』(1993年，第一書林)「第4章 日本のチェーンレストラン事始め」(pp.105-145) に詳しい。
3) 本稿は，多くを (茂木1966)，pp.1-84の「日本外食産業通史」に拠っている。

参考文献

石川伸一，2014，料理と科学のおいしい出会い，化学同人
宇治田憲彦，2008，アメリカに日本食文化を開花させたサムライたち，燦葉出版社
梅谷羊次，2010，ファミレスは進化する！，商業界
江原絢子・石川尚子・東四柳祥子，2009，日本食物史，吉川弘文館
神山典士，2014，新・世界三大料理，PHP 新書
国末憲人，2011，ミシュランと世界戦略，新潮選書
今柊二，2013，ファミリーレストラン，光文社
サーシャ・アイゼンバーグ（小川敏子訳），2008，スシエコノミー，日本経済新聞出版社
齋藤訓之，2009，図解雑学　外食業界の仕組み，ナツメ社
鈴木隆一，2013，日本人の味覚は世界一，廣済堂新書
高井尚之，2014，カフェと日本人，講談社現代新書
巽好幸，2014，和食はなぜ美味しい，岩波書店
辻芳樹，2015，すごい！日本の食の底力，光文社
土田美登世，2014，やきとりと日本人，光文社新書
畑中三応子，2013，ファッションフード，あります。，紀伊国屋店
速水健朗，2013，フード左翼とフード右翼，朝日新聞出版
ビー・ウィルソン（真田由美子訳），2014，キッチンの歴史，河出書房新社
原田信夫，2003，江戸の食生活，岩波書店
村瀬秀信，2014，気がつけばチェーン店ばかりでメシを食べている，交通新聞社
メラニー・ウォーナー（楡井浩一訳），2014，加工食品には秘密がある，草思社
茂木信太郎，1996，外食産業テキストブック，日経 BP 出版センター

第2章　産業としてのフードサービス

1．はじめに―「食」の産業化とフードサービス産業

　「食」に関する産業，いわゆる食品産業はたいへん大きな広がりを持った呼称である。
　この中に位置付けられる「フードサービス産業」は，従来一般的に「外食産業」を指した産業であったが，近年ではこれに「中食」（なかしょく）産業を加えた領域として捉えられている。「中食」という言葉は，ここ20年ぐらい前から一般化して来たもので，コンビニや持ち帰り弁当，総菜，宅配などの出前等のサービスの総称である。
　この産業は，飲食店における外食，家庭内での内食，その中間領域の中食から「食」を形成する市場が構成されているが，フードサービス産業は，これらのうち外食産業に中食産業を加えた領域とするのが一般的である。
　食全体（内食，中食，外食の合計）の市場は，1998年の約78兆円をピークに減少傾向になり，2012年には約64兆円と14年で14兆円の減少となっている。このところ毎年1兆円ずつ減少している状況にある。この間，人口の減少はなかったことから，マクロレベルでの食全体の市場は縮小していることが認められる。このうち同期間での内食・外食とも同様な減少傾向にあり，市場規模は1998年と比較すると2012年には20％程度低下している。一方，中食はこの間30％以上の上昇傾向にあり，中食市場は拡大し続けている。
　そもそも，戦前までのわが国の食生活は一般的に特別なことがない限り，基本的には家庭内での食事の内食に終始していた。ところが戦後，食品技術の急

激な進化により，インスタント食品の出現，缶詰等の保存技術の台頭，洋風加工食品の出現，冷凍技術の進化による冷凍食品の急拡大等により，それぞれの事業化・産業化が行われ，生活様式の変化とともに食のあり方が大きく変化した。高度経済成長期に入ると，家庭電化技術の進歩により，家事労働の軽減化がはかられ，女性の高学歴化・社会進出が進み，女性の家事に纏わる時間は減少する。一方，女性の社会進出が進み，内食の食に対する比率が減少したのに対して，総菜や冷凍食品，インスタント食品の市場が拡大し，中食産業が台頭することになる。それとともに，外食の機会も増加して行った。経済の急拡大と共に，産業の活性化，労働就業人口の増加が進み，都市部での飲食店が急拡大し，多様な食文化が出現して行った。

わが国の外食産業の産業化の始まりは，1970年に開催された大阪万国博覧会であると言われている[1]。この万博において，半年間の開催中に6,400万人が来場し，レストラン・スナックが273店出店し，食の博覧会という様相も呈した。この中，アメリカパビリオンにおいて，わが国で始めてケンタッキー・フライド・チキンが紹介された。それは，わが国において衝撃的なシステムの紹介であった。所謂，チェーンレストランの出現であり，その経営手法は当時斬新なものであった。これが，わが国における外食産業化の元年である。

それまでの日本にはチェーンレストランというものがなく，そのほとんどが個店生業店であり，企業化しているところは少なく，一つ目の店舗を基にして二店目，三店目と商業を広げたり，のれん分けの形をとった出店であり，「支店経営」の範疇に留まったのがフードサービス業の常套であった。ところが，チェーンレストランは，10店舗，50店舗，100店舗，500店舗，1,000店舗と店舗を早いスピードで同じような形態で展開する。どの店舗でも同じ料理・飲み物・サービスを提供し，しかも低価格で規模の経済の効果を発揮して，消費者に豊かな満足を提供するものである。

従来の支店経営が「足し算の経営」と言われているのに対して，チェーンレストランは「かけ算の経営」であり，ビジネスが飛躍的に発展して行く可能性を秘めている。このチェーンレストランの考え方は，1920年代から1940年代にかけてアメリカの小売・流通業において確立された「チェーンストア理論」

を基にしている。この理論の基本となるところは，生業・家業の個人経営を企業化して，大企業になるなど大きな発展を遂げることである。そのため，組織は本部と売店に分けられ，経営の基本方針は本部が決定し，売店は現場でのコスト管理と保全，接客に専念する。そして，この経営手法の大原則は，標準化，単純化，スペシャリスト主義，数値管理責任制度と経営管理・経営計画に特徴を持ったものである。

　すかいらーくの前身であるスーパーマーケットのことぶき食品は，このチェーンストアの状況をアメリカから導入して，ファミリーレストランを1970年に1号店をオープンしたと言われている。ロイヤルホールディング(株)も，アメリカのフードサービスインダストリー（food service industry：外食産業）の隆盛を研究して，セントラルキッチンでの加工，カフェテリア方式での提供を採用して，成功をおさめた。マクドナルドもこの時期，1971年に銀座に1号店をオープンしている。外食が画期的で有望産業として注目され，その後，大きな市場を形成して行くことになる。これらをきっかけに，組織化されたファストフード店，ファミリーレストランや居酒屋などが多数誕生し，外資系の参入や異業種からの参入も多々あり，新陳代謝が激しく活気ある産業が形成されている。

　外食産業全体の市場規模は，2013年時点で，23兆9,046億円[2]であり，巨大マーケットになっている。業種別に生活に密着した他産業を見てみると，百貨店が6兆4,000億円，コンビニが8兆円，スーパーが12兆3,000億円，鉄道が13兆1,000億円，衣料等が14兆2,000億円の市場規模であり，外食産業が大きな産業に発展して来たことがわかる。

2．フードサービス産業のマーケット

（1）外食産業のマーケット

　外食産業の定義についてはいくつかの種類がある[3]。それは，それを取り扱う機関や研究者によって異なるが，外食産業を広義に捉えるか，狭義に捉えるかである（参照：図表2－1）。

図表2−1　平成25年（2013年）外食産業市場規模推計値

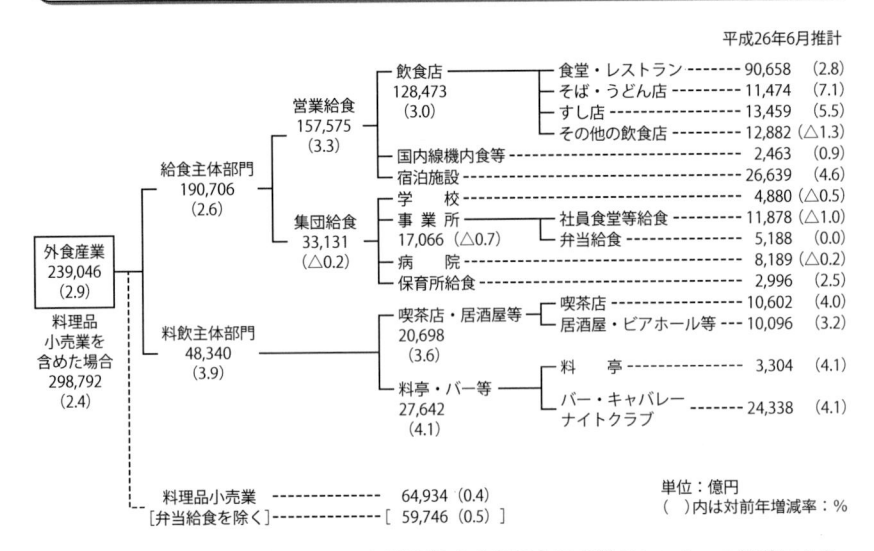

平成26年6月推計

```
外食産業                    飲食店          ┬食堂・レストラン――――― 90,658  (2.8)
239,046     ┬営業給食   128,473        ├そば・うどん店 ――――― 11,474  (7.1)
(2.9)       │ 157,575    (3.0)         ├すし店 ―――――――――― 13,459  (5.5)
            │  (3.3)                   └その他の飲食店 ――――― 12,882 (△1.3)
給食主体部門│           国内線機内食等 ――――――――――――― 2,463  (0.9)
190,706     │           宿泊施設 ――――――――――――――――― 26,639  (4.6)
(2.6)       │           学    校 ――――――――――――――――― 4,880 (△0.5)
            └集団給食   事 業 所     ┬社員食堂等給食 ――――― 11,878 (△1.0)
              33,131     17,066      └弁当給食 ――――――――― 5,188  (0.0)
              (△0.2)    (△0.7)      
                         病    院 ―――――――――――――――― 8,189 (△0.2)
料理品                   保育所給食 ――――――――――――――― 2,996  (2.5)
小売業を                 喫茶店・居酒屋等 ┬喫茶店 ――――――― 10,602  (4.0)
含めた場合  ┬料飲主体部門  20,698        └居酒屋・ビアホール等 10,096  (3.2)
298,792     │ 48,340       (3.6)
(2.4)       │ (3.9)    ┌料亭・バー等 ┬料    亭 ―――――――― 3,304  (4.1)
            │           27,642        └バー・キャバレー
            │           (4.1)           ナイトクラブ ―――――― 24,338  (4.1)
            │
            ├料理品小売業 ――――――――― 64,934 (0.4)
            └[弁当給食を除く] ―――――― [59,746 (0.5)]
```

単位：億円
（　）内は対前年増減率：%

資料：（公財）食の安全・安心財団 附属機関外食産業総合調査研究センターの推計による。

　外食産業を広義に捉えると，単なる飲食業のみでなく，学校や事業所給食を包含しており，また料理品小売業も入ってくる。この料理小売業というのには，「総菜屋，ファミリーレストランでの持ち帰り弁当，持ち帰りのハンバーガーなどのファーストフード店」が入る。ファミリーレストランやファーストフード店は，一般的に外食産業に分類される業態ではあるが，そこでテイクアウトされた商品や宅配されたものについては「中食」には分類されず，外食産業扱いであるという問題点がある。外食店でも，外食産業に分類される店内飲食（イートイン）と，持ち帰り（テイクアウト）を併設する中食を代表するコンビニエンスストアもあり，イートインスペースを設けた店舗も多々存在する。このように中食の領域は，外食とはっきり線引き出来ていない領域が存在している。

　このように，外食産業に中食産業までを加えた「フードサービス産業」は，たいへん広大な事業領域を対象にした事業業種概念であり，今後より多様なサービスが提供されることが想定されることから，厳密な定義が困難で，事業

領域を限定することが困難な産業である。

外食産業の市場規模は，今から18年前の1997年の29兆702億円をピークに長期的に減少傾向にある。(公財)食の安全・安心財団が公表した「平成25年（2013）外食産業市場規模推移」によると，2013年の外食産業市場規模は，景気回復基調の中，世帯1人当たり外食支出額の増加等から，前年比2.9％増加，23兆9,046億円であった。

外食産業市場規模の推移（参照：図表2－2）を平成元年から見ると，平成バブル経済期に毎年2兆円（平成元年，2年，3年）の急激な上昇をみせている。その後バブル経済が崩壊し，市場の増加率が急速に低下し，昭和50年から右肩上がりで成長していた外食産業の市場規模は，平成6年に初めて減少（対前年比0.2％減少）を記録している。

その後，上昇率の幅は小さいものの増加に転じ，平成9年（1997年）に外食産業の市場規模は最大値を示した。

しかし，直近で見ると，最近の2年間（2012年，2013年）は上昇に転じてい

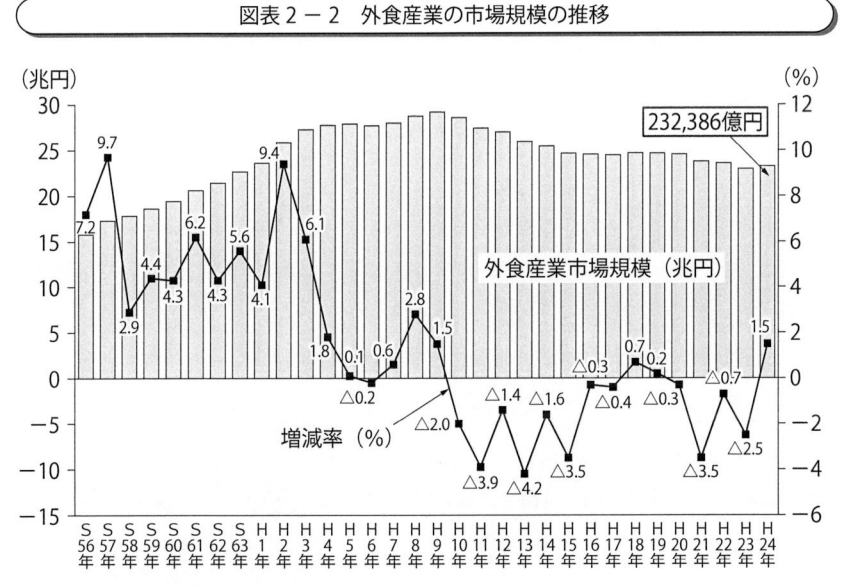

図表2－2　外食産業の市場規模の推移

資料：(公財)食の安全・安心財団　推計。

るものの，1997年までの市場規模上昇局面からすると，近年はボトムを探る状況である。2011年の市場規模額22兆9,000億円は近年のボトムであり，ピークより約6兆円，2割も少ない値となっている。14年かけて2割減ったことになるが，年率にすると前年比で1.5%～1.6%の減少である。

　したがって，外食産業を取り巻く市場環境は，かつてとは大きく異なっている。市場規模が拡大してきた時期の外食産業の経営戦略が通用しなくなったこと意味しており，外食産業の各企業は，市場停滞期における経営戦略を模索して来ている。外食産業が平成10年から減少した要因は多々語られているが，景気後退の長期化による消費の停滞，デフレ経済下での価格競争，消費者のライフスタイルの変化を伴う食の多様化，少子高齢化による構造転換などがあげられる。また今後，日本の人口減少時代に突入することから，外食産業は根本的な戦力の模索が問われて来てる。

（2）中食産業のマーケット

　近年におけるフードサービス産業における市場動向は，外食産業の低迷と中食産業の市場の拡大として総括することが可能である。これは，消費者のライフスタイルの変化として説明され，それに伴って食スタイルの変化として捉えることが出来る。そのような中，惣菜やテイクアウト食品などを担う中食産業は，この消費者の多様な生活行動や食スタイルの変化などに対応することで市場を堅調に拡大させてきている。

　外食産業同様に，中食産業も定義化することが困難である。従来，中食産業のマーケットは，「経済産業省の商業統計表」にある料理品小売業の年間販売額を中食産業市場規模として長年使用して来た。しかし，この料理品小売業には，中食産業を牽引してきたコンビニエンスストアやスーパーは含まれておらず，実態を把握するものではなかった。近年，業界団体の公表する数値がおおよその概要を掴むのに有効とされて来ている。「（一財）日本惣菜協会」によると，2013年の惣菜の市場規模は，おおよそ8.7兆円（前年比2.4%増）である。（参照：図表2－3）この数値は，10年前の2003年が約7兆円だったことからすれば，この10年間でおよそ25%の成長である。このことから見ても近年，中食のマー

図表2−3　惣菜市場規模の推移

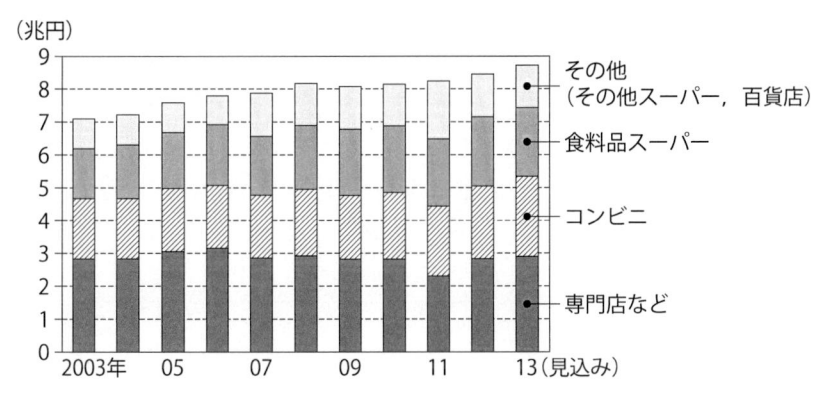

出所：日本惣菜協会。

ケットは比較的堅調に推移していることがわかる。

　中食マーケットの牽引役はコンビニエンスストアや食料品スーパーで，高齢者向けの惣菜や弁当の宅配事業に参入しているほか，若者向けのサービスとして店頭での挽き立てコーヒーのテイクアウト等も実施しており，各年齢・階級層ごとのターゲットを搾り，市場細分化戦略を採用しての中食サービスの展開を実施して来ている。

　火を使用する家庭内調理（内食）の減少や節約志向の高まりを背景に，中食市場は緩やかに拡大して行くという専門家が多い。今後，少子高齢化を背景に，個に対するデリバリー事業が大幅に伸びることも予想されており，中食産業の経営革新が求められている。

（3）消費者ニーズからみたフードサービス産業
①　食事に占める構成比率

　消費者は，食生活において，「外食」「中食」「内食」をどのような割合で利用しているのだろうか。1日の食事に占める外食，給食，調理済み食の構成比率を厚生労働省が調査した結果が，図表2−4である。ここでの調査項目は，外食，中食，内食の比率ではないが，「外食・給食」は，おおよそ「外食」に

fig表2－4　わが国の1日の食事構成比率（全国：平成22年）

単位：％

		男	女	子供 19歳以下	年長者 60歳以上	総数
朝	外食，給食	2.3	1.0	0.2	1.4	1.6
	調理済み食	6.3	6.2	8.9	4.1	6.3
	家庭食	77.7	82.5	83.5	88.7	80.2
	欠食	13.7	10.3	6.8	5.8	11.9
	菓子・果物のみ	7.2	6.9	4.9	4.1	7.1
	何も食べない	6.5	3.4	1.9	1.7	4.8
昼	外食，給食	37.4	25.2	61.5	12.9	31.0
	調理済み食	6.2	7.9	2.7	7.9	7.1
	家庭食	52.9	62.6	34.5	75.4	58.0
	欠食	3.4	4.3	1.3	3.8	3.9
	菓子・果物のみ	1.2	2.4	0.6	2.0	1.8
	何も食べない	2.2	1.9	0.7	1.8	2.1
晩	外食，給食	5.6	4.3	4.1	2.9	4.9
	調理済み食	3.5	3.3	1.7	3.7	3.4
	家庭食	90.2	91.3	93.8	92.8	90.8
	欠食	0.7	1.0	0.4	0.6	0.9
	菓子・果物のみ	0.2	0.5	0.1	0.4	0.4
	何も食べない	0.3	0.5	0.3	0.2	0.5

資料：厚生労働省「平成年国民健康・栄養調査報告」（平成24年5月）。

当たり，「調理済み食」は所謂「中食」に相当するものである。

　この調査結果をみると，それぞれの消費者ニーズが男女間，年齢間において差異が見られることがわかる。そして，昼食の外食の利用が最も高く，31％を占めている。これが夕食になると4.9％である。朝食，昼食に占める中食の割合はそれぞれ6.3％，7.1％であり，今後の市場が拡大出来る可能性を秘めている。また，夕食に占める内食の割合が90％を超えており強固な割合を占めているのも印象的である。

② 食の外部化率と外食率

　フードサービス産業（外食・中食）の消費者ニーズを把握するもう一つの指

標として，食の外部化率と外食率がある。食の外部化率とは，食費に占める食を家庭外に依存している支出額（外食費と中食費の合計）の割合である。外食率とは，食費に占める外食費の割合をいう。

この近年における食の外部化率と外食率の推移を示したものが図表2−5である。この状況をみると平成23年では，食の外部化率が44.1％，外食率が35.2％となっている。食の外部化率を過去に振り返ってみると，昭和50年の28.4％から平成3年の41.5％まで急激な上昇を見せている。その後，平成7年まで停滞時期があったものの，平成8年から一転上昇傾向に転じ，平成24年まで上昇または横ばい傾向で推移している。

一方，外食率も，食の外食化率と同様に，昭和50年の27.8％から平成3年の37.8％まで急激な上昇を見せている。その後，若干であるが減少傾向を示し，近年は35％前後で推移している。

この食の外部化率と外食率の推移を見ていると，大きな特徴が見られる。そ

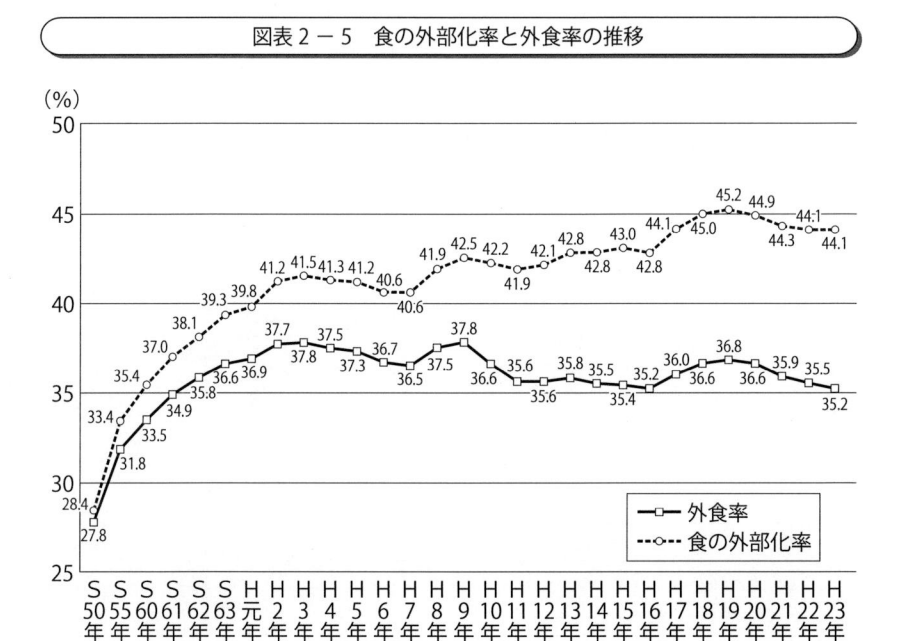

図表2−5　食の外部化率と外食率の推移

資料：（公財）食の安全・安心財団　推計。

れは，年の推移と共に，食の外部化率と外食率の格差が拡大していることである。この2つの率の乖離がますます拡大する傾向になっている点である。事実，昭和50年では，この2つはほぼ同じ率を示していたが，今では10ポイント程度の乖離が見られている。このことから言えることは中食需要が拡大している点であり，今後，この乖離は拡大していくことが考えられる。

③ 単身世帯の消費者ニーズ

今後の少子高齢化の進展から，食の消費者ニーズは，家庭から「個」へ向かうことが予想されている。この観点から，興味深いデータがある。図表2－6は，総務省統計局の家計調査で，「単身世帯の男女別，年齢階級別，調理食品率，外食率，食の外部化率（平成24年）」を表したものである。

これをみると，外食率は，男女とも年齢が進むに連れて減少する傾向にあり，高齢に達すると20％まで低下している。特に顕著なのは，59歳以下60歳以上とでは，大きな差がみられる。また，34歳以下の若い世代の外食率は50％に匹敵する高いレベルである。男女別では，女性の外食率の方が各年齢層で男性を大きく下回っている。一方，外部化率も同様な傾向にある。どちらとも，男性の比率が女性を10ポイント以上上回っている状況である。

図表2－6　単身世帯の男女別，年齢階級別，料理食品別，外食率，食の外部化率

単位：％

		平均	34歳以下	35～59歳	60歳以上	うち65歳以上
平均	外食率	31.8	49.4	38.2	21.5	20.0
	調理食品率	13.8	14.1	14.9	12.9	12.9
	外部化率	45.6	63.5	53.1	34.5	32.8
男性	外食率	41.7	52.0	43.6	31.9	29.4
	調理食品率	15.0	14.7	15.7	14.4	14.7
	外部化率	56.8	66.8	59.3	46.3	44.0
女性	外食率	20.8	43.2	24.6	15.9	15.7
	調理食品率	12.4	12.6	13.2	12.1	12.1
	外部化率	33.1	55.8	37.8	28.1	27.8

資料：総務省統計局「平成24年家計調査（単身世帯編）」。

中食の状況は，調理品率をみることによって概要を掴む事が出来る。調理品率は，35歳～59歳の層で，男女とも最も高い数値を示しており，男性15.7，女性13.2である。しかし，各年齢層，男女とも大きな差異は見られず，各層で満遍なく消費されている状況である。

　この消費動向からすると，フードサービス産業のうち外食産業では，若い層にターゲットを置くことが肝要であり，また女性より男性に消費需要があることを認知することが重要である。中食産業では，男女差，年齢層格差がほとんど見られないことから，すべての層がターゲットに成り得る可能性があり，少子高齢化など社会情勢に合わせた対応が重要となるであろう。

3．産業としてのフードサービス業の特徴

(1)「完全競争（自由競争）産業」としてのフードサービス産業

　フードサービス産業は，ほぼ完全な自由競争としての特徴を持つ産業である。

　例えば，先駆的外食店が新しい画期的なメニューを開発し，売上を伸ばしているとする。後発店はそのメニューを真似することが出来るし，製造業のような特許侵害にも当たらない。誰でも真似することが出来，誰でも利益を挙げているこのメニューの食品に参画することが出来る。

　このように，競争が自由に行われる産業を，経済・経営学の専門的な言葉で，「完全競争産業」と言う。この完全競争を満たす必要条件は[4]，①その商品・サービスを提供する供給者，それらを消費する需要者が共に多数で，価格支配がなく価格機構に大きな影響を与えないこと，②提供される商品・サービスがほぼ同質であること，③その商品・サービスを提供する市場に参入および退出が自由であること，④市場の参加者（外食店とその利用者）が独立しており，それぞれが自分自身で行動すること，等である。

　以上の条件をフードサービス産業に当てはめてみると，①の場合，例えば外食産業は，現在，全国に40万2千事業所，中食は6万9千事業所（図表2-7参照）あると言われており，何処にでもあり，多数の供給者が存在している。そし

図表2-7　外食・中食産業の事業所数・従業員数等

（事業所数，従業者数）

	事業所数（か所）	従業者数（千人）
外食産業	402.886	3,177
中食産業	69.097	684

（常用雇用者に占める正社員・正職員以外の雇用者の割合）

	割合（％）
全産業	35.8
製造業	20.7
卸売業，小売業	45.8
外食産業	78.2
ハンバーガー店	94.6
中食産業	78.9

資料：「平成21年度経済センサス：基礎調査」。

て，その商品・サービスを需要するのはほぼ国民全員である。供給者・需要者とも，価格機構に大きな影響を与える独占・寡占のような状況ではなく，自由な競争である。

　②の場合は，先ほどのメニューの例でもわかるように，誰でもそのメニューや手法を真似することが出来，ある特定の飲食店が独占することは不可能である。

　③の場合は，例えば，ラーメンの市場が活況であることから，ラーメン屋を始めたいと思う。その時，このラーメン屋は誰でもすることができ，市場に参入することができるし，もしも利益があがらなければすぐに止めて市場から退出することができる。所謂，参入障壁がたいへん低いか，ほとんど存在していない状況である。

　④の場合は，飲食店を利用する消費者は，独立しており，自由に行動して飲食店を選択することができる。

　フードサービス産業はこの完全競争の4つの条件が当てはまる産業である。したがって，競争は自由市場のもと激しく行われることになる業界である。しかし，競争が激しいからと言って，参入者が少ないかというと，そうではない。参入障壁が低く，誰でもこの業界で活躍する機会を持てるし，消費者は誰でも飲食店を自由に選択出来る。飲食店は美味しいメニューを開発し，集客に努め

る。このようにフードサービス業は、たいへん新陳代謝が激しい業界であるが、たくさんの成功者が存在するし、今後ますます増えていくことが想定される業界でもある。

（2）他産業と比較してのフードサービス産業
① 他産業より有利なコストに関する事項

　農林水産省総合食料局が2009年に行った「外食産業に関する基本調査」によると、フードサービス業は、製造業などの他産業と比較して事業運営上、有利なコストに関する事項が多々あることがわる。

　この調査は、もともと「目まぐるしく変化する外食産業における業態別の経営概況、食材の仕入れ状況等の実態を把握し、食料自給率向上の一助となる外食産業と国内農林水産業との連携強化を促進するための時代のニーズにあった施策を検討するための基礎資料とすること」を目的として行われたものであった。そして、本目的とは別に、外食産業のコストに関わるデータが外食産業全体で判明するのは初めてであり、外食産業経営にとって有意義なデータとなった。

　その主なものは以下の様相である。
- 外食産業の売上高に占める食材費の割合は33％であり、これを業態別に見ると、ファミリーレストランが29％で低めになっている以外は、ほぼ平均値近辺である。
- 売上高に占める人件費の割合は25％だが、このうちアルバイト・パートの比率が47％と半数近くを占めている。アルバイト・パートの比率が高いのはファミリーレストランで61％である。
- 食材費（仕入金額ベース）に占める割合が最も多い品目は、「加工食品（半加工品、製品）」で33％、次いで「水産物」が28％、「畜産物」が18％となっており、これらで全体の約8割を占めている。
- 業態別にみると「ファーストフード」及び「ファミリーレストラン」では、食材費は「加工食品等（半加工品、製品）」の割合が最も多く、「カジュアルレストラン」及び「ディナーレストラン」では「水産物」の割合が最も

多い。
・食材の仕入先別割合で最も多いのは「商社，その他卸売業」で，「ファミリーレストラン」で61％，「その他」で52％となっている。
・食材の仕入先を品目別でみても「商社，その他卸売業」の割合が多いものの，「果実（生鮮・冷蔵）」では「スーパー，小売業」が26％と最も多くなっている。「加工食品等」では「商社，その他卸売業」の割合が39％，「食品製造業」が26％で高い。
・外食店舗における食材の契約形態では，「加工食品（半加工品，製品）」以外は「必要に応じて購入」が最も多く，「加工食品等（半加工品，製品）」では「その他（本部・本社）から配送，自社栽培等」が最も多くなっている。
・食材仕入の契約形態を業種別でみると，「ファーストフード」は「1年契約未満」で44％を占めるものの，それ以外の業種は「必要に応じて購入」が最も多くなっている。
・外食店舗における品目別国産割合は，すべての業態で「国産」の割合が過半となっている。「一般飲食店」で55％，「ファーストフード」が52％，「ファミリーレストラン」は64％である。

以上のような状況から，フードサービス産業は他の産業と比べると有利なコスト面での要素がいくつか見られる。たとえば，外食産業の売上高に占める食材費の割合は33％であったが，わが国の製造業における原価は45％前後と言われている。そのことからすれば外食産業における原価は他産業よりもかなり低いことがわかる。製造業は原則，規模の経済が成り立つことを考慮しても，外食産業の利益率は他産業よりも高いことがうかがえる。

また，売上高に占める人件費の割合についても同様なことが言えるであろう。外食産業の売上高に占める人件費の割合は25％であるが，製造業においては30％前後と言われており，この点においても，他産業よりも優位なコスト状況にある。しかし，アルバイト・パート比率が高いことから（図表2-7参照），人件費の流動費化[5]の問題を抱える産業でもある。

② マーケティング上のフードサービス産業の特徴

現在，マーケティングは企業経営においてたいへん重要視されている。モノが売れない時代，商品企画からアフターサービスまで一貫して考えるマーケティングは，企業経営を左右すると言っても過言ではない。マーケティングを一言でいうと，「商品やサービスをより多く，より効率的に販売するために，消費者の心理を分析したり販売活動をしたりする一連の流れ」である。商品やサービスをより多く，より効率的に販売していくためには，たとえばマーケットをどにように捉えるか（市場戦略），価格をどにように設定するか（価格戦略），広告宣伝をどうするか（販売促進戦略）……といったことが必要である。アフターサービスやクレーム処理なども重要である。

以上のようなマーケティング上の観点から，フードサービス産業をみると，他産業と比べていくつか特徴的な要素を見出すことができる。たとえば，製造業と比べると，フードサービス産業は以下のような様相が存在する。

① 生産と消費の同時性
② 事前評価の不能性
③ 価値の多因子性
④ 総合価値の曖昧性
⑤ 非分離性と保存の不能性
⑥ 非均質性
⑦ 需要の不安定性

①の「生産と消費の同時性」であるが，製造業において提供される商品は，その商品を消費者は購入後ある期間を通じてその効用を享受して満足を得るのが一般的である。たとえば，スマートフォンは，購入後その商品を次の商品に変えるまでの期間，効用を楽しみ消費者は満足を得ることになる。しかし，フードサービス業から提供されるサービスは，そのサービスの提供と消費はほぼ同時に行われることになる。そこに，マーケティング上の特異性も持つことになる。

②の「事前評価の不能性」は，上述の事と関連するが，フードサービス業は生産と消費がほぼ同時に行われることから，サービスの評価を事前に評価する

ことは不可能である。その飲食店の商品は美味しいかどうか，満足を得ることが出来るかどうか，事前に知ることは原則出来ない。たとえば，スマートフォンはその効用がどうか，満足出来る可能性が高いかどうか，サンプル品等で確かめることが出来る。この点もフードサービス業の特質性である。

③の「価値の多因子性」とは，フードサービス業が提供するサービスは，その価値が多因子から構成されている点である。飲食店が提供するサービスは，その食品そのものだけではない。お店の雰囲気やウエイトレスやウエイターのサービス，清潔性など多因子（様々な要素）から成り立っている。製造業のように商品のみの価値だけではない。

④の「総合価値の曖昧性」とは，フードサービス業が提供するサービスは前述のように多因子から成り立っているので，消費者はそのサービスを評価するに当たって総合的に捉える傾向にあり，どの因子（要素）にウエイトを置いて評価するかによって，その評価は曖昧である。ある人は食品そのもので評価する場合もあるし，お店に雰囲気やサービスに重きを置いて価値を評価する人もいる。フードサービス業が提供するサービスは，総合価値が曖昧なのである。

⑤の「非分離性と保存の不能性」とは，フードサービス業の提供する商品・サービスは原則分割することは出来ず，保存することは出来ないことである。それに対し，製造業の商品は分割・分離することが出来るし，保存しておくことが出来る。このことは，当たり前のことかもしれないが，商品戦略を考えるにうえでマーケティング上重要なことである。

⑥の「非均質性」とは，フードサービス業が提供する商品・サービスは，製造業に比べて非均質であるということである。製造業の商品はその品質管理上の問題を，フードサービス業に比べてクリアしやすい。フードサービス業の商品・サービスは，それを提供する人によって異なるのが一般的である。したがって，全国的なファーストフード店やファミリーレストランのチェーンストアは，マニュアル等を駆使し，その品質が均一になるように努めることになる。

⑦の「需要の不安定性」とは，一般的に製造業の商品と比べて，フードサービスの提供する商品・サービスは，時間的・季節的に需要が不安定なことである。食する時間は，朝食・昼食・夕食とも，ある程度時間帯が決まっており，

それ以外の時間帯での需要は少ない。商品・サービスにおいては，季節的な変動も受け，需要は不安定である。この事は，フードサービス業をマーケティング観点から言えば，その設備投資，人員配置，仕入等において大きな困難性を持つことになる。

以上のことは，フードサービス産業が持つ大きな特徴であり，他産業と比べて独特な経営的な課題を持っていることになる。この課題を克服することこそ，フードサービス産業が利益を獲得するための手法そのものでもある。

もともとマーケティング理論は製造業から始まり，理論の深化が進んだ。このことからすれば，フードサービス業が提供する商品・サービスは，まだこの理論の構築は途上にあり，ますますの深化が望まれるところである。

4．フードサービス産業の未来への展望

フードサービス産業は，外食産業・中食産業とともに，国民の食料消費支出の約4割を占め，国内で生産されるすべての食品（農林水産物・加工食品等）の主要な志向先であり，わが国の雇用（従業員270万人）や地域経済を支える重要な産業セクターである。近年は，経済の低迷等により，フードサービス産業の売上は横ばいで推移しており，新たなビジョン・戦略の下で，新たなフードサービス産業としての付加価値の創出，産業としての変革を促す必要が叫ばれてきている。

農林水産省は，フードサービス産業の現状の課題として，下記の4つを挙げている[6]。
① フードサービス市場とニーズの変化
　・国内市場の成熟化や需要減少に伴う価格競争の激化
　・「個食化」など多様化するニーズへの対応
② 食と農の連携
　・フードサービス産業と農業との連携のための機会の提供
　・ロットや規格，納入時期等のマッチングの困難性

③ フードサービス産業の海外展開
　・大手企業におけるアジア進出が中心となっている現状
　・現地の富裕層を対象とするメニュー・品目に限定されている現状
④ 消費者への啓発
　・正しい知識の不足に起因する食品ロス等の無駄の発生
　・食育，食生活・日本食文化に対する理解の促進や併発の必要性

　これらのフードサービス産業が抱える課題に対して，さまざまな取り組みが模索され始めている。それらは，まさにフードサービス産業としての未来戦略であり，下記の様相である。

① 新たなフードサービス産業としての「付加価値」の創出
　・高齢者や条件不利地への宅配ビジネス，ネット・情報端末の活用，チェーン展開の新手法，店舗レイアウトの革新などのサービス・イノベーションの推進
　・マーケティング能力向上のための人材育成やホスピタリティの向上による廃棄ロスの削減等を目指した経営手法の確立
② 国産原材料の調達力の強化
　・小ロット等に対応し易い「地域地消型店舗」の促進と中食事業者・一般飲食・給食事業者による産地交流機会の創出
　・外食産業等の仕入・加工の実情に通じたコーディネータ確保・派遣（食品産業との連携）による効率化
③ 海外への戦略的プロモート
　・海外進出に際し，中小企業も利用できる衛生規範や日本食事情等の基礎的な情報の提供と先行事例の分析
　・海外での日本の食材・食品・食文化の戦略的プロモート
④ 消費者との新たなパートナーシップの形成
　・外食産業の「社会インフラ」としてのポテンシャル（全国の店舗数：72万店，調理師：4.5万人）を活かし，「食」に関する情報を発信・リードする機能の発揮（家庭料理や製品に利用可能なヒットメニューの開発や食育等）

【注】
1）リンクワン，2002，フードサービス大研究，かんき出版，p.16。
2）日本フードサービス協会，2014，平成25年度外食産業市場規模推移について。
3）一般的に日本標準産業分類による飲食業種分類が使われることが多い。統計資料では，（公財）食の安全・安心財団付属外食産業総合調査研究センターの分類が使われることが多い。
4）著者は，「岸真清・島和俊編，2000，市民社会の経済学，中央経済社，p.130.」において，この完全競争の条件をより詳細に次の6つの条件が揃った状態としている。①同一の生産物を供給する売り手が多数存在し，その産業の産出量の微少部分を占めるにすぎず，したがって任意の売り手の供給量の増減によって産業の産出量はほとんど影響を受けない。そのため，市場価格に変化が現れないこと，②市場の参加者すべてにとって，売買の条件が完全に知られていること，したがってどの売り手にとっても需要曲線は無限に弾力的であること，③市場の参加者が独立に行動すること，④取引される財が分割可能であること，⑤資源の可動性が保証されている。つまり，資源所有者は異なる用途における収益について知っており，かつ参入障壁が存在しないこと，したがって産業間競争があること，⑥取引の費用が無視しうるほどに低いかあるいはゼロであること。
5）詳細は，「立原繁，2006，フードサービス業における人件費の流動費化の動向，Human Security，No10，pp.215-222」を参照。
6）農林水産省，2009，食品産業の変革と新たな展開。

参考文献
相原修，2012，フードサービス研究の現在，商業集志，第82巻第2・3号合併号，pp.1-23
浅井慶三郎，清水滋，1987，サービス業のマーケティング，同文舘
旭利彦，2013，フードサービスにみる外食産業と将来展望，56巻23号，pp.26-31
経済産業省，商業統計，http://www.meti/go.jp/statistics/tyo/syougyo/index.html．
清水滋，1990，現代サービス産業の知識，有斐閣選書
食の安全・安心財団，2014，外食産業資料集2013年版
蔵富幹，2014，外食産業の変遷と現状，名古屋文理大学紀要，第14号，pp.143-150
中島久夫，2007，フードサービス産業の現状と課題，エレクトロヒート，156号，pp.1-9
日本フードサービス協会，2014，外食産業経営動向調査報告書
日本フードサービス協会，2014，ジェフ年鑑2014
農林水産省総合食料局，2009，外食産業に関する基本調査，缶詰時報，Vol.88，No.9
堀田宗徳，2013，外食・中食産業の現状と将来，食品工業，56巻23号，pp.20-24
光浦暢洋，2013，外食産業の現状と未来，冷凍，第88巻第1032号，pp.36-40

茂木信太郎，2012，外食産業の現況，統計，63巻12号，pp.26-31
横川潤，2004，マーケティングの視座に立ったフードサービス・コンセプトの分類枠組，文教大学国際学部紀要，第14巻2号

第3章　フードサービスと中食

1．イントロダクション

　昼休み明けの授業の冒頭で学生に「昼食に何を食べたか」を尋ねたことがある。学生食堂を利用したと回答する学生が約20％，弁当などを持参し食べたと回答する学生が約25％であった。また，自宅で食べてから通学した学生と昼食をとっていない学生が各々約7％ずつ存在した。
　しかし，最も多かったのはコンビニエンスストアの利用者で約30％を占めた。本学のキャンパスは最寄駅から15分ほど離れており，また丘陵地帯に立地する。私は本学OBであるが，私自身は当時もっぱら学生食堂を利用していた。
　私の学生時代は，最寄り駅近くにコンビニエンスストアはほとんどなく，それどころか駅から大学に向かう途中に食料品を販売する店自体がなかった。
　時代は変わり，最寄駅から大学までの間に現在は3つの異なるチェーンがコンビニエンスストアを展開している。加えて正門前とキャンパス内にもコンビニエンスストアがある。ハンバーガーショップも学生食堂の一つとして出店し，他の学生食堂も弁当を販売するようになった。まさに学生の昼食にも中食が浸透している。

2．中食とは

　店舗内で調理された食品を顧客が店内で食べる食事の形態を「外食」と呼ぶのに対して，家庭内で調理された食品を自宅などで食べる食事の形態を「内食」

と呼ぶ。「中食」とは一般に「内食」と「外食」の中間に位置し，自宅外で調理された食品を購入して自宅など（学校や職場も含む）に持ち帰って食べる食事のことを指す。

農林水産省は，「中食」をレストラン等へ出かけて食事をする外食と，家庭内で手作り料理を食べる「内食」の中間にあって，市販の弁当やそう菜等，家庭外で調理・加工された食品を家庭や職場・学校・屋外等へ持って帰り，そのまま（調理加熱することなく）食事として食べられる状態に調理された日持ちのしない食品の総称と定義している[1]。

ただし，中食の定義には三つの曖昧さをはらんでいる。

一つは，一品あるいは二品程度の自宅外で調理された食品を家庭に持ち帰り，内食に加えた場合は，どちらに分類するのかという問題である。一品でも利用されれば，「中食」を利用したことになるのか，あるいは「内食」の一部に過ぎないので「内食」と考えるのかということである。1993年出版の農林水産省食品流通局外食産業室編「外食産業入門」においても「もっとも中食といっても，弁当，ファーストフード等の場合は，それ自体で食事を賄うに足るものであるが，狭い意味の惣菜は，あくまでも『おかず』として，内食の補完的存在であるという違いはある」ことが指摘されている[2]。

今一つは，「内食」と「中食」の境界があいまいであるという問題である。例えば，相原修は，スーパーや魚屋で調理済みの刺身を購入し食卓に出すことを例に，小売店で購入し，盛り付けを加えると料理とも考えられるが，中食にあたるとも考えられると指摘している。また，加熱（レンジで温める）だけで，ほとんど料理になってしまう食材が小売店で販売されているともしている[3]。

第三に，テイクアウトや配達を利用した場合，概念としては「中食」であっても統計上は「外食」に含まれることが多い点である。

なお，「そうざい」という語は，「惣菜」あるいは「総菜」の両方が用いられる。本来，常用漢字である「総菜」を用いるべきであるが，引用あるいは参考にした文献や資料などの多くが「惣菜」を採用しているため，原文で「総菜」あるいは「そう菜」という語を用いる場合を除いて本稿においては「惣菜」という語を用いる。

3．「中食」という語の登場

　「中食」という語が一般化してきたのは，1990年代である。いわゆる日経四紙（日本経済新聞朝夕刊，日経産業新聞，日経流通新聞，日経金融新聞）の記事データベースである日経テレコン21で「中食」の語を検索すると1983年に初めて「中食」の語が出てくる。

　1983年5月17日の日本経済新聞夕刊に，「『中食』市場の成熟近い，品ぞろえ増え価格競争も」という記事があり，「中食」という語が初めて登場した。次いで，9月1日には日経流通新聞に「食品小売業，急成長の『中食』」という記事が出てくる。

　以降，2014年まで推移をまとめたものが図表3－1である。なお，「年中食べることができる」という語句の中に「中食」という単語が含まれるが，当然のことながら本章における定義と異なるので除外した。

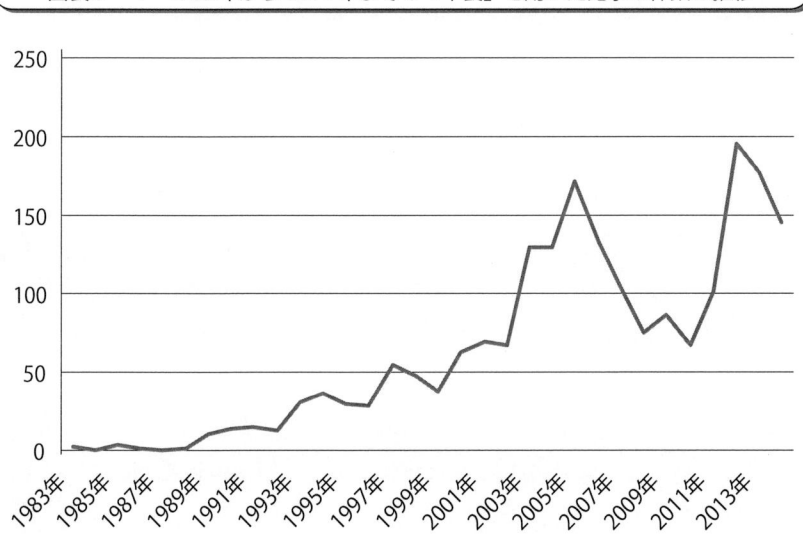

図表3－1　1983年から2014年までの「中食」を用いた記事の件数の推移

出所：日経テレコン21。

この図表から「中食」という単語は1983年に初めて登場したものの，定着するのは1990年代半ばであり，2003年以降激増していることがわかる。
　他の新聞では，読売新聞が1988年6月22日朝刊で「持ち帰り専門のレストラン展開／すかいらーく」の記事の中で「中食」という語を初めて用いた。「外食大手のすかいらーくは二十一日，持ち帰って電子レンジで温めて食べられる料理のレストラン『オープン・セサミ』を本格展開する，と発表した。女性の社会進出に伴って，食生活が大きく変化し，調理時間を節約する傾向がでてきたことから，チャーハン，グラタンなど手軽な日常料理を提供するレストラン事業に乗り出すことにした。
　すかいらーくは，こうした料理を，外食でも，（家庭で調理する）内食でもない"中食"と定義した。メニューは，和洋中華の一品料理や，サラダ，スープなども含めて一万点ほどそろえる予定で，年内に三十店をオープンし，十年後は二千店，売上高七百億円を見込んでいる。」というものである。
　読売新聞における二件目は，1991年10月23日まで少し間が開く。「『食』を考える秋　企業の『センター』『研究所』続々開設」という記事で，「セゾングループは『フードシステム総合研究所』を今月初め発足させた。共稼ぎ家庭の増加など生活の多様化に伴い，今や二十兆円産業といわれる外食産業を研究対象とする会員制の研究機関で，中食マーケット研究など自主研究やセミナー開催など『特定の省庁にこだわらない自由な研究をめざす』（小山周三所長）という。」と取り上げている。
　朝日新聞では，1989年7月4日朝刊が初見で，「総菜を家でチンして『中食』」という記事が登場する。次いで1990年10月18日朝刊の地方版（栃木県）で「中食　ちょっとした工夫が明暗に（流通新時代）」という記事が出てくる。
　1990年代にこの語が多く出てくるのは，「ミール・ソリューション（食事問題の解決）」の概念の登場及び流行と関係していると考えられる。
　ミール・ソリューションとは，働く主婦が多く核家族化した米国で，家庭で料理を一から作る代わりに，デリ（惣菜店）やスーパーの惣菜，下ごしらえされた食材を買い求めて手早く食事を作る傾向を指す[4]。
　この傾向が強まるほど調理時間は短縮され，米国で夕食作りは平均約20分，

日本は約30分といわれる。今後，電磁調理器や食器洗い器などの普及，無洗米，骨なし魚や骨ごと魚，皮むき野菜やカットフルーツといった簡便な食材の増加，食材や料理の宅配サービスや外食の増加などによって，ますます拍車がかかるとされる。

働く主婦にとって悩ましいのは，日々の調理作業なので，惣菜や下ごしらえされた食材があれば，主婦のニーズを満たすと考えられた。

筆者がスーパーマーケットで働いていた1990年代は多くのスーパーマーケットやゼネラルマーチャンダイズストアでこの概念を取り入れ，惣菜やチルド食品の拡充が図られた。また，業界誌においてもミール・ソリューションの特集や連載が多く組まれた。

4．中食の萌芽

自宅外で調理し店内では食べずに家庭や職場などに持ち帰って食べることはおそらく外食の登場からほどなく生まれていると考えられ，江戸時代には既に存在したと想像される。

また，記録が残るものとしては1927年にコロッケを提供していた洋食店の長楽軒のコックが精肉店「チョウシ屋」を始め，肉屋の惣菜としてのコロッケの地位が築いた例がある[5]。

今日的な中食は，つまり産業としての中食は，1970年代に源流を見ることができる。それは，小僧寿司チェーンの創業，ほっかほっか亭の創業，コンビニエンスストアにおける米飯事業の強化などである。

持ち帰り寿司の小僧寿司は，1964年創業のスーパー寿司・鮨桝に始まる。1968年にフランチャイズ方式を採用し，1970年に小僧寿しチェーンとしてのフランチャイズの全国展開に着手した。1975年には加盟店500店舗，1977年には加盟店1,000店舗を達成して1979年には加盟店年間総売上高が外食産業第1位となる[6]。

1976年には持ち帰り弁当のほっかほっか亭が誕生した。炊きたてのご飯と作りたての惣菜の組み合わせは，それまでにない弁当の形態であった。当初は

男性客が中心だったが，次第に「主婦が自分の昼食に」「勤め帰りの母親が自分と子供の夕食に」という風に広がり，男女ほぼ半々となっていった[7]。

いわゆる「ほか弁」の登場以前の弁当は，作り置かれたものばかりであった。しかし，「ほか弁」はできたての弁当を提供し，弁当市場を大きくしただけではなく，新たな市場を創造したと言える。

セブン・イレブンにおいて商品分類上に「米飯」が登場するのは，1979年度からである。「店舗の売り上げを追跡していくと，リスクの高い商品である弁当，パン等の売り上げがよく，米国のコンビニエンスストアがファーストフードに力を入れていたため，すしとおにぎりに着目した。そして，味や品質さえよければ売り上げ増加を見込めるということで，おにぎり，弁当，すしなどの米飯をはじめ，煮物，きんぴら，漬物，おでんなど和惣菜の日本型ファーストフードを強化するに至った」[8]。

また，セブン・イレブンは，1979年10月に品質管理及び衛生管理レベルの向上を図ることを前提に，商品開発を行う米飯ベンダーの組合組織として日本デリカフーズ協同組合を発足させる[9]。現在は米飯，調理パン，惣菜，調理麺，漬物などの各分野のメーカーなどが参加し，商品開発，品質管理，共同購入，環境対策などを実施している。

5．中食の隆盛

1985年に株式会社ワイ・ヒガコーポレーションが米国のドミノ・ピザ社とフランチャイズ契約を締結した。渋谷区恵比寿に第一号店を設けて，我が国初の宅配ピザチェーンの本格的な展開が始まった。その後，1986年に株式会社ストロベリーコーンズ，1987年に株式会社フォーシーズ（ブランド名はピザーラ），1991年に日本ケンタッキー・フライド・チキン株式会社（ブランド名はピザハット）が宅配ピザ事業に参入した。そして，現在では宅配ピザは我々の食生活に完全に定着している。

1990年ごろになると百貨店のいわゆる「デパ地下」が脚光を浴びる。

百貨店の地階にある食料品売り場をデパートの地階なので「デパ地下」と呼

ぶ。地下食料品売り場を初めて導入した百貨店は，松坂屋名古屋店で1936年に「名店街」を導入した[10]。

地階は，調理や魚をさばくのに必要な水やガスの配管が地下なら簡単であるし，万一水やにおいが漏れても，他の階への影響も少ない。また，地下鉄からすぐに入店できるという便利さや店内に大規模な厨房設備を設ける際の利便性も指摘されている[11]。

この「デパ地下」で欠かせない存在になっているのが惣菜である。

株式会社ロック・フィールドは，「神戸コロッケ」を1989年4月に神戸市中央区元町通に出店し，翌年3月には首都圏に進出し松屋銀座本店に出店した。ここでの支持拡大をきっかけに1972年から百貨店で手掛けてきたデリカテッセン事業が花開き，1992年には百貨店ごとに展開していたブランドを「RF1」に統一した。

1998年には，明治初期に創業した牛鍋店をルーツとする株式会社柿安本店が惣菜分野に進出し，現在この2社はデパ地下総菜店の双璧となっている。この2社が提供する洋惣菜売り場の拡大は「デパ地下」に華やかさをもたらし，従来は副菜に過ぎなかったサラダ類を主菜に変えた。

ところで，三田村蕗子によれば，「デパ地下」という語が市民権を得たのは，2000年4月に東急百貨店東横店の大改装を機に登場した「東急フードショー」であるとしている。三田村は特定するのが難しいとしながらも，「東急フードショー」が一つの大きなきっかけとなっており，「食」を「流行」「ファッション」として捉え直した「東急フードショー」は，「食」のテーマパークとも称されたとしている[12]。また，「東急フードショー」の成功が他の百貨店も次々と同様のファッション路線に乗り出し，駅ビルや駅構内（通称エキナカ）にも波及し，デパ地下型食品売り場は百貨店の専売特許ではなくなっていくことも指摘している。

1990年代半ばになると，1990年代初頭まで内食提供機能が中心であったスーパーマーケットにおいても，提供するものが内食の素材から最終製品（中食）へとシフトしてきた。

荒井伸也がサミット株式会社代表取締役副社長だったころに次のように語っ

ている。「提供するものが素材から完成品，惣菜になったとき，質的な大変化が起きました。外食産業がコロッケを提供するのと同じく，私たち内食産業も完成品のコロッケを提供するようになって，外食産業と内食産業の境界線がピッタリと一致したのです。惣菜，弁当という問題になって，商品の製造・管理・提供の方法も SM（筆者注：スーパーマーケット）にとっては新しい領域に踏み込んだのです」[13]。

また，2015年5月現在で550以上の店舗を持つ，オリジン東秀株式会社のオリジン事業は1994年3月に川崎市高津区二子（現存するオリジン弁当高津店）で始められた。持ち帰り弁当事業は「マミー弁当」として1982年6月から展開していたが，惣菜の単価を揃えての量り売りと弁当の併売を新業態として開始した。2006年3月にイオンの子会社になってからはイオンとの連携を深め，2011年4月からはオリジン弁当の商品やノウハウをイオンの惣菜売り場に導入し，2011年9月からはイオンのプライベートブランド「トップバリュ レディミール」のチルド惣菜の監修も始めた。

以上のように，中食は百貨店，ゼネラルマーチャンダイズストア，スーパーマーケットにおいて食品売り場で重要な位置を占め，コンビニエンスストアにおいては主力取扱い分野となるに至っている。

しかし一方で，百貨店は有力テナントが限定され他店舗との差別化が困難になりつつあること，ゼネラルマーチャンダイズストアやスーパーマーケットはメーカーへの依存度が高いこと，コンビニエンスストアはオーバーストア状態にあることなど課題も顕在化している。

6．中食の産業分類と市場規模

「はじめに」でも言及したが，中食の定義には曖昧さが内包されている。したがって，市場規模を計る際もその曖昧さに配慮する必要がある。

つまり，「製造」の観点から計るのか，「販売」の観点から計るのか，「商品」そのものの観点から計るのかにより市場規模の図り方や市場規模そのものが異なる。

「製造」の観点から計っているのは，経済産業省の工業統計である。ここでは，「惣菜製造業」と「すし・弁当・調理パン製造業」が対象となる。

　惣菜製造業とは，主として野菜，水産物，穀物，食肉等を原料とした煮物，焼物（いため物を含む），揚物，蒸し物，酢の物，あえ物等の料理品を製造する産業をいう。

　「販売」の観点から計っているのは，経済産業省の商業統計と一般社団法人日本惣菜協会発表の惣菜白書である。商業統計では，「各種商品小売業のうち百貨店や総合スーパー」，「各種食料品小売業」，「その他の飲食料品小売業」，「料理品小売業」が対象となる。また，惣菜白書においては，「惣菜市場」の記述が対象となる。

　ここまで複数の業種が出てきたが，「中食」にかかわる業種を整理すると図表3－2のようになる。

　「商品」の観点から計っているのは，総務省の家計調査と公益財団法人食の安全・安心財団発表の外食産業統計資料集である。家計調査では，「調理食品」が該当する。ただし，冷凍食品やレトルト食品，缶詰なども含まれる。また，飲食店のテイクアウトや配達は「外食」に含まれる。外食産業統計資料集では，「中食商品市場規模の推移」が該当する。

　統計対象が異なり厳密に市場を計ることは困難ではあるが，ここでは，惣菜白書と外食産業統計資料集から市場規模の概略を考察したい。

　一般社団法人日本惣菜協会発表の惣菜白書2014年版によると，2012年の惣菜市場（容器包装後低温殺菌処理され，冷蔵にて1ヵ月程度の日持ちする調理済包装食品を除く）の規模は8兆5,137億円，2013年（見込）は8兆7,142億円となっている。2003年は6兆9,684億円であったので，およそ10年で大きく拡大している。また，業態別に見るとコンビニエンスストアが2012年は前年比5.0％増，2013年は前年比4.9％増の見込みとなっていて市場を牽引している。

　また，公益財団法人食の安全・安心財団発表の外食産業統計資料集2013年度版によると，2012年の中食商品市場の規模は6兆8,825億円で2011年度と比較して2.6％増加した。1994年に4兆9,906億円だった市場は，2008年に前年対比で0.4％減じたほかは一貫して伸びている。

図表3－2　産業分類から見た中食

分類	項目名	事業所の定義	該当する中食
細分類0996	惣菜製造業	主として野菜，水産物，穀物，食肉等を原料とした煮物，焼物（いため物を含む），揚物，蒸し物，酢の物，あえ物等の料理品を製造する事業所	煮豆，うま煮，焼魚，たまご焼，揚げ物，しゅうまい，ぎょうざ，サラダなど
細分類0997	すし・弁当・調理パン製造業	主として，すし，弁当，調理パン等の調理食品の製造を行う事業所	すし，弁当，サンドイッチ，調理パンなど
小分類561	各種商品小売業のうち百貨店や総合スーパー	衣・食・住にわたる各種の商品を一括して一事業所で小売する事業所	百貨店や総合スーパーが直接販売している惣菜や弁当など
細分類5811	各種食料品小売業	主として各種食料品を一括して一事業所で小売する事業所	食品スーパーなどが直接販売している惣菜や弁当など
細分類5891	その他の飲食料品小売業	主として飲食料品を中心とした各種最寄り品をセルフサービス方式で小売する事業所で，店舗規模が小さく，終日または長時間営業を行う事業所	コンビニエンスストアが販売している惣菜や弁当など
細分類5895	料理品小売業	主として各種の料理品（折詰料理，惣菜など）を小売する事業所	惣菜販売店，駅弁売店，調理パン小売店，総合スーパーや百貨店にテナントとして入店している店舗が販売している惣菜や弁当など
中分類76	飲食店	客の注文に応じ調理した飲食料品やその他の食品料，アルコールを含む飲料をその場所で飲食させる事業所　その場所での飲食と併せて持ち帰りや配達サービスを行っている事業所も本分類に含まれる。	食堂やレストラン，専門料理店が販売している惣菜や弁当など
細分類7711	持ち帰り飲食サービス業	飲食することを主たる目的とした設備を有さず，客の注文に応じその場所で調理した飲食料品を持ち帰る状態で提供する事業所	持ち帰りすし店，持ち帰り弁当屋，惣菜店が販売している惣菜や弁当など　※他から仕入れたものまたは作り置きのものに限る
細分類7721	配達飲食サービス業	その事業所内で調理した飲食料品を，客の求める場所に届ける事業所及び，客の求める場所において調理した飲食料品を提供する事業所	宅配ピザ，仕出し料理・弁当店，デリバリー専門店，ケータリングサービス店などが販売している惣菜や弁当など

出所：総務省「日本標準産業分類」より筆者作成。

7．共働きの増加と中食市場

　2012年に内閣府が調査した，「男女共同参画社会に関する世論調査」によると，「夫は外で働き，妻は家庭を守るべきである」という考え方に「反対」あるいは「どちらかといえば反対」と回答した割合は45.1％に上った。

　1992年の34.0％から前回調査の2009年まで「反対」の割合が一貫して増加していたが，2012年の調査では「賛成」が前回より10.3ポイント上昇し51.6％，「反対」が10.0ポイント低下し45.1％となった。

　男女別にみると，男性は「賛成」が前回より9.4ポイント上昇し55.2％，「反対」が10.1ポイント低下し51.1％，女性は「賛成」が11.1ポイント上昇し48.4％，「反対」が9.8ポイント低下し48.8％となった。

　また，年齢別にみると，20歳代で大きな変化があり，前回調査より「賛成」が19.3ポイント上昇の50.0％，「反対」が20.5ポイント低下の46.6％となっている。

　この傾向が今後どのように変化するのかは断言できないが，政府による男女共同参画社会の実現の更なる推進や安倍内閣が経済再生に向けて展開している「成長戦略」の動向で，再び「反対」の割合が増加に転じる可能性も十分考えられる。

　いずれにせよ，「夫は外で働き，妻は家庭を守るべき」という，いわゆる固定的性別役割分担意識については，10.0ポイント低下した2012年の調査であっても1992年と比較すると「反対」の割合が大きく増加している。

　総務省統計局労働力調査基本集計によると「夫婦のいる世帯数」に占める「夫が雇用者，妻が無業者の世帯」の割合をみると，2003年は30.5％であったが，それ以降は低下傾向にあり，2013年では26.0％となっている。他方，「夫婦のいる世帯数」に占める「共働き世帯」の割合をみると，2003年では32.8％だったが，2009年を除いて上昇傾向にあり，2013年では36.8％となった[14]。

　安藤潤は，2006年10月に実施された，JGSS-2006「第6回生活と意識についての国際比較調査」の個票データをもとに，その就業上の地位が常勤職であ

ろうが非常勤職であろうが，妻の所得と家事労働参加頻度との間に有意な負の相関関係があることを明らかにしている。

また，安藤は，就労する妻が自ら稼いだ所得を用いて財・サービス市場において家事労働代替財・サービスを購入し，自らの家事労働を軽減して「自治」を実践（ここでは，自由になる時間を作るという意味）していることを示唆するものであることを指摘している。そして，「実際，日本では女性の労働市場への進出とともに外食・中食サービス産業は拡大し，長らく『女性の家事労働』とされてきた調理の外部化が進展し，巨大なフードシステムの構築に貢献してきた」と述べている[15]。

他方で安藤は，外食・中食需要関数と夫と妻それぞれの夕食準備に関する拡張版自治モデルを推定した結果，①妻が常勤職に就いている場合には，夫の所得が外食と弁当の利用と，妻の労働時間が中食の利用と，それぞれ有意な正の関係を持つこと②妻が非常勤職で働いている場合には妻の所得が中食の利用と，夫と妻の労働時間が外食と弁当の利用と，それぞれ有意な正の相関関係を持つこと③外食と弁当の利用は常勤で働く妻の夕食準備のみと有意水準は若干低いが負の相関関係を持つことの三つを示し，外食と弁当の利用により夕食準備を軽減されるのは夫婦ともに常勤職に就く妻だけということも明らかにしている[16]。

8．今後の展望

（1）家族類型の変化と中食市場

家族や世帯の変化は今後，大きく中食市場に大きな影響を及ぼすと考えられる。

家族類型には，「単独」，「夫婦のみ」，「夫婦と子」，「ひとり親と子（「女親と子」及び「男親と子」の合計）」，「その他（3世代等）」の5つがある。

21世紀に入り，「夫婦と子」の世帯が減少し，変わって「単独」世帯が上位となって，我が国における家族類型に変化が出てきた。

国立社会保障・人口問題研究所が2013年1月に推計した「日本の世帯数の

図表 3 - 3　家族類型別一般世帯の割合（％）

年次	一般世帯 単独	核家族世帯 総数	夫婦のみ	夫婦と子	ひとり親と子	その他
1980 年	19.8	60.3	12.5	42.1	5.7	19.9
1985 年	20.8	60.0	13.7	40.0	6.3	19.2
1990 年	23.1	59.5	15.5	37.3	6.8	17.4
1995 年	25.6	58.7	17.4	34.2	7.1	15.7
2000 年	27.6	58.4	18.9	31.9	7.6	14.0
2005 年	29.5	57.9	19.6	29.9	8.4	12.7
2010 年	32.4	56.5	19.8	27.9	8.7	11.1
2015 年	33.3	56.9	20.5	27.0	9.4	9.7
2020 年	34.4	56.9	20.8	26.0	10.1	8.7
2025 年	35.6	56.6	20.9	25.0	10.6	7.9
2030 年	36.5	56.2	21.0	24.1	11.0	7.3
2035 年	37.2	55.9	21.2	23.3	11.4	6.9

出所：国立社会保障・人口問題研究所・2013 年 1 月推計・「日本の世帯数の将来推計（全国推計）」より筆者作成。

　将来推計（全国推計）」によれば，2010 年から 2035 年の間に「単独」世帯は 32.4％から 37.2％へ，「夫婦のみ」の世帯は 19.8％から 21.2％へ，「ひとり親と子」の世帯は 8.7％から 11.4％と割合が上昇する。一方で，「夫婦と子」の世帯は 27.9％から 23.3％へ，「その他」は 11.1％から 6.9％へと低下する[17]。

　20 世紀の我が国の典型的な家族類型であった「夫婦と子」の世帯は 1980 年には 42.1％，1990 年には 37.3％を占めていたが，急激に減少している。

　「単独」世帯が増加する要因は二つある。一つは未婚化や晩婚化による若い世代における「単独」世帯の増加で，もう一方は高齢夫婦のみの世帯で，どちらかが亡くなった後に子供と同居しない世帯の増加である。

　このような「単独」世帯の増加は，食事準備の担い手が自身しかいないため，「中食」や「外食」の利用の増加を促すと考えられる。

（2）高齢社会と中食市場

　平成26年版高齢社会白書によると，65歳以上の高齢者人口は過去最高の3,190万人となり，総人口に占める65歳以上人口の割合（高齢化率）も過去最高の25.1％となった。「65～74歳人口」は1,630万人で総人口に占める割合は12.8％，「75歳以上人口」は1,560万人で総人口に占める割合は12.3％となっている[18]。

　少し古いデータであるが，藤島廣二が1999年にイトーヨーカドー大井町店において実施した調査でも，中食の1週間当たり購入回数は30歳代をボトムとして年齢が高くなるごとに増えていくことがわかっている。男女合わせた全体でみると，1週間の購入回数が4回を超えたのは70歳代以上だけであり，20歳代と30歳代は3回に達していない。特に女性の場合，70歳代以上の高齢者の中食購入回数は週に4.2回で，これは30歳代の2.3回のほぼ2倍にあたる[19]。

　高齢者になればなるほど身体能力の低下などが進み，「料理をつくりたくない」ではなく，「料理をつくれなくなる」可能性が高まる。それゆえ，社会の高齢化が深まれば深まるほど野菜などを原体で購入して調理するというよりも，中食品や加工食品として購入したり，あるいは外食店に出向いたり，それが困難になれば宅配弁当を利用する，といったことがますます多くなることも藤島は併せて指摘している。

　このような状況を踏まえ，今後の中食では摂取カロリーの配慮など健康を意識した食品や加齢による喪失歯や義歯装着の増加に由来する咀嚼力低下に対応する食品がより重要となってくる。

　具体的には，フライ食品の衣に低吸油性素材を用いることやなどにより揚げ調理を必要としない（オイル噴霧などを利用）食品の開発，生鮮食品の素材加工（筋繊維切断などの物理的処理や酵素処理などの化学的処理）技術の向上が喫緊の課題となる。

【注】

1） 農林水産省,「用語の解説」, http://www.maff.go.jp/j/wpaper/w_maff/h18_h/trend/1/terminology.html,（2014-12-15）
2） 農林水産省食品流通局外食産業室, 1993, 外食産業入門　21世紀の食生活の担い手：外食産業の現状と今後の展望, 日本食糧新聞社, p.183
3） 相原修, 2012, フードサービス研究の現在, 商学集志, 第82巻第2・3号合併号, 日本大学商学部, pp.5-6
4） 朝日新聞記事データベース聞蔵Ⅱビジュアル版知恵蔵
5） 菊地武顕, 2013, あのメニューが生まれた店, 平凡社, pp.124-127
6） 株式会社小僧寿し, 企業情報（沿革）, 株式会社小僧寿しのホームページ, http://www.kozosushi.co.jp/company/history/（2014-12-15）
7） 朝日新聞1990年10月18日朝刊, 栃木地域面
8） セブン‐イレブン・ジャパン, 1991, セブン‐イレブン・ジャパン　終わりなきイノベーション1973 – 1991, セブン‐イレブン・ジャパン, p.114
9） 上掲書, pp.116-119
10） 大丸松坂屋百貨店, 沿革, 大丸松坂屋百貨店のホームページ, http://www.daimaru-matsuzakaya.com/history.html（2014-12-15）
11） 日本経済新聞2011年4月23日, 日経プラスワン
12） 日経ビジネスonline,「成り上がり」スイーツ, ラスクがデパ地下を救うワケ, http://business.nikkeibp.co.jp/article/life/20090327/190302/?rt=nocnt（2014-12-15）
13） 食品商業, 1993, サミットスタディ　スーパーマーケティング・カンパニーの全貌, 1993年4月号別冊, 商業界, pp.94-96
14） 総務省統計局, 妻及び夫の就業状態・農林業・非農林業・従業上の地位・月末1週間の就業時間・月間就業時間, 世帯の家族類型別夫婦のいる世帯数, 労働力調査基本集計2013年次, http://www.e-stat.go.jp/SG1/estat/List.do?lid=000001116933（2014-12-15）
15） Ando, Jun., 2011, Dual-Earner Couples' Housework Behavior in Japan: Exchange, Display, or 'Her Money'?, CSES Working Paper, 61: pp.1-27.
16） 安藤潤, 2013, 共稼ぎ夫婦の外食・中食利用と家事労働削減：JGSS-2006を用いた実証分析を中心に, 新潟国際情報大学情報文化学部紀要, 第16号, 新潟国際情報大学, pp.33-51
17） 国立社会保障・人口問題研究所, 2013（平成25）年1月推計, 日本の世帯数の将来推計（全国推計）, http://www.ipss.go.jp/pp-ajsetai/j/HPRJ2013/t-page.asp（2014-12-15）
18） 内閣府, 高齢化の状況, 平成26年版高齢社会白書（全体版）, http://www8.cao.go.jp/kourei/whitepaper/w-2014/zenbun/index.html（2014-12-15）
19） 藤島廣二, 2012, 社会の高齢化で問われる卸売市場機能, AFCフォーラム, 2012年12月号, 日本政策金融公庫, pp.8-9

参考文献

安土敏, 1992, 日本スーパーマーケット原論, ぱるす出版
安土敏, 2009, スーパーマーケットほど素敵な商売はない, ダイヤモンド社
緒方知行, 2013, 鈴木敏文のセブン‐イレブン・ウェイ 日本から世界に広がる「お客さま流」経営, 朝日新聞出版
川辺信雄, 1994, セブン‐イレブンの経営史, 有斐閣
信田洋二, 2013, セブン‐イレブンの「物流」研究 国内最大の店舗網を結ぶ世界最強ロジスティクスのすべて, 商業界
セブン‐イレブンの「物流」研究 国内最大の店舗網を結ぶ世界最強ロジスティクスのすべて
食品商業2014年12月号別冊, 2014, 惣菜デリ最前線2015, 商業界
田中陽, 2006, セブン‐イレブン覇者の奥義, 日本経済新聞社
田村正紀, 2014, セブン‐イレブンの足跡, 千倉書房
中村三喜, 2002, 三極化消費時代のマーケティング戦略, 文芸社

第4章　フードサービスのトレンド

　外食産業を見続けて早17年，ジャーナリストとしてこれまで500人以上の外食経営者と，3,000店以上の飲食店を取材してきた。そうした経験を踏まえ，この章ではチェーンをはじめとする外食業界の大きな潮流と，個人店が創造してきたここ数年のトレンドを解説していきたい。

　外食産業はオーバーストア化が叫ばれて久しいが，帝国データバンクの調査によると2014年上半期（1～6月）の外食産業の倒産件数は前年同期比0・6％増でリーマンショック以降，高水準で推移している。そのうち「酒場・ビヤホール」が最多，次いで「食堂」が続いており，外食産業がきわめて厳しい状況下に置かれていることを物語っている。しかしながら，こうした逆風をチャンスに変える動きもあり，実際，さまざまな趨勢が外食産業で垣間見られる。

　街を元気にすべく，多様な活動がそこここで開催されるようになったのは特筆すべきエポックといえる。「鮮魚・浜焼酒場 魚○」や「炉端 貝○」「牛酒場 牛○」などを経営し，自らプロデュースも手掛ける（株）浜倉的商店製作所が先駆けとなって開発した"恵比寿横丁"や"有楽町産直飲食街"は，街の活性化につながるプロジェクトとして注目に値する。また「街バル」「街コン」といった街全体を巻き込むイベントが全国的に拡大し，各地域では「食で地元を盛り上げよう」と意欲を燃やす外食関係者が現れはじめている。さらに「B級グルメ グランプリ」や「居酒屋大サーカス」「ラーメンイベント」などは今なお活況を呈しており消費者の食への関心が高まっていることがうかがえる。

　またコスト構造変革のため，居抜き物件の活用や本部編成，作業システムの改革などで高収益モデルを打ち出す動きも見逃せない。「ととしぐれ」や「エ

ビス」「ひもの屋」など居酒屋を中心に200店以上を展開する（株）サブライムはその代表企業であるが，キャッシュフローへの考え方やイニシャル・ランニングコストに対する意識がこれまで以上に高まっているのは時代の流れといえる。

　こうした動きの中で，大手外食チェーンにも変革が見られるようになってきた。なかでも低価格競争からの逸脱が見られる牛丼チェーン御三家の動向は注目に値する。牛丼の低価格競争は1990年代後半から続いてきたが，近年「吉野家」が高価格帯の牛すき鍋膳を提供し話題を呼んだ。一方「松屋」は品質を重要視したプレミアム牛めしを販売し，さらに「すき家」は牛丼の並盛を値上げしている。もちろん円安の景況が価格設定に大きな影響を与えていそうだが，牛丼チェーン御三家の価格競争にピリオドが打たれるのか，今後の動きに目が離せない。

　ところで「吉野家」といえば，2013年に同グループが展開に乗り出した「吉呑み」も興味深い。「吉呑み」は2階建て店舗の「吉野家」を対象として，これまで夜の時間帯にクローズしていた2階席でアルコールを提供するというものである。メニューは，生ビール，角ハイボール，焼酎の他，牛皿（並）やハムポテトなどをラインアップ。客単価は1,500円前後（推定）で，居酒屋マーケットの"ちょい飲み"需要を取り込む狙いがある。牛丼市場の伸びが鈍化する中で，吉野家は新たなマーケット開拓に傾注していこうという考えがうかがえる。

　その居酒屋市場に目を向けると，大手チェーンの業績は軒並み下降線を辿っている。なかでも記憶に新しいのは，リーマンショック後，大手企業がこぞって出店した激安居酒屋の減退だ。（株）三光マーケティングフーズの「金の蔵Jr.」，ワタミ（株）の「仰天酒場 和っしょい」，（株）レインズインターナショナルの「ぶっちぎり酒場」などがそれに当たる。当時，280円均一，380円均一など激安を売りに業界の話題をさらったが，今では客離れが後を絶たず，閉店に追い込まれた業態も多い。結局，「安いだけではお客さまは来ない」ことの証左だったと私は見ているが，実際，値下げに対する消費者の反応は鈍くなっているのではないだろうか。その意味では，「安ければお客さまが飛びつく」という発想自体，現在のトレンドから取り残されていると考える。

1．高原価率経営の賛否両論

　ここ数年，高原価率ビジネスがトレンドとして脚光を浴びている。「俺のフレンチ」「俺のイタリアン」は，どちらも三ツ星レストラン級のシェフを招聘して，本格的な仏・伊料理を，立ち飲みスタイルで提供する業態だが，高原価率を厭わず，味とボリュームを徹底的に追求している。たとえば「俺のフレンチ」の目玉商品"牛フィレとフォアグラのロッシーニ"はヒレ肉とフォアグラをふんだんに使用して原価率は実に90％以上で，同業態の総原価率は高水準で推移している。しかも「ひらまつ」や「シェ松尾」「タイユバン・ロブション」出身といった実力揃いのシェフたちが作るのだから品質は申し分ない。それでも客単価は3500円前後という，その圧倒的なコストパフォーマンスが集客のフックになっている。

　創業経営者は中古本販売店「ブックオフ」を創業し店数を900店まで増やした坂本孝社長。先般のインタビューでは，「僕らが挑戦するのは一流料理の価格破壊。最高のシェフが最高の食材を使って，日常的な価格でお客さまに食事をしてもらいたい。そのためには店数をもっと増やして，スケールメリットを出して，絶対に真似できない強靭な体制をつくりたい」とコメントしている。

　これだけの高コスト体質でビジネスは成り立つのだろうか——という疑問が挙がりそうだが，結論から言えば，このビジネスは薄利多売の商売と言ってよい。立ち飲みスタイルで1坪当たりの客数を増やし，回転率を高めることでビジネスを成立させているのである。また原価率の低い商品やアルコールなどをラインアップし，巧みなメニューミックスにより原価率をコントロールしている点も収益構造に結実している。

　経営母体の俺の(株)はこの他，「俺の割烹」「俺のやきとり」「俺の揚子江」「俺のそば」「俺の焼肉」「俺のスパニッシュ」など高級料理をカジュアルダウン化した業態を展開しており，今後はニューヨーク，上海，ミラノなど世界進出を計画している。さらに上場を目指すという噂も流れ聞くが，将来，「俺の」シリーズがどう転がるか見届けたい。

この動きに歩調を合わせる形で2014年から出店ラッシュをかけているのが，(株)ペッパーフードサービスが経営する「いきなり！ステーキ」である。こちらも「俺の」シリーズと同様，原価をかけてお値打ちを訴求する立ち食いスタイルを採用している。ステーキは量り売りでリブロースステーキ1g当たり6円，ヒレステーキ1g当たり8円という設定で，お客がステーキの重量を指定し，従業員が塊肉をカットして焼き上げる仕組みを採っている。またワインなどのアルコールもラインアップしているが，実際のところ食事需要が大半。やはり坪効率と高い回転率をビジネスの肝としており，お値打ちを訴求している。
　高原価率経営に関しては業界内で賛否両論あるが，「価格以上の価値を表現する」という意味では，昨今の消費動向にマッチしていることは間違いない。とはいえ，高原価率で圧倒的な商品バリューを提示することが唯一の価値表現ではない。移り変わりの激しい昨今の外食産業の中では，高原価による価値訴求だけではなく，消費者の心に響く独自の発想で，バリューを打ち出す新勢力が続々と誕生し続けているのである。
　その中でも市場にすっかり定着したのが「ワイン業態」である。今では大都市の繁華街はもとより，私鉄沿線の住宅街から地方都市の郊外ロードサイドまで，その勢いは急激に拡大している。そうした意味でワインマーケットは市民権を得た感があるが，もちろん全部が全部，繁盛しているかというと決してそうではない。新店なのにガラガラ，あるいは，以前は"超"の付く繁盛店だったがすでに閑古鳥が鳴いている，という状況も多々見られる。
　そもそもワイン業態が流行したのは，ボトル3,000円未満のワインを豊富に揃えて，"ワインの大衆化"を標榜する業態が登場してきたことに端を発す。その先駆的な存在が"普段使い"のワイン酒場を打ち出した「ヴィノシティ」(東京・神田)や，フランス食堂をコンセプトにする「ポンデュガール」(同・新富町)である。そこから派生して「小売り＋1000円」「均一価格」「すりきり・こぼれ系」「がぶ飲み系」「飲み放題」など多様なスタイルが登場し，大手も個店も続々とこの市場に参入してきたのである。確かにワインの大衆化によって客層の間口がグンと広がったことは否めない。しかしながら昨今では単に安く

て旨いワインを置くだけでは通用しなくなってきている。

　では勝ち組のワイン業態はどこが違うのだろうか。まずひとつは言うまでもなく料理に対して高い専門性を備える店が繁盛し続けている。実際「あの店のこの料理が食べたい！」というキラーコンテツを提供している店ほど，勢いが衰えない。その代表店といえば東京・中野の「Tsui-teru!」であるが，同店は自社で熟成するドライエージングビーフを看板商品に大人気を博し，大繁盛し続けている。また「魚とワイン　カンダマルセイユ」（東京・神田）では旬の魚を日替わりで提供するワイン酒場として連日満席の状況が続いている。さらに精肉店を関連企業にする「ボンビアンドゥ」（同・赤羽）では，そのノウハウを活かし圧倒的に強い肉料理で多くのファンを獲得している。また東京・銀座の「イタリアンバル UOKIN ピッコロ」は，新橋を中心に鮮魚居酒屋「魚金」を展開する企業の系列店で，魚介を軸にしたバル業態。看板商品の"海のカルパッチョ6点盛"に代表される魚介料理が人気で，17時の開店を待たずして行列ができる大繁盛店である。

　もちろんこれらの店はワインのセレクトにも力を入れており，ソムリエや専門家がワインを厳選。リーズナブルな価格で提供し，"看板料理×ワイン"という商品設計で，独自性と強みを発揮している。また最近では「道玄坂バル克ツ」（東京・渋谷）や「organ」（同・西荻窪）など，日本ワインや自然派ワインで差別化を図る動きも出てきている。要は業態の細分化が進んでいるわけであるが，何を磁力に目的客を呼び込むか，商売の鉄則をしっかりと打ち出している実力店に客足が流れている。

　こうしたワイン業態のブームに乗ってトレンド化してきたのが，新しい「ピッツァ業態」である。なかでもピッツァのディスカウンターが脚光を浴びている。

　1,890円。これは，ある大手宅配チェーンのマルゲリータの価格である。フルサービスのレストランや本格ナポリのピッツェリアなら許せる価格だが，スケールメリットを生かせるチェーンがこの値付けというのは納得できないお客さまも多いのではないだろうか。そもそも粉もの商売は一般的に原価が低いと言われているが，ピッツァは粉もの商材であるにもかかわらず，相場が高い印象があった。そこに釘を刺すべく，新たなピッツァ業態がこの市場に参入して

きたのである。

　その代表店が愛知に本拠を構える「ソロピッツァ ナポレターナ」である。オーナーは2010年のナポリピッツァ職人世界選手権で世界一に輝いた経歴を持ち，マルゲリータ，マリナーラの2品を実に350円で提供。粉はナポリのカプート社製，モッツァレラはナポリから空輸したものを使っているにもかかわらず，ワンコイン以下の価格設定を実現している。"世界一"の称号を冠すれば，それなりの価格でも十分集客できるだろうが，「ナポリではピッツァは大衆食。本場と同じ適正価格で本物を提供すること」がモットーで，ピッツァは薪とガスのハイブリッド式の石窯で焼き上げ週末には約1,000枚のピッツァを販売するという。ちなみに，マルゲリータとマリナーラの単品原価率はそれぞれ30％以下で，決して"安売り価格"ではなく"適正価格"なのである。

　一方で，"ワンコインピッツァ"で多店舗化を進める企業もある。それが東京を中心に展開する「CONA」である。こちらは"ピッツァ×ワイン"というコンセプトを打ち出し，ピッツァ500円均一，ボトルワイン1,900円～という商品設計だ。ピッツァは注文を受けてから生地をのばし，400℃以上のガス式の窯で焼き上げる。正直，"本格派"とは言えないものの，ワンコインピッツァという分野に先鞭を付けている。それ以外にも，吉野家グループが「ピッツァナポレターノカフェ」を展開する他，「ナポリス」（東京），「ピザレボ」（福岡），「センプレピッツァ」（東京）といった"ワンコイン"のピッツァ業態が全国で産声をあげており，外食産業の動きとして非常に興味深い。

2．熟成肉ブーム

　さて2014年のトレンド商材として最も注目されたのが「肉」である。といってもそれは焼肉や焼鳥といった定番アイテムではなく，ボリューム満点のいわゆる「がっつり系」の肉料理である。米国牛輸入規制緩和なども追い風になっているが，なかでも注目したいのが熟成肉（ドライエージング肉）だ。そもそも熟成肉には明確な定義があるわけでないが，一般的に，特殊な熟成庫で，麹・酵母・カビをコントロールしながら，肉を乾燥させて（水分を蒸発させて），

旨味を凝縮させた赤身肉をこう呼んでいる。欧米では広く知られる技術で，タンパク質を多く含む赤身肉は，時間の経過とともに筋肉の繊維とコラーゲンがアミノ酸に分解され旨味が増し，ジューシーで柔らかい肉に変化するというのがそのメカニズムと言われている。

　日本では数年前から専門の精肉店や一部の焼肉店で提供されていたが，熟成によって肉の重量が減り，さらに表面のカビなどをトリミングするためロスが多く，割高となるのが普及のネックとなっていた。しかしながらここへきてカジュアルなお店が続々とオープン。ワイン業態や"肉食"といったブームと相まって熟成肉のヒット店が次々と誕生している。

　そのひとつが前出の「Tsui-teru!」である。ここは店内に巨大なガラス張りの熟成庫を設置し，そのダイナミックな光景がひと際目を引き，自店で熟成を行なうことでカジュアルな価格を実現している。またニュージーランドの肉輸入会社が経営する「WAKANUI GRILL DINNG」（東京・麻布十番）は，熟成肉の火付け役のひとつとして，業界でも脚光を浴びているレストランだ。その他，「旬熟成」（同・六本木）や「グリルド エイジング・ビーフ」（同・飯田橋），電磁波を利用した熟成システムを導入している「ブッチャー チャコールグリル」（福岡）などは，熟成肉の大繁盛店として注目されている。また最近では，熟成肉×日本酒（「ツイテル和」・東京）や，熟成肉×クラフトビール（「GARAGE39」・大阪）など，よりコンセプト力を強めたヒット店が現れはじめている。とはいえ日本における熟成肉は歴史が浅く，日々革新や新たな価値創造が進んでいるのも確かである。それだけに熟成肉への関心が深まっており，今後もこのトレンドは続くと予想される。

　さらに最近では新しい発想でさまざまな業態が生まれつつある。そのひとつが割烹料理を居酒屋のコンセプトに落とし込んだ「カジュアル割烹」だ。"割烹料理と居酒屋の中間"を狙ったモデルで，代表的な店舗は東京・池袋の「そら」や「和GALICO寅」などが挙げられる。また中華料理の定番アイテムである餃子がトレンドの兆しを見せており，"餃子酒場"を標榜する「肉汁餃子製作所 ダンダダン酒場」は大ヒット。さらに興味深いところでは，立ち食い寿司さながらの雰囲気で，肉1切れから注文できる立ち食い焼肉店「治郎丸」

が話題を呼んでいる。どの繁盛店も既存の業態枠にとらわれない発想のもとに開発されたコンセプトだが，これからもさまざまなジャンルの中から思いもよらないニューカマーが生まれてくるに違いない。

一方において，外食業界では今「アジアに出店しよう」と意欲を燃やす若手経営者が急増しトレンド化している。すでに「吉野家」「CoCo壱番屋」「和民」「サイゼリヤ」「大戸屋」といった大手チェーンはアジア各国で多店化を進めているが，店数がまだ1桁台の中小企業がアジア進出に目を向けているのが昨今の傾向である。もちろん一語にアジアといっても諸国ある。十数年前まではマーケットボリュームの大きい中国が注目視されていたが，最近では，チャイナリスクを避け，シンガポール，タイ，マレーシア，ベトナム，インドネシアといったASEANに興味を持つ経営者が多いようである。

当然のことながら各国のマーケットを数値で捉えた上で進出しているが，アジア出店に傾注する昨今の外食企業は，実は「日本のサービス業をアジアに根付かせたい」というミッションを持っているところが多いようである。たとえば，（株）ヘンリーブロスは2011年にシンガポールに進出。現在「漁師寿司 活けいけ丸」や「銀座 黒尊」などを同地で経営するが，「日本の魚をもっと広めたい」というのが大きな狙いである。また国内で「鳥波多゛」「イカセンター」などを経営する（株）スプラウトインベストメントは2013年にタイに進出。鶏業態の「TORIHADA」を展開しているが，日本で展開している業態をそのまま再現したという。

周知の通り日本食は世界的なブームで，アジアでも日本食を売りとする飲食店が続々とオープンしている。しかしながらその大半が日本人経営者ではない。またパートナーの問題，人材の問題，食材輸出入の問題など進出によるリスクやハードルは高い。そうした中で"本物の和食"を浸透させたいと願う若手経営者が増えているのも確かで，その意味では何のためにアジアに進出するのか，その目的こそが問われる時代になってきている。

3．注目を集める「ニッポン」の酒

　近年「ニッポン」のお酒が大きな注目を集めている。日本酒と日本ワイン，そしてクラフトビールがそれに当たるが，ここへきて専門店の開業や，導入事例が相次ぎ話題を呼んでいる。日本酒など国内で生産される"國酒"を，「SAKE」として世界市場に売り出そうという官民一体となった取組みもあるが，こと外食産業においても，このマーケットに目を向ける飲食店経営者が急増している。

　かつても焼酎ブームや日本酒ブームなどが起こり，"希少"なお酒を提供する飲食店が次々と登場した。しかしながら時代の変遷とともにブームは終焉を迎えた。1本数万円というプレミアム焼酎などがもてはやされた時代もあったが，今回の動きはブームとは一線を画し，飲食店と蔵元が一体となって，"本物のおいしさ"を提案している。単に希少価値の高い酒をラインアップするのではなく，飲食店側が消費者と生産者の架け橋となって，造り手の想いや味わいを表現しているところが興味深い。

　2013年4月にオープンした「蔵葡」（東京・新富町）は日本ワインと日本酒を軸にした繁盛店で，常時200種類の日本ワインをラインアップしている。またお通しで日本の白ワイン（20ml）と和のつまみを提供し，日本ワインのビギナーに対しておいしさを訴求。さらに料理はきんぴらごぼうやだし巻き，コロッケなど家庭料理を中心に揃えるが，身近な料理と日本ワインを組み合わせることで，日常的な使い方を提案している。また日本ワイン約80種を揃える「キッチン セロ」（東京・渋谷）では，本日のおすすめに日本ワインを導入し，ワイナリーに赴き直接会話をした造り手のワインを揃え，接客などで想いや味わいを伝えている。

　他方，日本酒についても同様な動きが見て取れる。その代表店が「日本酒バル 中野青二才」（東京・中野）である。同店では女性客や若者客が気軽に楽しめるよう常時40種以上の日本酒をシャンパングラスで提供している。価格は3尺320円，5尺450円，8尺700円と均一で用意し，小ポーション・低価格

の販売形態をとることで，日本酒ファンの裾野を広げている。また「酒庵 酔香」(同・押上)でも，常時300種を用意する日本酒を半合400円，1合700円の均一価格で提供。「銀座じゃのめ」(同・銀座)では常時100種以上の日本酒を1杯480円均一で提供し，使いやすさを訴求している。各店ともにお客さまの相談に応じながら，好みに合った銘柄をセレクトすることで，季節感や味わいを表現している点も特筆される。

　国産クラフトビールも熱気を帯びている。現在，日本にはざっと200のブルワリーが点在しており，そうしたブルワリーのビールを提供する飲食店が続々とオープンしている。自社で製造販売するブルーパブなども現れており，年間消費量が減少している大手ビールとは裏腹に，クラフトビールのそれは年々増加傾向にある。では今なぜクラフトビールなのか，時系列を辿って説明したい。

　そもそも日本の地ビールは，1994年の酒税法改正で，ビールの最低製造基準量が2,000klから60klまで緩和された。それにより各地に小規模醸造所が誕生し，1990年代半ばに地ビールブームが到来した。しかし当時は土産品としての傾向が強く，新たな食文化として根付くには至らなかった。その結果，「地ビールは飲みにくくて高い」という消費者のイメージをもって，ブームは収束を迎えてしまったのである。しかしこうした苦い経験を踏まえて，造り手が品質重視の姿勢を見せることとなる。それにより地ビールの品質が格段に上昇し，"ジャパニーズ・ビア"がビールの世界大会で次々と入賞。世界レベルの味であると証明されたことで，地ビールは"クラフトビール"の名で新たなトレンドを迎えたといえる。それにともない，クラフトビールを商材とした新タイプの店が急増。従来のパブのスタイルにとらわれない自由な店づくりで，新たなマーケットを開拓するヒット店が誕生している。

　現在，都内に5店を展開する「クラフトビアマーケット」はその牽引的な存在といえる。1号店の虎ノ門店は2011年にオープンしているが，樽生クラフトビール30種類を480円(250ml)均一で提供することで，これまでネックだった"価格の壁"を低くして，わかりやすさや注文のしやすさを訴求している。また料理を充実させることで幅広い客層を吸収。これまでビール専門店といえば，スポーツバーやビアバー，パブといった業態が主流であったが，同店

はカジュアルなコンセプト"ビアバル"を打ち出すことで，業態の間口を広げてさまざまな利用動機を獲得することに成功したのである．また2013年12月にオープンした「クラフト麦酒ビストロ クラフトマン」(東京・五反田)でも店名にあるようにビストロを標榜．クラフトビール28種類に加えてバラエティ豊かな食事メニューを導入することで幅広いニーズに対応している．「消費者が『ご飯を食べに行こう』という時，ビール専門店は選択肢から外れることが多いが，それは重たい料理が多かったり，料理自体が少なかったりするためと考えられる．そこでまずはその選択肢に入るためのおいしい料理を用意し，ビストロとして使える店を目指した」と同店のオーナーは明かしている．さらに「新橋SLビアホール」(同・新橋)や「クラフトワークダイニング 万事快調」(同・池袋)では醸造所(造り手)の"想い"を大事にしており，ビールの注ぎ方や管理などを徹底しながら，従業員がビール製造の背景などを伝えることでお客さまの心をわしづかみにしている．

"造り手の想い"というのは，クラフトビールに限らず，日本酒，日本ワインにも共通する切り口であるが，生産者の背景や，商品ができるまでのストーリーを消費者に届けることで，その商材に価値をプラスしているのである．

4．生産者一体型の事業モデル

そうした動きは酒だけにとどまらない．あらゆるジャンルの食材において，生産者と太いパイプを持つことでストーリーを打ち出す飲食店が急増している．もちろん安全・安心の考え方が背景にあるが，生産現場の中から生まれるドラマを「おいしさ」のひとつとして提案するという意味合いもあると思われる．かつて「生産者の顔が見える食材」が差別化要素になった時代があったが，現在ではさらに一歩踏み込み，「6次産業化」や「体験型」「ストーリー仕立て」など生産者の想いを価値に転化するという動きが顕著化している．

その代表的な企業が「塚田農場」や「四十八漁場」など約200店の飲食店を展開する(株)エー・ピーカンパニーである．同社は自社養鶏場を宮崎・日南に開設し生産者と直結することで"生産販売一体型"のビジネスを構築．高品

質な商品をリーズナブルな価格で提供できる仕組みをデザインし，消費者と自社，さらに生産者の三者がともにメリットを享受できる事業モデルをつくりあげている。現在は自社業態で提供するみやざき地頭鶏を自社養鶏場と契約場で生産。県から許可を受けたみやざき地頭鶏のヒナセンター，処理センター，加工センターを運営し，真っ向から六次産業化に取り組んでいる。そして，その取組みを会社のミッションとして現場レベルにまで落とし込み，人材教育を徹底。研修を通じて従業員が直接現場を体験する他，生産者と交流を図り，現場スタッフが語り手となって，そのリアルを消費者に発信している。

また，豚のホルモン焼きを主力商品に据える「串屋横丁」を多店舗展開する(株)ドリーマーズも生産販売一体型の事業モデルを打ち出す企業である。同社は千葉県南部にある約1万坪の敷地に豚を放牧。生産者と協同で日本唯一の固有種の純粋系の"縄文豚"を育てている。この豚は一般に外来の品種をかけ合わせた交配種のものが流通するが，同社のそれは100％純粋系。1度に子供を5〜6頭しか生まず，出荷まで12〜14カ月を要するが，この縄文豚を強力な武器に熱狂的なファンを獲得している。そして単にメニューに加えるだけではなく，焼き方やおすすめの仕方などスタッフ教育を進めながらしっかりとブランディングしている。「商品そのものがチェーンのグレードを上げる」とオーナーはコメントするが，そうした価値づくりが消費者の心を掴んでやまないと考えられる。

一方，「北海道厚岸」や「北海道八雲町」「佐賀県三瀬村ふもと赤鶏」などを経営する(株)ファンファンクションでは，地元生産者と自治体と協業で商品づくりに取り組み価値を表現。さらに「日本一の宮城の魚が喰える店 三陸 天海のろばた」などを展開する宮崎・仙台の(株)スタイルスグループは，地の利を活かして東北の食材に特化し，「なぜその商品にバリューがあるのか」を前面訴求することで，新たな価値に置き換えている。

他方，「貝殻荘」や「鮭殻荘」「エビ殻荘」といった独創的な業態を次々と生み出してきた(株)スパイスワークスは，店全体で想いやミッションを打ち出して消費者にその価値を表現している企業のひとつである。同社は価値表現の手法として「食材」「調理法」「文化」という3つの視点に着目し，食文化を研

究しながら生産者と強いパイプを構築。ビジュアルや提供方法，セールストークなどでストーリーを演出し，消費者の心に刺さる"業態価値"をつくりあげている。その意味では業態や商品が生まれた背景をいかに消費者の心に焼き付かせるかが重要な鍵であり，自店の強みやプラスアルファのエッセンスを見極め，それをしっかりとメッセージとして消費者に伝えることが今後さらに求められるのではないだろうか。

5．ホスピタリティ企業志向

　消費者が「あっと驚く印象深い商品」を独特の売り方で提案することも価値表現の手法のひとつと考えられる。外食に対する評価基準がハイレベル化した消費者は，あらためて「豊かさ」や「楽しさ」「喜び」を求める傾向が強くなってきている。味はおいしくて当たり前，そこに新たな満足度を付加してバリューを追求する動きが顕著化しつつあるといえる。
　(株)ワンダーテーブルが多店化を進める「バルバッコア」はそのひとつだ。同店はシュラスコ専門店というマイナーな業態でありながら，新宿店や渋谷店は連日満席。従業員がお客さまの目前で切り分ける本場ブラジルのバーベキューを提案しているが，消費者をハッピーにさせるそのスタイルが，外食ならではの「楽しさ」を生んでいるのは間違いない。また福岡の「魚男―フィッシュマン―」が提供している"名物！お刺身階段盛合せ"は，今や業界の視察団が訪れ，都心ではその売り方を真似する飲食店も登場するほどである。階段状の板皿に刺身を盛り付けるユニークなメニューで，そのインパクトは強烈この上ない。さらに(株)バイタリティの和食焼肉「山形山」の"山形牛1kg船盛り"や，(株)BC&BFの「俺の魚を食ってみろ！」が提供する，玉手箱に見立てた重箱に刺身を盛った"瞬間即殺鮮魚のお刺身7種盛り合わせ"も遊び心溢れるメニューといえよう。いずれも業態軸をしっかりと持ちコンセプトに沿った形で開発されたものだが，見せ方や売り方，販売の工夫で，その商品価値は2倍にも3倍にも膨れ上がる。
　もちろん売り方・販売という点においては，従業員の"ホスピタリティ力"

は欠かせない。「お・も・て・な・し」が2013年の流行語大賞になったのは記憶に新しいが，外食産業における「おもてなし」はもはや流行語ではなく，繁盛店づくりの大事なキーワードとなっている。周知の通りホスピタリティは「歓待」「心のこもった接客」などと解釈され，よく「サービス」との違いについて議論される。作業や業務を淡々とこなすのがサービスなのに対して，瞬間的な判断や，臨機応変な対応力によって，お客さまの満足度をさらに高めるのがホスピタリティと言われている。例えを挙げるなら，注文をとり，配膳し，片付けるのがサービス。それに対して，「旬の野菜を使っています」「この料理はこうやって食べるとおいしいです」など，配膳時にひと言添えたり，サプライズを施したり，時には，距離感を置いたりしながら，状況やシチュエーションに応じて，従業員が判断し行動するのが，ホスピタリティというわけである。

　もちろん属人的な要素が複雑に絡み合うだけに難しい課題でもあるが，最近ではホスピタリティ教育に力を入れる外食企業が登場してきている。なかでも首都圏を中心に「炎丸」を展開する（株）プランズは教育熱心な企業として知られている。同社のコンセプトは「共感と感謝」「ネバー・セイNO」。これは，お客さまが言葉を発する前に，従業員がその要望を察知して対応するというもの。「お客の無言のサインを見逃さずに対応すれば，プラスの印象を持ってくれる」というのが狙いだが，そのために実践しているのがロールプレイングによる教育である。同社ではお客さまがどんなサインを発しているのか，それにどう対応すべきか，100以上のシチュエーションを想定。各従業員が意見を交換しながら，同じシチュエーションを順繰りにロールプレイすることで，幅広い要望に応えられる接客力を磨き込んでいる。一方，前述した（株）エー・ピーカンパニーでは，「商品説明トーク集」を活用。お客さまの心を掴む有効なキーワードや，話し方のポイントを明記したトーク集を参考にしながら，自分の言葉で表現できる接客術を従業員が習得している。

　とはいえ，外食産業において人材育成は何より重要なテーマであることは認識していても，なかなか実現できていない企業が多いのも事実である。では，やる気があって技術もあって自ら行動する人材を育てるためには，どうしたらいいのだろうか。ここでは以下の4点に集約する。①理念の浸透，②有効なコ

ミュニケーション，③公平な評価，④働きやすい環境づくり，である。

　理念とは要約すれば何のために会社があるのか，飲食店を通して何を目指すのか，ということである。従業員にとっては何のために働いているのか，と同類の意味を持つ。皆が同じベクトルに向かって仕事をするためには必要不可欠なものだが，この理念が欠落しているがゆえに，価値観を共有できずに離職するというケースも少なくない。またお互いを理解しチームワークをもって働くためには，コミュニケーションも重要な要素である。情報伝達はもちろん，作業を教える時も，叱咤激励する時も会話力は欠かせない。「スターバックスコーヒー」のクルー達が生き生きと働く姿は業界でも定評があるが，それは創業者ハワード・シュルツ氏の理念が現場まで浸透し，スタッフ同士がコミュニケーションを頻繁にとりながら，チームワークづくりに尽力しているからに他ならない。

　さらに業務上の成果の正しい評価もモチベーションを上げるうえで効果的という見解も多い。評価は従業員の「達成ぐせ」を促し，次の目標に導くためのステップにもなるからである。評価の仕方は飲食店によってさまざまだが，スタッフ同士が賞賛し合い，それをバックヤードに貼り出して，互いのやる気を向上させるという取組みを行なっている飲食店もある。もっとも「人を育てたい」という気持ちが強ければ強いほど，「あれをやれ，これをやれ」と押し付けてしまいがちだが，それは逆効果と思われる。「やれ！」という命令では，人は自発的に動かないし，何よりモチベーションが上がらず1人前には育たない。

　「目的を達成させるためには，部下が意欲的にやろうと思えるような職場環境をつくることが上司の役目」と考えられるが，そのためには見本を見せ，仕事の意味づけをしっかりと伝えることが，本来あるべき人材育成の姿であろう。

　今や消費者の利用シーンは多様化し，ファミリー利用，デート利用，ちょい飲み，女子1人飲み，宴会など実に多彩である。もちろんロケーションにもよるが，そうした動機を満たすシーンづくりに人材教育は不可欠である。また業態づくりや商品づくりにおいてもトレンドを探りながら，自店の強みを活かす

ことが要求されよう。ただし留意すべきは，単に繁盛店の"いいとこ取り"では消費者の心には決して響かない。言うまでもなく外食業とはオーナーの方向性やコンセプトを含めた"総合力"によるところが大きいからである。

昨今，"唐揚げ"や"ポテトサラダ"など定番メニューに自店のオリジナリティをプラスした商品が脚光を浴び，モノマネが次々と登場したのは記憶に新しい。また前述のように，ワインブームに便乗して，顔だけ「ワイン業態」に化粧する店も急増している。そして「高原価率」「熟成肉」「ニッポンの酒」「六次産業」など，これまで述べてきた趨勢においては，それが流行れば必ずイミテーター（モノマネ）が出現するのは妨げられない。

しかしながら，「モノマネは淘汰されるし，トレンドを追うだけでは生き残れない。お客さまを楽しませたり，喜ばせたりするのは当然だが，それ以上に，外食業を通じて何をしたいのか，何を伝えたいのか，その目的を持つことが大切である」というのが成功した経営者の共通認識と思われる。実際，「地域を盛り上げたい」，「酒を大衆化したい」，「一次産業を活性化したい」，「郷土文化を広めたい」等，強くミッションを抱く飲食店（企業）が関係者の共感を生み，ひいては従業員にもお客さまにも支持されている。その意味では自店（企業）が果たす本来の役割を使命として持ち備えることを大前提として，トレンドを抑えるべきと考える。

第2部

フードサービスの戦略課題

第5章 マーケティングマネジメント

　この章の内容としては，マーケティング実践の流れを，サービス・マーケティングに含まれるフードサービスに特有の性格に焦点を当てながら解説していく。マーケティング実践の流れは，まず3C分析と呼ばれる分析で当該企業が戦略を実行するための全体環境を鳥瞰することから始まる。次にセグメンテーションといって顧客をそのニーズで分類し，その中からターゲットとなる顧客層を1つないしは複数選び，競争を意識した上でそのターゲットにあった特徴を提供して他とは差別化を図る。そして豊かな体験（経験価値と呼ぶ）の提供を通じて顧客満足を与え，選ばれる店となることを目指す。そして顧客に選ばれ続ける状態を創り出すために顧客との関係性を強化してゆき，そのための仕組みとして，経営陣が従業員の満足化を図るためのインターナル・マーケティングが必要となる。この章ではこれらについて解説していく。ただし顧客との関係性を強化するためのブランドづくりや新しい流れである，企業の業務と社会性を両立させる共益性実現のマーケティング（CSV：Creative Shared Value）については後の章に譲る。

1．マーケティングの流れ

　マーケティングの定義は『顧客が求める価値を創造し，顧客との強固な関係を築き，その見返りとして顧客から価値を得るプロセス』が簡潔でわかりやすい[1]。つまり顧客がはっきりした意識を持っていて，して欲しいと思うウォンツ，および顧客自身にとって気がついていないが提示されれば，それをして欲

しいという潜在ニーズを見つけ，それに対応していくことが価値作りである。フードサービスにおいてはウォンツにばかり目を向けてサービスを提供していたのであれば，潜在ニーズを提供するライバルが出てきたならば，いずれ負けてしまうことになる。このような潜在ニーズを探り，ライバルに先んじて，顧客に提供し続けられれば，顧客との関係が強化され，顧客はリピートを続けてくれる。それによって店自体も利益を上げ続けることが可能になる。

　マーケティングとは，一般に多様な消費者を同様のニーズを持つ人々に分けることから始める。ここでいうニーズ（needs）とは人が「欠乏を感じている状態」のことであり，基本的にはマーケターが作り出すものではない。例えば，空腹を感じれば，「この空腹を満たすこと」をニーズと言い，どんなサービスを提供するレストランでどんな料理を食べるか等「これを満たす具体的なものを欲しいと感じる状態」をウォンツ（wants）と言う[2]。したがってマーケティングでは，消費者ニーズを探知して，ウォンツを作り上げることが仕事となる。

　さて順を追ってマーケティングの概要を説明すると図表5－1で示したようになる。

　まず章の狙いで述べた通りようにフードサービス業においても，まず自社を取り巻く環境の分析から始める必要がある。外食の需要はどういうトレンドか，競争状態はどうなのか，顧客ニーズの集合体である市場（しじょう）はどうなのか，そして自己の強み・弱みは何かの分析である。そして特に市場ニーズを詳細に調べて，食のニーズ等で市場を分けるセグメンテーションを実施し，どのセグメントがどういう競争状態にあり，そして自社の強みを活かせ，弱みが問題にならないかあるいは戦略的に提携できる企業等が存在するかを考えて，1つまたは複数のセグメントをターゲットとする。そして彼らのニーズに対して，各社競争の中でどこに自社をポジショニングすれば有利になるかを考える。そうすることによって競争者に対して差別化することが可能となり，ユニークで強い存在にならねばならない。ここまで決まれば次に4つのPの内，まずどんな店にするのか，どんなメニューを用意するのか等Productを決めることになり，さらにそのPrice，つまりふさわしい価格決定をする必要があ

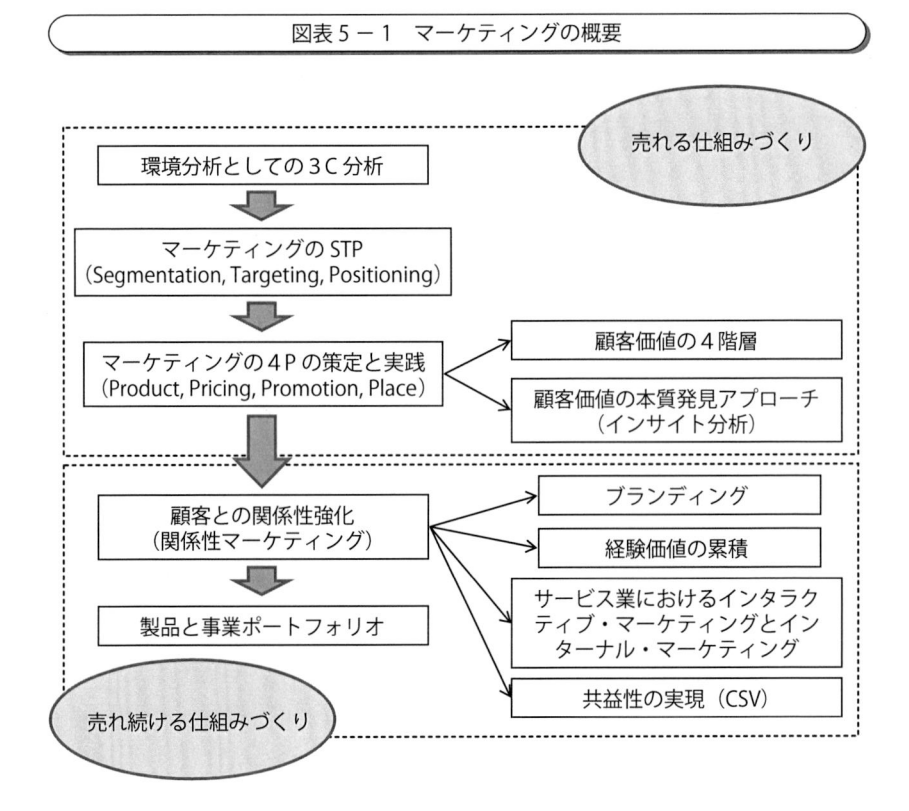

図表5-1　マーケティングの概要

```
売れる仕組みづくり

環境分析としての3C分析
    ↓
マーケティングのSTP
(Segmentation, Targeting, Positioning)
    ↓
マーケティングの4Pの策定と実践
(Product, Pricing, Promotion, Place)
    → 顧客価値の4階層
    → 顧客価値の本質発見アプローチ
      （インサイト分析）
    ↓
顧客との関係性強化
（関係性マーケティング）
    → ブランディング
    → 経験価値の累積
    → サービス業におけるインタラクティブ・マーケティングとインターナル・マーケティング
    → 共益性の実現（CSV）
    ↓
製品と事業ポートフォリオ

売れ続ける仕組みづくり
```

る。そして Promotion，つまり Web やダイレクトメール等を用いてターゲットに対するコミュニケーション（広告等：第11章に譲る）を実施し，広く店の存在や特徴を知ってもらい，顧客勧誘のセールス・プロモーションを実施する。また Place，つまり流通（第8章に譲る）であるがフードサービスの場合には有利である立地等を，ターゲットを考慮して決めていくのである。これらの4つの P の組み合わせをマーケティング・ミックスと呼ぶ。これらの具体的方針決定には様々な価値の発見，そしてそのための消費者深層心理を探り，価値の本質を追究するインサイト分析等が含まれる。

　また以上のような売れる仕組みができると次は売れ続ける仕組みづくりの段階に入り，顧客との関係性強化のためにブランドづくりの実施（ブランディング：第6章に譲る），そして顧客の経験価値を最大にするためのプロセス，組織

がそれらをうまく実践できることを目指して従業員の意欲を高めるためのインターナル・マーケティング等を行う必要がある。そして社会において必要な企業として存続を許されるために社会との共存を目指す共益性の実現（ソーシャルビジネス：第12章に譲る）を行わねばならない。

2．環境分析としての3C分析とマーケティングのSTP

（1）3C分析

　マーケティングを実践する場合まず環境分析を行う。ここでは3C分析と呼ばれる枠組を用いる。この3C分析では，外部環境，市場，競合，自社の強み・弱みの分析からターゲットとなる市場セグメントを見つけ出そうとする。ちなみに3Cとは，「市場（customer）」「競合（competitor）」「自社（company）」の頭文字である。ただし，ここでは「環境の変化」を加えて自社を自己と置き換え，自己資源が不足の場合には他社との提携で補うように考えたい。

　企業が市場を見渡した場合，多様な特徴を持つ顧客が存在することがわかる。マーケットセグメンテーションは何らかの基準で顧客を分類することであり，一般的に顧客ニーズで分類する。そして各セグメントにおける競争状態を調べ，自己の経営資源を活かせ，弱みが問題になりにくいセグメントを選べばよい。もし経営資源が不足したり，弱みが消せなかったりする場合には他者との提携（戦略的提携と呼ぶ）によって補うことが薦められる。もちろん環境の変化によって3つのCが変化することもあるため，常に環境を監視する必要がある。例えばシニアが増えて少子化が進んだとき市場のセグメントの大きさは変化する。それに応じて競争状態も変化をして，自己の資源や他社との提携で対応しなければならない。そして市場を顧客ニーズで再分類し，自分にフィットした対応すべきニーズを探すことになる。フードサービスの企業はたいていの場合，意識的無意識的を問わずこの3C分析を実施しているが，意外と環境変化への対応が弱いようである。例えばファミリーレストランは1970年に日本初のファミレスとして東京都府中市内にすかいらーく第1号店をオープンしたが，その翌年に銀座三越店内にマクドナルドが開店し，ハンバーガーを中心

にフライドチキンやドーナツ等を専門とするファーストフードがその後に続々登場した[3]。これにより相対的に単価の高いファミリーレストランは価格対策を迫られることになり，新たな業態を生み出さざるを得なくなっていく。この事例は業態を超えた競争状態の変化により，市場をより詳細に定義せざるを得なくなった例である。最近ではスーパーマーケットのイートインコーナーの設置，コンビニの100円コーヒー，ドーナッツ販売等が出現し，この傾向は一層エスカレートしている。

（2）マーケティングのSTP

　環境分析が済んだら，今度はSTP（Segmentation, Targeting, Positioning）をしっかりと決めていく。まずセグメンテーションであるが，同質のニーズを持った消費者の集団のことを（マーケット・）セグメントあるいは市場細分と呼び，分けること自体を（マーケット）セグメンテーションあるいは市場細分化と呼ぶ。これでセグメンテーション前は単一市場として消費者全体を扱い，同様の対応を行ってきたのが，それぞれのニーズの似たグループ，つまりセグメントに対してそのニーズによりあった対応が可能となる。同一のニーズをもつ人々にニーズにあったサービス対応を行えば，当然ながら顧客満足はより高くなる[4]。

　しかしながら，このセグメンテーションをあまり細かくしてしまうと多くの場合，コスト的に引き合わないことが多く，対応コストに見合ったサイズに分けることがよい。ただしフードサービス業の場合には，個人個人にまで対応するマーケティング，いわゆるワン・ツー・ワン・マーケティングが部分的に活用されることも多い。例えば，レストランにおけるワインを選ぶソムリエである。彼らは料理等，個々の顧客のニーズにあったワインを顧客の話を聞きながら選ぶサービスを行っている。また料理の量を顧客の好みに応じて調整することもこれに含まれよう。これはあくまでも1部において活用すべきであろう。そして複数あるセグメントから1つないしは複数の対象を選ぶのであるが，これをターゲティングと呼び，競争，自己の強み・弱みを考慮して3C分析の結果より選べばよい。

次に自社のポジショニングはどう考えればよいのであろうか。同じターゲットに対して競争する外食企業は数々ある。例えば，牛丼チェーンで考えれば，吉野家，松屋，すき家があるが，この中ですき家はテーブルや店内の雰囲気で女性に配慮した店作りになっており，女性が入りやすく作られている。これも他の競争企業に対する差別化となっており，他とは違うポジションに位置している。市場調査を行うことにより有利なポジショニングを検討する事は重要なマーケティング戦略となる。このようにSTPを実施した後は4Pと呼ばれるマーケティング・ミックスに取り組むことになる。

3．マーケティングの4Pの実践としてのプロダクト

マーケティングの具体的な実行プロセスは，基本的に4Pと言う言葉で分類・整理されることが多い。この4Pは1961年にアメリカのマーケティング学者，ジェローム・マッカーシーが提唱した分類である[5]。この4Pは売り手の視点からの整理であり，買い手の視点から考えると4Cになるという解説が最近多く見られる。簡単に説明すると4Cとは，顧客価値（Customer value），顧客コスト（Customer cost），利便性（Convenience），コミュニケーション（Communication）からなりたっており，それぞれ4Pのプロダクト，プライス，プレイス，プロモーションに対応づけられている。また価値を用いた表現も存在しており，順に価値形成，価値表示，価値実現，価値伝達と対応づけられている。このように何通りかの言葉で表現されることも多いが，4Pが売り手視点から整理された最もメジャーな用語である。この章ではコミュニケーション（広告）を含むプロモーション，立地等を含むプレイスは他章に譲り，プロダクトとプライスに焦点を当てて解説する。

まずプロダクトについて論じる。通常，企業が自社製品の価値最大化の努力をするのは当然である。ただフードサービス業の場合，通常のメーカー製品とプロダクトの中身は異なる。サービス業に属するため，提供するサービスを構成する要素（以後，属性と呼ぶ）が極めて多いからである。例えば，レストランでは料理，飲物に力を入れるのは，木で言えば幹をしっかりさせることと同じ

で当然であるが,顧客効用の源泉,つまり満足度を上げるものは数多い。料理以外に,店舗設備,内装,装飾物,照明,椅子,テーブル,音楽等による店内ムード,食器類,テーブルクロス,ナプキンの質,清潔さ,ウェイター・ウェイトレス・レジ係員の接客の質,屋外の景色,店舗を取り巻く環境,駐車場の有無・利用のしやすさ等数え切れない。従って顧客重視属性は捉えにくいというのが一般的である。

　これらの属性のうちどの属性を企業が重視するかの基準は2つある。1つは本質サービスと表層サービス別の対応であり,もう1つは顧客の経験価値を高める対応である。これらは顧客のリピートを高める効果も併せ持つ[6]。

① 本質サービスと表層サービス別の対応

　この2つは,サービス内容を分けたものである。本質サービスは,一定水準を下回ると不満が増大するが,ある程度充足するとそれ以上は顧客満足が上がらない性質を持つ。これとは異なり,表層サービスは不可欠とは期待されていない領域のサービスであり,なくても負にはならない。しかしながら,このサービスは積み重ねると逓減することはなく,増えていくに従い,顧客満足が増大していく[7]。例えばタクシーに乗って安全性はある程度以上であれば十分な本質サービスであり,礼儀正しさやその他の表層サービスが追加されていけば,顧客満足は増大する。同様にフードサービス業においては,料理の味や清潔さ等は一定水準を下回ると不満が増大するが,ある一定水準以上充足すればそれ以上顧客満足は上がりにくいが,接客態度,店の調度品や雰囲気,ウェイター・ウェイトレスの料理や飲み物に関する知識,従業員のユニフォーム,トイレの快適さ等は表層サービスに属し,充実すればするほど顧客満足は増大していく。

② 顧客の経験価値を高める

　経験価値マーケティングは最近重視されている概念である。すなわち「顧客がどのような経験をするか」に重点を置き,よい顧客経験をデザインすることでブランド価値等を高めるマーケティングである。これはプロセス重視であ

り，例えばショッピング経験は，単に欲しいものを手に入れる以上のことがあり，ショッピングの一部を構成するあらゆる出来事や行動すべてに焦点があてられる。店舗やオンラインのショッピング環境のデザイン，サービス担当者，客扱い等すべてのプロセスで顧客に接し，楽しい経験を植え付ける。こうして経験価値をマネジメントできれば，顧客満足は自然と生まれる。このことは，単なる満足と違った強力なプラスの差別化をもたらすことになる[8]。一例を挙げるとカフェで人気のある「スターバックス」では，提供するモノはコーヒー等であるが，その美味しさだけではなく，香りやくつろぎを顧客にコトとして提供している。家庭，職場に次ぐ「第三の場」というポジショニングを狙いとした五感を刺激する店舗作りにより顧客は気分的なリフレッシュを得ることができる[9]。

他にも高級レストラン，「表参道うかい亭」では個室において磨き上げられた鉄板でシェフの調理を見て，解説を聞きながら，そしてソムリエにワインを選んでもらう。また食事が済んだら，デザートを選ぶための英国調の部屋での丁寧なケーキのワゴンサービス等随所にプレステージを高める経験価値作りを意図したプロセスが取り入れられている。高級レストランだけでなく，例えば，岐阜県恵那町にある「銀の森」は丁寧に維持された公園内にイタリアンのレストランがあり，またケーキを売る店，現代風の食料品販売所，和食所等家族連れで家族がみんな楽しめるプロセスを重視して，随所に経験価値を高める工夫をしている。信州郊外にある「サンクゼール」も同様の工夫を凝らしており，結婚式を挙げるチャペルまで揃っている。変わったところでは，「こんな料理食べたことがない」で有名な愛知県岡崎市にある海鮮居酒屋「龍のおとし子　東岡崎店」がある[10]。顧客がほとんど食べたことのない美味しいマイナー魚「ギス，アカエイ，ハチビキ」等を扱い，味の割に低コストであることを利用し，調理に工夫を凝らして珍しい食体験を顧客に提供している。加えて宴会コースには『満腹保証』と銘打って満腹するまで料理の増量に応じる等の工夫で経験価値を高めている。

以上のように顧客の経験価値を高めるマーケティングは，無形財であるサービスの場合には特に効果が大きい。これらにより顧客は高価格の製品やサービ

スを受容しやすくなり，かつリピーターとなる可能性が高い。この経験価値マネジメントはフードサービス業において特に重視すべき概念である。

4．マーケティングの4Pの実践としてのプライス

　価格はいくらにするかの値付けのみならず，まずその本質を知っておくべきである。価格の本質とは何であろうか[11]。

（1）価格の3つの意味
　価格の普通の意味は，「支出の痛み」である。しかし安物は安くなると消費が落ちるという「支出の痛み」と逆の効果もある。経済学では「ギッフェン財」と呼ばれているが，マーケティングはこういう心理的側面に特に詳しくスポットライトを当てている。価格は「支出の痛み」以外に2つの意味を持つ。それは「品質を推し量る」という意味と「プレステージを感じる」という意味である。これらの3つが価格の本質である。商品にもよるが，価格で品質を推し量る顧客，価格が高いことにプレステージを感じる顧客は，「ある程度高くないと買わない」ということも起こり得る。

（2）価格の「品質を推し量る」意味としての価格の品質バロメータ
　旅行者が外国のレストランで馴染みのない料理を注文する場合，その料理をどう判断するだろうか。「写真を見るとなんとなくよさそうだが，でも価格が安すぎる。これはちょっと不安だから止めておこう。こっちの料理は価格がすごく高い。きっといい材料を使っているんだろう・・・」ということがよくある。実は，顧客は善し悪しがよくわからない場合，価格でその内容を判断することがある。この時の価格を品質バロメータと呼ぶ。したがって，むやみに料理の価格を下げると却って売れなくなる現象も起こり得る。この辺りの顧客心理を理解して高めのプライシングする場合，顧客は品質がよいと判断してくれる場合もある。

　ではいつも価格が品質バロメータとして働くかというとそうではない。普段

から食べ慣れていて料理を熟知する顧客は，品質に詳しく，価格で判断しない。この場合，逆に熟知する品質から価格を判断することになり，価格も含めてその料理の価値を判断する。そして品質判断知識が不十分な場合でさえも価格の代わりにブランドが強力な品質バロメータとして働くことが多い。顧客に少しばかり高くても選んでもらえるため，メーカーがブランドを大事にしている理由はほとんどここにある。有名ブランドの場合，顧客はブランドで品質判断して買うことが多い。このような場合，価格は品質バロメータとしての働きが弱い。レストラン○○とか「○○店の絶品麻婆豆腐」等ブランドづくりが重要なゆえんである。品質判断基準が少ない時，特に価格の品質バロメータがよく働くのである。

（3）価格で「ステータスを感じる」という意味：価格のプレステージ性

　価格には他に「プレステージ性」という意味がある。例えば，空腹を満たすだけならファーストフードでよく，高級レストランへ行く必要もない。しかし，なぜ銀座，赤坂，六本木等での高級レストランへ行く人がいるのか。また行ったレストランで特に高い酒類や料理をなぜ注文するのだろうか。これは後述する価値の階層構造の最上位価値である自己表現価値が重要だということを物語るが，やはり高級と言われるものが持つプレステージが重要である。価格も同様であり，高価格のものを買って，「高いものが買える地位にある」とか「素敵だ」とかの自己満足に効用を感じる。それゆえ高価格も価値になる。フードサービス業の場合，シーンに応じたプレステージの本質をしっかり把握し，それに見合った価格をつけることが利益率を上げる。

（4）価格決定とカテゴライゼーション

　顧客はレストランでの注文時に料理等の価格の高低を判断するが，なぜこれができるのか。それはこの料理ならこのくらいだという値頃価格があるからだ。この値頃価格を内的参照価格と呼び，プライシングにおいてこの内的参照価格は非常に重要となる。内的参照価格を極端に外せば売れなくなる。そしてフードサービス業も顧客の頭の中でカテゴリー化されている。わかりやすくい

うとたいていの顧客の頭の中には，フードサービス業のそれぞれの業態あるいは店がたくさんの引き出しで分類されている。この引き出しの種類は顧客により異なるが，それぞれの引き出しの中ではいろいろな業態あるいは店が入っている。そして価格帯もその引き出しで決まっている。その引き出しにふさわしい受容価格範囲があるのだ。この受容価格帯を超えて高い価格をつけても顧客はそのメニューを選択肢から外すことが多い。したがって，フードサービス業は，自己の持つ店が顧客の頭の中のどの引き出しに入っているかを特定し，その引き出しの顧客における受容価格範囲を調べておき，その範囲内でメニュー等の価格をつけておく必要がある。したがって，複数の業態を持つフードサービス企業が革新的な大型新メニューを開発した場合，そのメニューを売るためには，どの業態で扱うべきか，あるいは業態ごとにマイナーチェンジする等の戦略も考慮する必要がある。所有する店舗業態の受容価格範囲や特定メニューの値付けの方法としては後述するPSMと呼ばれる方法が最も向いている。

（5）価格の受容価格範囲を決め，価格を決定するPSMという方法[12]

新メニューを出す場合や既存メニューの価格改定の際に，いくらにしたらよいか迷う場合が多いだろう。この場合，よく馴染む手法としてPSM（Price Sensitivity Measurementあるいは Price Sensitivity Meter）がある。フードサービス業の帰属する業態（カテゴリー）ごとの受容価格帯を探るのにも利用可能である。

この方法は，意外と簡単にでき，便利なツールである。PSMの概要は以下の通りである。

通常は，以下の4つの質問が消費者になされる。ただし対象の性格に応じてやや文言の修正が必要な時もある。

（質問1）価格がいくらならばあなたは，そのメニューがあまりにも安すぎるので品質に不安を感じ始めますか。

（質問2）価格がいくらならばあなたは，品質に不安はないが，安いと感じますか。

（質問3）価格がいくらならばあなたは，注文する価値があるが，高いと感じ

始めますか。

（質問4）価格がいくらならばあなたは，そのメニューがあまりにも高すぎるので品質が良いにも関わらず，注文しないと感じますか。

　これらの質問に対する回答結果をうまくグラフ化していく。その方法は，どの価格で何％の回答者がそう思うかの累積％を図示していくのだが，安い方から累積するのと高い方から累積するのと質問によって分けて実施するというコツがある（図表5-2の実線の折れ線部分を参照）。

　0％のところから右上へ上がっていく質問3と4では低い価格での回答率を徐々に足し上げていき，右下へ下がっていく質問1と2では逆に高い価格の方から回答率を足し上げていく。この図で，PMC (Point of Marginal Cheapness) は，「安すぎる」と思う人と「高いと感じ始める」と思う人が同数の交点となり，初期には安さの限界点とされた。またPME (Point of Marginal Expensiveness) は，「高すぎる」と思う人と「安いと感じ始める」と思う人が同数の交点となり，高さの限界点とされたこともある。このPMCとPMEで挟まれる範囲が受容価格範囲とされたこともあるが，経験則からこれでは不十分である。また中間で交差する点は概ね適当な価格であると見なされることが多い。

　実際のPSM利用に当たっては以下の様な注意が必要である。受容価格の下限点は，「安いと感じるが安すぎない」，上限点は「高いと感じるが高すぎない」というのが常識にマッチしており，しかもそう感じる顧客が多いところで決めるべきである。質問項目をみると，「安いと感じる」と「高いと感じる」の曲線はあるが，「安すぎない」と「高すぎない」の曲線は工夫して求める必要がある。この「・・・すぎない」は意外と簡単に求めることができる。すなわち，質問1が「安すぎ」であり，質問4が「高すぎ」の項目である。質問1と質問4の回答結果の累積比率が，「・・・すぎ」の累積比率だから，これを1から引いた比率を求めると逆に「・・・すぎない」の回答となる。結果的に，「・・・すぎ」人の比率が50％であれば，1から引くと「・・・すぎない」人の比率が同じく，50％となる。従って，累積比率のグラフを1から引くと50％の比率のところで上下対称となるわけである。

図表5-2 価格の受容範囲

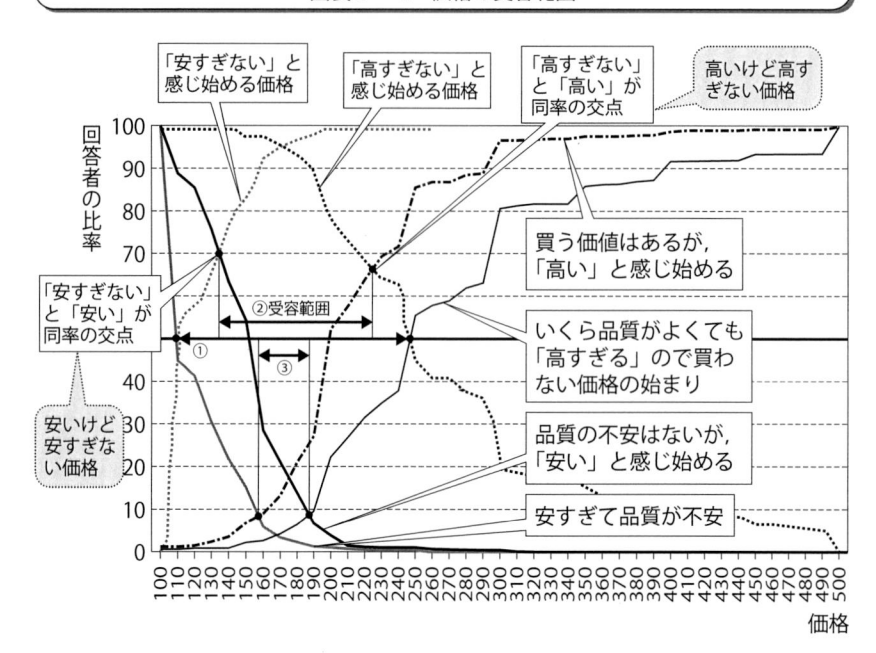

この図表5-2を見ると①,②,③の3つの範囲があるが,通常,②範囲を受容範囲として選ぶことになる。「高いけど高すぎない」が上限であり,「安いけど安すぎない」が下限となる。ちょうどよい価格として受容範囲内の上の交点(理想価格)と下の交点(妥協価格)の内,下の交点を用いる場合もある。さらにまた4つの曲線の角度が急に変化する点等を利用して,さらに受容価格範囲を絞ることも重要である。これは本章の範囲を超えるので別の機会に述べたい。

5.フードサービス業の価値構造と見える化

　フードサービス業は文字通りサービス業に分類される。このサービス業のモノとは異なる大きな特徴は,その理解されにくさにある。というのは,ほとんどのサービスが形を伴わないので2つの問題が生じる。1つは「手にとったり,

見たり，購入前に確かめることが難しい」問題，もう１つは「極めて多くの属性つまり特徴を持つため，顧客の重視する属性が捉えにくい」問題である。そのため，消費者の不安やリスクを解消するためには企業の提供するサービス及び提供者である企業の信頼度を上げることが重要となるが，まず「サービス製品の信頼度の向上」のために，サービスの内容を理解され易くする必要がある。つまりできるだけ「見える化」を図るのがよい。フードサービス業においては，提供するメニューはもとより，店内の雰囲気，従業員のサービス水準，その他顧客が重視する属性に関して事前にわかりやすく工夫する必要がある。まずなぜ見える化を図るかについてアサエルの購買行動分類の考え方を利用した図表５－３で考えてみよう。

図表５－３　サービスにおける選択行動の分類

		サービスに関するこだわりの強さ	
		強い	弱い
サービス間の違いの認識	認識大	ブランドロイヤル型選択行動	バラエティシーキング型選択行動
	認識小	不協和解消型選択行動	習慣型選択行動

出所：H. アサエル，1987，p.87 を大幅に改変。

　この表では「こだわりの強さ」と「サービス間の違いの認識」で４つのサービス選択行動に分類している。どのレストランで食べるかを考える時，こだわりが全くなく，まだどの店も同じに思える場合，人は面倒なことを考えるより，いつもの店へ行く。ただどこか安い店が現れるとどこでも同じと思えるならば，安い店へ行く。この結果，価格競争がおこる。この行動を習慣型選択行動と呼ぶ[13]。またどの店をみても同じに思えるが，店選びやサービスにこだわりが強い場合，どこかの店を選んでも「これでよかったのだろうか」という疑念が頭の中に渦巻き，すっきりしない気持ちになることがある。だから他人に

確かめたり，ツイッター等で思いを述べたりすることがある。これを不協和解消型選択行動と呼ぶ。したがって，こういう場合には，店やSNSにおいて，「あなたの選択は正しいのですよ」と顧客に感じてもらうために店の人気情報を提供する等が大事だ。そしてサービス間の違いがはっきり認識でき，こだわりが弱い場合，人はいろいろな店を試すという行動をとることが多い。これをバラエティ・シーキング型選択行動と呼ぶ。

　この分類の中でフードサービス業にとって最も理想的なのがブランドロイヤル型選択行動である。なぜかというと，顧客のサービスに関してのこだわりが強く，そしてこの店は他とはっきり違って素敵だと感じれば，その店に対してブランドロイヤルとなる。つまりファンとなり，リピートしてくれるからである。

　以上の理由から，顧客のファン化を目指して，顧客のこだわりの強い部分を探り出し，はっきり他の店とは違うという「見える化」を行う必要がある。

　次にたくさんある属性のどれをよく見えるようにするのかという課題がある。これを考えるには価値構造の考え方が有用である。ただし，フードサービス業には多種多様な業態・店舗が存在するため，やはりこの価値構造をそれぞれについてリサーチする必要がある。ここではその枠組みを示しておく。

　顧客の感じる価値は4層構造であると言われており，フードサービス業においても図表5－4に描かれている通りである。例えば，高級感漂うプレステージ性を感じさせるレストランで考えてみよう。これの基本価値は，レンストランであるがため「空腹を満たす場所」である。機能的価値としては「広さ」や「提供の素早さ」等であり，情緒的価値としては「美味しさ」や「接客の感じのよさ」が考えられる。しかしそれだけでは何万円も顧客は負担しないだろう。自己表現価値として「自分のステータスを表す」や「自分のイメージそのもの」だという価値を得てこそ，その価格と釣り合う。図のようにカジュアルレストランが右の三角形であるのに対してプレステージレストランは左の自己表現価値の占める割合の大きな逆三角形の形をとる。

図表5－4　フードサービス業における価値の階層構造

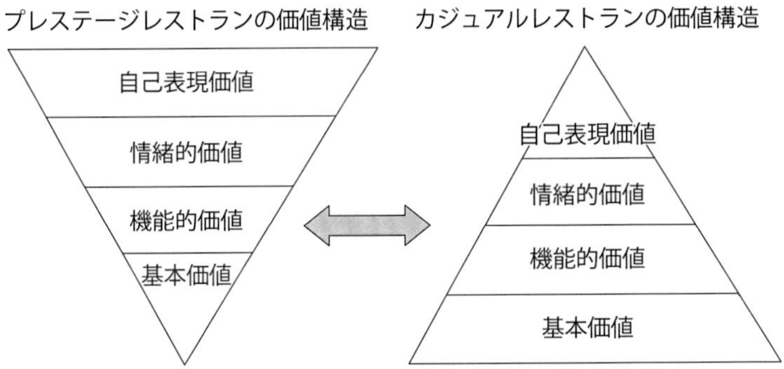

プレステージレストランの価値構造

- 自己表現価値
- 情緒的価値
- 機能的価値
- 基本価値

カジュアルレストランの価値構造

- 自己表現価値
- 情緒的価値
- 機能的価値
- 基本価値

出所：田中，2002，p.189.と和田，2002，p.19.を併合・再構成しつつ作成。

　これらの価値の階層構造にはいる内容は上位にいくほどつかみにくく，自己表現価値（本質的価値）は顧客の深層心理を探る分析を実施する必要がある。深層心理分析については本書の範囲を超えるので，関心がある場合，注に記載の書籍を参照されたい[14]。これらの価値の4層にある顧客の重視価値の見える化が重要であり，特に最上位の自己表現価値の見える化が店舗間知覚差異を高めるポイントである。

6．フードサービス業におけるインターナル・マーケティングの重要性

　価値を直接実現するのは顧客接点にいる従業員であることは自明である。ならばどうすれば従業員は進んで価値を実現しようとするか。それは従業員のモチベーションをあげることに他ならない。ここで必要な概念がインターナル・マーケティングである。企業が顧客に対して行うマーケティングは，エクスターナル・マーケティングと呼ばれ，いわゆる一般的なマーケティングである。そして従業員が顧客と一緒になって価値を生み出すことをインタラクティブ・マーケティングと呼んでいる。例えば，ワインのソムリエが顧客の知識を引き出し，楽しませながらワインを選ぶ過程等がこれにあたる。このインタラ

クティブ・マーケティングを可能にするのがインターナル・マーケティングである。これは『サービス企業によるマーケティングで，顧客と接する従業員とそれを支える全ての従業員を効果的に教育し動機づけを行うことによって，一つのチームとして機能させ，顧客に満足を与えようとすること』と定義されている[15]。このインターナル・マーケティングでは一朝一夕では達成できず，たゆまぬ従業員の訓練，教育が必要であり，作業環境改善，適正給与水準の維持等多くのことが条件となる。詳しくは高橋（2014）を参照されたい。

7．結　び

　この章ではフードサービス業のマーケティングについて述べてきた。一般的なマーケティングではなく，サービス・マーケティングに含まれるが，その中でも多くは外食産業がメインとなり，特殊な領域となる。やみくもに事業展開を行うのではなく，この章で述べた枠組みにしたがって進むことにより，成功する確率を高めていく必要がある。なお，ここでは紙数の制約上述べられなかったが，最近はゼンショーホールディングスや吉野家ホールディングス等多くの業態を保有している企業も多くなっている。これらの企業は，事業ポートフォリオ（組み合わせ）を実践する必要があるし，また個店ではメニューのポートフォリオを実践し，常に将来を睨んだ業態またはメニューの配分をしていく必要がある。詳しくは上田隆穂他（2008）を参照されたい。

【注】
1）　コトラー他，2014，p.6
2）　コトラー他，1997，p.7
3）　http://ameblo.jp/zaikai2008/entry-10386775169.html
4）　上田他編著，2008，pp.9-10
5）　http://www.mitsue.co.jp/case/concept/01.html より。
6）　上田他編著，2008，p.37
7）　嶋口，1994，pp.67-68
8）　経験価値に関してはシュミット，2004 が詳しい。
9）　上田他編著，2008，p.39

10) 日経 MJ, 2014 年 11 月 28 日号
11) 上田他編著, 2008, pp.112-114 を改変。
12) 上田他編著, 2008, pp.117-121 を改変。
13) アサエルの分類では「選択」ではなく「購買」となっている。
14) インサイト分析については以下の書を読まれたい。『買い物客はそのキーワードで手を伸ばす〜深層心理で消費者インサイトを見抜く「価値創造型プロモーション」〜』(共編著 上田他), 2011 年 11 月, ダイヤモンド社。
15) ケラー, 2003, 翻訳書, p.134

参考文献

上田隆穂他編著, 2008, マーケティングを学ぶ 上, 中央経済社
コトラー, P 他, 2014, コトラー, アームストロング, 恩蔵のマーケティング原理, 丸善出版
嶋口充輝, 1994, 顧客満足型マーケティングの構図, 有斐閣
高橋昭夫, 2014, インターナル・マーケティングの理論と展開—人的資源管理との接点を求めて, 同文館
田中洋, 2002, 企業を高めるブランド戦略, 講談社現代新書
和田充夫, 2002, ブランド価値共創, 同文舘出版
Assael, H, 1987, *Consumer Behavior and Marketing Action*, Boston: Kent Publishing Co.
Keller, K. L., 2003, *STRATEGIC BRAND MANAGEMENT AND BEST PRACTICE IN BRANDING CASES, 2nd Edition*, Prentice Hall (恩蔵直人研究室 翻訳, 2003, ケラーの戦略的ブランディング, 東急エージェンシー)
Kotler, P et al., 1997, *Marketing: An Introduction, 4th ed.*, Printice Hall (恩蔵直人監修, 月谷真紀訳, 1999, コトラーのマーケティング入門 第 4 版, ピアソン・エデュケーション)
Kotler, P et al., 2003, *LATERAL MARKETING: New Techniques for Finding Breakthrough Ideas*, John Wiley & Sons, Inc (邦訳, 恩蔵直人監訳, 大川修二訳, 2004, コトラーのマーケティング思考法, 東洋経済新報社)
Monroe, K. B. 1990, *Pricing*, McGraw-Hill Publishing Company, second edition
Schmitt, B. H., 2003, *Customer Experience Management: A Revolutionary Approach to Connecting with Your Customers* (邦訳, 嶋村和恵他訳, 経験価値マネジメント, ダイヤモンド社)

第6章 フードサービスの ブランド・マネジメント

　近年，企業の見えざる資産としてブランドが注目を集めている。ブランドとは，製品やサービスに付与された名前やシンボルなどの総称であり，もともと他の製品やサービスから特定の製品やサービスを識別するために付与される記号に過ぎない。しかし，これが顧客の中で様々な情報と結びつき，ブランドを付与して提供される製品やサービスの認知および評価に影響を与える。すなわち，同じような製品やサービスであっても，どのブランドのもとで提供されるかによって，その売上や利益が異なるのである。

　フードサービスも例外ではない。どのようなフードサービス・ブランドを構築するか。また，構築したフードサービス・ブランドをどう活用するかで，顧客の満足度や企業の経済成果は大きく異なる。そこで，本章では，一般のブランド論を援用しながら，フードサービスにおけるブランド戦略の意義およびブランドのマネジメント手法について考察する。なお，フードサービスの内容は多岐にわたるが，紙幅の都合上，ここでは一般消費者向けに店舗形態で飲食を提供する外食産業を中心に議論する。

1．フードサービスにおけるブランドの意味と役割

(1) フードサービス階層とブランド

　ブランドは，一般に「特定の製品やサービスを他と識別するために付与される名前やロゴマーク等に代表される識別記号」を指すが，このブランドの付与対象となるフードサービスは，企業レベル，事業レベル，製品レベル，属性レ

ベルの4つの階層でとらえることができる（青木1996）。これを，(株)すかいらーくを例に説明してみよう。

　第1の企業レベルは，フードサービス階層の最も上段に位置するものであり，企業が提供するすべてのフードサービスがそこに含まれる。(株)すかいらーくの場合，「ひとりでも多くのお客様に安くておいしい料理を気持ち良いサービスで清潔な店内で味わっていただく」ことが，企業の提供するフードサービスの基礎となる考え方として示されている。なお，この考え方は，(株)すかいらーくを含むすかいらーくグループ全体の経営理念でもあり，すかいらーくグループは，この企業理念のもと8つの企業行動憲章を制定している[1]。

　第2の事業レベルは，企業が提供するフードサービスをいくつかのタイプに分類したものであり，(株)すかいらーくの場合，現在展開している「ガスト」「ジョナサン」「バーミヤン」「夢庵」「ステーキガスト」「グラッチェガーデンズ」「藍屋」「魚屋路」「Sガスト」「おはしガスト」の10のレストラン業態が，この事業レベルに相当する。なお，フードサービス業の中には，単一店舗もしくは単一レストラン業態のみ展開している者も多く，このような場合は，企業レベルと事業レベルの区別はつかず，企業＝事業レベルとなる。

　第3の製品レベルは，顧客が自らのニーズを満たすため対価を支払って入手するフードサービスを指し，各レストランで提供される料理や飲物がそれに該当する。(株)すかいらーくの場合，ガストが提供する「チーズINハンバーグ」「ステーキお好み和膳」「若鶏の唐揚げ」や「ドリンクバー」などがその代表的なものとしてあげられる。

　そして，第4の属性レベルは，それ自体としてひとつの製品を形成していないものの，レストランのメニューやサービスの一部として，その品質を高めたり，特徴づけるための要素となるものであり，フードサービスの場合，原材料の産地表示やメニューのカロリー表示，また，アレルゲン情報の開示などがこれに該当する。

　ところで，上述した4つの階層は，フードサービスのみならず製造業など有形の製品を提供している企業にも当てはまる。しかし，製造業の場合，製品レベルがブランドの主な付与対象となるのに対し，フードサービスの場合は，事業

図表6-1 (株)すかいらーくのフードサービス階層

企業レベル：すかいらーくグループ

事業レベル：藍屋、ステーキガスト、夢庵、Jonathan's、ガスト、バーミヤン、グラッチェガーデンズ、魚屋路、おはしCafé ガスト、Sガスト

料理レベル：チーズINハンバーグ、ステーキお好み和膳、若鶏の唐揚げ

属性レベル：ドリンクバー

原材料の産地名、カロリー表示、アレルゲン情報の開示など

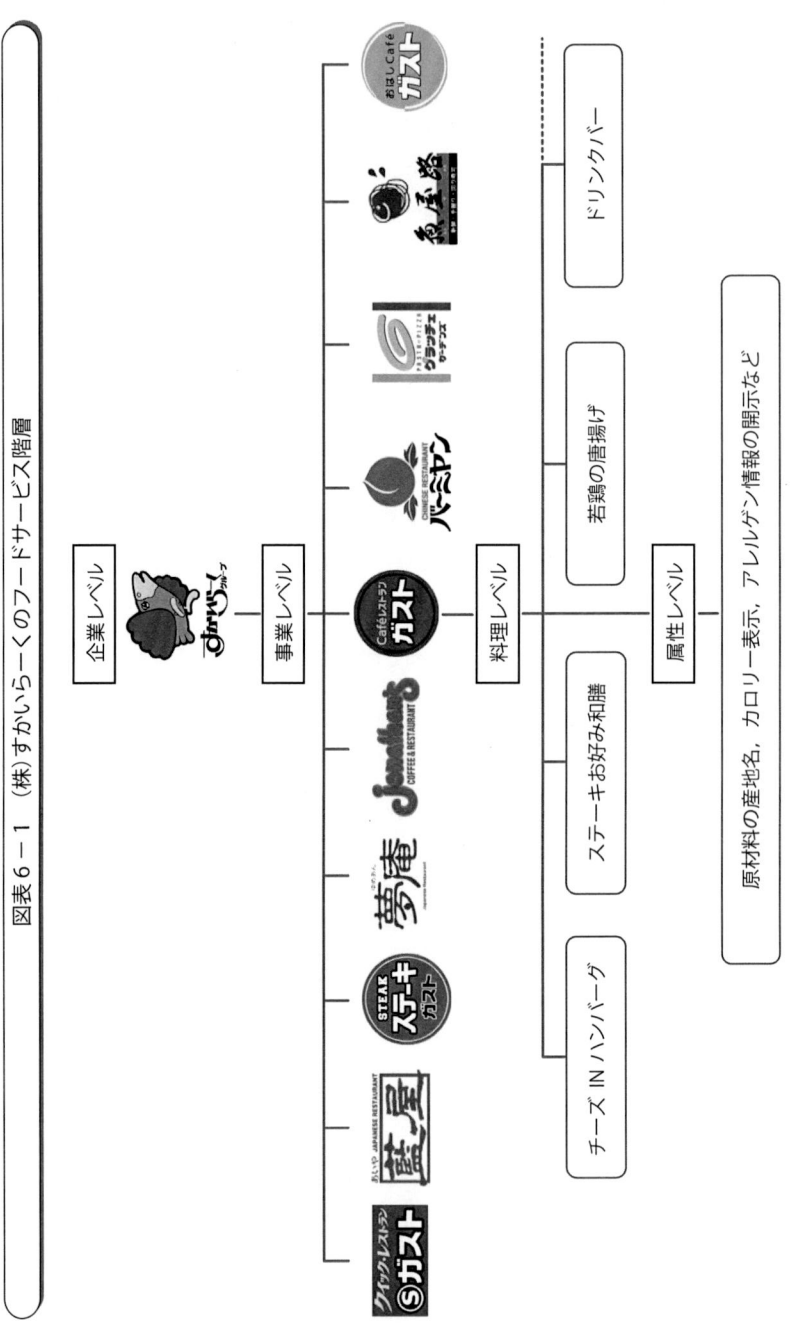

出所：筆者作成。

レベルすなわちレストラン業態がブランドの付与対象となることが多い。事実，(株)すかいらーくも，ブランドとして認識しているのは，事業レベルの各レストラン業態に付与された名前やロゴマーク等の識別記号のみであり，その下位に位置する製品レベルや属性レベルの名称等はブランドとみなしていない[2]。

その理由は，顧客がフードサービスを選択する際，個々のメニューより先にレストランの選択を優先するためだが，その選択基準は，「バーミヤン（中華）」や「夢庵（和食）」「グラッチェガーデン（イタリアン）」といった料理のジャンル，「ガスト（テーブルサービス・レストラン）」と「Sガスト（ファストフード）」といったフードサービスの提供方法，さらには，同じテーブルサービス・レストランでも「ガスト（幅広い顧客層）」と「ジョナサン（女性向け）」といった対象顧客の違いなど実に多様である。

一方，製品レベルに相当するメニューには，上述したガストの「チーズINハンバーグ」「ステーキお好み和膳」「若鶏の唐揚げ」のように，「チキン（鶏肉）」や「ビーフ（牛肉）」といった素材名と「ハンバーグ」「ステーキ」「唐揚げ」などの調理方法（料理名）を組み合わせた一般名称を使用することが多い。これは，他との違い（識別性）を強調するブランドとして必ずしも適切とはいえないが，フードサービスの場合，顧客は事業レベルすなわちレストランとして他との違いを識別しており，その下位レベルにあるメニューであえて他と識別する必要がないこと。また，メニューにユニークな名前をつけると，それがどのような料理なのか顧客に伝わりづらくなり，料理の説明や選択に手間取るなどの問題が起こり得ることも，良く知られた一般的な名称を用いる理由のひとつにあげられる。いずれにしろ，ブランド付与対象として，製品レベルよりも事業レベルを重視することが，フードサービス・ブランドの大きな特徴といえよう[3]。

（2）フードサービスにおけるブランドの役割

さて，このように様々なかたちで存在するブランドは，フードサービスにおいて，どのような役割を担っているのだろうか。その役割は，大きく①識別機能，②信頼形成機能，③意味付与機能の3つに分けて考えることができる（池

尾 1994)。

　第1の識別機能は，他の製品やサービスからブランドが付与されたそれを識別する機能であり，ブランドの定義にもあるようブランドの最も基本的な役割だといえる。そして，このブランドの基本機能が，顧客と企業の双方に大きなメリットをもたらす。

　フードサービスを利用する顧客は，ブランドが付与されていることで自分が利用したレストランや料理を同定することができ，もしそれに満足したならば，次回も同じレストランや料理を利用することができる。また，ブランドが付与されていることで，他者の評価を利用することもできる。その結果，顧客は，過去の経験や他者の経験を有効に活用することが可能となり，効率的に満足のいくフードサービスを選択することが可能となる。一方，企業もブランドを付与することで，効果的に自社をプロモーションできる。というのも，もしブランドが付与されていなければ，顧客はそのプロモーションが誰のものか同定することができず，その効果が拡散してしまうからである。

　第2の信頼形成機能は，ブランドが付与された製品やサービスの品質保証を意味する。先ほど，顧客が特定のブランドが付与された製品やサービスを利用し，それに満足すれば同じブランドを選択することを示した。これは，ブランドと製品の関係が「良い製品の識別記号としてのブランド」から「そのブランドが付与されているから良い製品」に変換されたことを示している。すなわち，単なる識別記号に過ぎなかったブランドが，良い製品であることの証（信頼の印）となるのである。

　フードサービスにおいて，このブランドの信頼形成機能が大きく影響したのが，1970年代に起こったファミリーレストランのロードサイドへの進出である。1964年の東京オリンピック以降，日本においてモータリゼーションが急速に進み，彼らをターゲットとした「ドライブイン」と称する駐車場を併設した食堂が主要道路や観光地に数多く誕生した。しかし，1970年代中頃になり，チェーン展開したファミリーレストランが，このドライブインに取って代わることになる[4]。

　もちろん，ドライブインにも美味しい料理を出す店は存在する。しかし，観

光などで初めて行く土地で，数多く存在するドライブインの中からそれを見つけるのは難しい。また，個人営業のドライブインの中には質の悪いものも存在し，誤ってその種のドライブインに入ってしまうと，食事だけでなく旅行そのものが台無しになってしまう。そこで，人々は，リスクの高い個人経営のドライブインよりも，提供される料理やサービスが予想できるファミリーレストランを利用するようになる。ブランドの有する信頼形成機能がファミリーレストランの競争を後押ししたのである。

　第3の意味付与機能は，ブランドおよびブランドを経由してもたらされる情報が製品やサービスに何らかの意味を付与することをいう。たとえば，「シカゴピザ・ファクトリー」というブランド名は，アメリカン・スタイルのピザを連想させ，「不二家レストラン」のペコちゃんや「KFC（ケンタッキー・フライドチキン）」のカーネル・サンダースなどのキャラクターや，広告で起用されたタレントが，ブランドを経由して製品やサービスのイメージ形成に影響を与える[5]（ケラー 2000）。

　このブランドの意味付与機能の影響は大きく，スターバックスが唯一出店していなかった鳥取県の知事が「スタバは無くても，日本一のスナバ（砂場）はある」と県のPRにスターバックスを持ち出したり，そのスターバックスが鳥取県に出店することがニュースで取り上げられるなど，単なるコーヒーショップを超えた社会的存在として意味づけられる場合もある[6]。

　そして，ブランドの意味付与機能により，製品やサービスに新たな意味が付与されると，たとえ競争相手が同じような製品やサービスを提供したとしても，顧客には異なるものとして認知されるため模倣が困難となり，企業に持続的競争優位をもたらす。ここに，顧客に支持される優れたブランドを確立し，それを資産として活用しようとする企業の目的がある[7]（アーカー 1997）。

（3）フードサービス・ブランドの成立条件

　しかし，製品やサービスにブランドを付与すれば直ちに上述したような効果が得られるわけではない。ブランドを機能させるには，それなりの条件が必要となる。

第1の条件は，製品やサービスのブランド間の差異性である。ブランドは，もともと製品やサービスを他と区別するために付与された記号であり，製品やサービスが他と同じならば，顧客はあえてそれを別のものとして認識する必要はない。したがって，ブランドが識別記号として機能するには，ブランドのみならず，製品やサービスも顧客にとって識別するに値する何らかの特徴（差異性）を有している必要がある。

　第2の条件は，製品やサービスのブランド内の同質性である。ブランドについて議論する際，第1条件である他との差異性が注目されがちだが，それと同様あるいはそれ以上に重要なのが，このブランド内の同質性である。なぜなら，もし同じブランドが付与された製品やサービスが異なるならば，顧客はブランド以外の方法で製品やサービスを識別しなければならなくなるからである。たとえば，同じ料理ブランドでも，提供する店舗や料理人，時間帯でその質が異なると顧客が判断したならば，この料理ブランドは識別記号としての役割を果たせなくなる。

　ところで，このブランド内の同質性は，フードサービスにおいて特に重要となる。というのも，フードサービスに代表されるサービス業は，顧客との接点で生産が行われることから，生産拠点が分散し品質にバラツキが生じる。また，生産過程に顧客自身が大きく関与するため，最適な状態に管理された工場で生産する製造業と異なり，品質の安定化が大きな課題となるからである。ブランド内の同質性は，単にブランドの識別機能を高めるだけでなく，ブランドへの信頼を形成し，顧客の再購買を促す上でも大きな役割を担うため，フードサービス・ブランドでは特に注意する必要がある。

　第3の条件は，ブランドの排他的使用権の確保である。前述したように，ブランドは識別機能のみならず，信頼形成機能や意味付与機能を有しており，それが製品やサービスの認知や評価に影響を与える。そのため，評判が良かったり憧れの対象となるブランドは模倣の対象となり，最悪の場合，本物をそっくり真似た偽ブランドが登場する。このような状況からブランドを守るために作られたのが，ブランドの排他的使用権を社会的に保障する商標制度である。したがって，ブランドは，商標登録され排他的使用権を得ることで，真の意味で

ブランドとなる[8]。

2．フードサービス・ブランドのマネジメント

（1）レストラン・ブランドのアイデンティティとポジショニング

　フードサービス・ブランドのマネジメントにおいて中核となるのは，冒頭で述べたように，フードサービス階層の事業レベルに相当するレストラン・ブランドである。というのも，フードサービスを選択する際，レストランすなわちどの店舗を選択するかが，顧客にとって最も重要な意思決定になるからである。

　レストランは，複数の料理やサービスの組み合わせで成り立っており，レストランをひとつのブランドとして捉えた場合，個々の料理やサービスもさることながら，これらが全体として顧客にどのような価値を提供するかが重要となる。そして，このブランドが提供する固有の価値をブランド・アイデンティティと呼ぶ。ブランド・アイデンティティとは，企業がブランドを通して顧客に提供する価値を規定したもの（価値約束）であり，企業が顧客にそう思ってほしいと願う理想的なブランド・イメージを言葉で表したものでもある。

　たとえば，スターバックスのブランド・アイデンティティは，「Rewarding Everyday Moments（自分へのご褒美としての豊かな時間）」であり，これが顧客に提供する価値だとスターバックスはいう。このブランド・アイデンティティの中に「コーヒー」という言葉が登場しないことに注目してほしい。これには，スターバックスが提供しているのは"豊かな時間"であり，コーヒーや居心地の良い空間，スタッフのサービスは，あくまでそれを実現するための手段であるという意味が込められている。ここに，他のコーヒーショップが真似できないスターバックス・ブランドの持続的競争優位がある。

　また，レストラン・ブランドのマネジメントにおいて，ブランド・アイデンティティとともに重要となるのがブランド・ポジションである。ブランド・ポジションとは，競合ブランドとの関係において自らを特徴づけるもので，他ブランドとの違いを明確にするとともに，他ブランドと比較することで，その特

図表6－2　フードサービスのブランド・マネジメント（事例：スターバックス）

<ブランド・アイデンティティ>
Rewarding Everyday Moments
「自分へのご褒美としての豊かな時間」

⇩

<ブランド・ポジション>
フレーム・オブ・レファレンス
「専門コーヒー店」「知識人」
ポイント・オブ・パリティ
「コーヒーに対するこだわり」「コーヒーを美味しく飲める趣味のよい空間」
ポイント・オブ・ディファレンス
「オリジナルメニュー」「オーダー方式」「接客サービス」

⇩

<ブランド要素>
ブランド・アイデンティファイア
ギリシャ神話に登場する人魚「サイレン」を
モチーフにしたシンボルマーク

⇩

<料理ブランド>
「ドリップコーヒー」「エスプレッソ・マキアート」「キャラメル・フラペチーノ®」

⇩

<属性ブランド>
「ショート・トール・グランデ・ベンティ（サイズ）」
「コンディメントバー（セルフカスタマイズ）」

出所：筆者作成。

徴を顧客に伝達しやすくする。そして，ケラー他（2003）は，ブランド・ポジションを規定する際，①フレーム・オブ・レファレンス，②ポイント・オブ・パリティ，③ポイント・オブ・ディファレンスの3つの次元に留意する必要があるという。

フレーム・オブ・レファレンスは，ブランドを評価する際の枠組みを表すが，フードサービスの場合，提供する料理およびサービスのスタイルと来店する顧客のタイプによって，レストラン・ブランドの評価が大きく異なるため，この2つの側面に注意してフレーム・オブ・レファレンスを考える必要がある。たとえば，スターバックスは，「コーヒー専門店」という料理スタイル，顧客タイプからは「知識人（日本の場合は女性）」という顧客タイプをフレーム・オブ・レファレンスとしてポジショニングしている。

ポイント・オブ・パリティとは，自らが属するフレーム・オブ・レファレンスに共通して求められる要素であり，コーヒー専門店にポジショニングしているスターバックスにとって，「コーヒーに対するこだわり」や「コーヒーを美味しく飲むための空間」などがそれに該当する。

そして，ポイント・オブ・ディファレンスは，同じフレーム・オブ・レファレンスを有する他ブランドとの相違点を表したものである。このポイント・オブ・ディファレンスは，ブランドの成立条件であるブランド間の差異性と密接にかかわっており，その意味でブランド・ポジショニングの最終目的でもある。スターバックスの場合，バラエティ豊富な「オリジナルメニュー」や，顧客が自分の好みに応じて自由に内容を変えることができる「オーダー方式」，マニュアルのない柔軟かつ高品質な「接客」などがそれに該当する。

（2）レストラン・ブランドのブランド要素

ブランド要素とは，ブランドの識別記号になり得るものであり，ブランド名，ロゴマーク，シンボルマーク，キャラクター，スローガン，ジングル，パッケージなどが主なブランド要素としてあげられる（恩蔵・亀井2002）。

ブランド名は，文字通り，製品やサービスに付与された名前であり，ロゴマークはそれを記述したもので，単なる綴りのみならず文字のタイプや配色

等もそれに含まれる。シンボルマークは，ブランドを表す図柄や記号であり，(株)すかいらーくの「ジョナサン」のようにロゴマーク自体がシンボルマークとなる場合もあれば，スターバックスのようにギリシャ神話に登場する人漁「サイレン」をモチーフにしたシンボルマークが，ブランド要素として大きな役割を担う場合もある。キャラクターは，ブランドのシンボルとして実在あるいは架空の人物や動植物を使用するもので，シンボルマークの一種とみなすことができる。スローガンは，ブランドが何であるかを短い言葉で端的に表したものであり，マクドナルドの"i'm lovin' it"などがそれに該当する。ジングルは，特定のブランドを想起させる音楽のことで，ラジオがマス広告の主力だった20世紀前半に主要なブランド要素のひとつとして定着したという。そして，パッケージは，製品を識別するとともに，内容物を保護したり，輸送したり，販促するための容器であり，フードサービスの場合，料理を盛ったり飲物を入れる器やテイクアウト時のバックなどがそれに該当する。

　ところで，ケラー（1998）は，ブランド要素の選択にあたって次の5つの点を考慮すべきだという。第1は，ブランド要素の基本機能である「識別可能性」。第2は，ブランド要素が製品やサービスに付加する意味やイメージの内容およびその強さといった「意味付加性」。第3は，ブランド要素の効果が及ぼす範囲を表す「拡張可能性」。第4は，ブランド要素がどの程度環境変化に耐えあるいは適用しながら持続できるかという「持続可能性」。そして，第5は，「防御可能性」で，他ブランドが類似したブランド要素を使用することで顧客が混乱をきたすことのないよう，法的措置を含めブランド要素がどの程度防御されているかを表す。

　もちろん，すべてのブランド要素がこの5つ要件を満たしている必要はない。ブランドは，通常，複数のブランド要素で構成されており，これらが全体としてケラーのいう5つの要件を満たせばよい。そして，これらブランド要素の中で特に重要となるのが「ブランド・アイデンティファイア」となるブランド要素である。ブランド・アイデンティファイアとは，顧客が長期にわたりブランドを識別し得るユニークかつ一貫したブランド要素であり，スターバックスの場合，「サイレン」という人魚をモチーフとしたシンボルマークやシンボルカラー

となるダークグリーンなどがブランド・アイデンティファイアだといえる[9]）。

（3）料理ブランドのマネジメント

　フードサービス階層の製品レベルに付与される料理ブランドは，製造業のブランド戦略において中核を占める製品ブランドに相当するが，フードサービスの場合，前節のガストの事例のように，素材や調理法（料理名）といった一般名詞を組み合わせてブランドとすることが多い。これは，フードサービスにおいて中核となるのがその上位に存在するレストラン・ブランドであること。また，料理にユニークなブランドを付与した場合，顧客が料理をイメージするのが難しく説明等の手間がかかることや，季節ごとに料理が変わるため顧客に料理ブランドを覚えてもらうことが難しいからだといえる。

　そこで，フードサービスでは，「モスバーガー」や「できやきマックバーガー」など「レストラン・ブランド＋一般名称の料理ブランド」というかたちで，料理ブランドの識別性を高めることが多い。しかし，一般名称を使用した場合，その料理が評判になっても排他的使用権を設定できず，他社の模倣を許してしまうことになる。したがって，たとえ難しくても，出来ることなら商標登録可能なブランドを料理に付与することが望ましい。

　その好例がスターバックスの「フラペチーノ®」である。フラペチーノ®は，商標登録されたブランドであり，スターバックスの許可無しに他社は使用することができない。フラペチーノ®は，フラッペとカプチーノを組み合わせた造語で，当初，コーヒーとミルクを氷とともに粉砕した冷たい飲物に付与された料理ブランドだった。これが評判となり，スターバックスは，コーヒー以外を原料とする同様の飲物にもフラペチーノ®のブランド名を付与し提供している。このように，コーヒーを越えて自由に付与できたのも，また，他社が追随することなくスターバックスを代表するメニューに育てることができたのも，フラペチーノ®を商標登録していたからであり，その恩恵は大きいといえよう。

（4）属性ブランドのマネジメント

　フードサービス階層の属性レベルのブランドは，レストランや料理を構成す

る一部の要素がブランドとなっているものであり，レストラン・ブランドや料理ブランドの価値を高める効果を有する。

　フードサービスの場合，その代表が料理の属性ブランドとして用いられる素材ブランドであろう。松坂牛や夕張メロンといった品種，大間のマグロ，氷見の寒ブリといった産地，有機栽培といった栽培方法が，属性ブランドとして料理ブランドの価値を高める手段として用いられる。しかしながら，これら素材ブランドは，必要な量を安定的に確保するのが難しく，また，それが可能だとしても原価率の上昇につながるため，素材ブランドの活用はその費用対効果を考え慎重に行う必要がある。

　一方，レストランの属性ブランドとして重視されるのがサービス・ブランドである。たとえば，くら寿司の皿を自動で回収し，同時に精算も行う「皿カウンター水回収システム」や，それに連動し，5皿投入するごとに1回ゲームが始まり，当たりが出ると景品がもらえる「ビッくらポン！」というサービスは，くら寿司を特徴づける属性ブランドとなっている。また，スターバックスの提供する飲物のサイズに関する「ショート（Short）」「トール（Tall）」「グランデ（Grande）」「ベンティ（Venti）」といった呼称も，飲物の提供方法というサービスに付与されたユニークな名称であり，属性ブランドの一種とみなすこともできる。

　そして，フードサービスの属性ブランドとして忘れてならないのが料理人である。ブックオフコーポレーションの創業者である坂本孝氏が，2011年に開店した「俺のイタリアン（新橋店本店）」は，グランシェフにイタリアの3つ星レストランで修行した山浦敏宏氏や同じくフランスの星付きレストランで修行した藤井大樹氏と遠藤雄二氏というスーパーシェフを迎え，質の高い料理をリーズナブルな価格で提供し話題となった。これも，レストランの質を保証するものとして属性ブランドを有効に活用した例だといえる。

　以上，ひとくちにフードサービス・ブランドのマネジメントといっても，その内容は多岐にわたり，フードサービス階層のどのレベルかで，そのブランドの役割やマネジメント方法が異なる。また，これらのブランドは，看板料理などの料理ブランドがレストランの評価に影響を与えたり，レストランのコンセ

プトが料理ブランドに影響を与えるなど相互影響関係にあることから，個々のブランドのみならず，相互の関係を意識したブランド・ポートフォリオの体系的管理が求められる（アーカー 2005）。

（5）フードサービス・ブランドのもうひとつの側面

　これまで説明してきたフードサービス・ブランドのマネジメントは，どちらかというとレストランの付加価値を高めるためのブランド・マネジメントだが，もうひとつ忘れてならないものとして，その基本的能力を示すためのブランド・マネジメントが存在する。

　嶋口（1984）は，顧客満足を考える際，製品やサービスの本質機能と表層機能という2つの機能に注目する必要があるという。ここでいう本質機能とは，当該製品やサービスを購入するにあたって必要不可欠なものであり，表層機能とは，それが無くても困らないが，あると嬉しいものをいう。フードサービスならば，食材の安全性や空腹を満たすだけの量，衛生的な食事空間などが本質機能に該当し，高級食材の使用や高価な食器，きめ細かな接客などが表層機能に該当する[10]。

　ここで興味深いのは，本質機能と表層機能が顧客満足に与える影響が異なるということである。本質機能は，それが一定水準に達しないと顧客が不満を感じるが，それを高めたとしても満足度はそれほどあがらない。一方，表層機能は，それが無くても不満にはならず，それが高まるのに比例して満足度も高まるという性質を有する。

　以上のような性質から，製品やサービスの付加価値を高める際，その向上に伴い満足度が高まる表層的機能が注目されがちだが，たとえ表層的機能が高くても，基本機能が一定水準に達していなければ，顧客はその製品やサービスに不満を感じ，二度と同じものを選択することはない。

　フードサービスも同様である。特に，飲食物は人間が直接口にするものであり，衛生管理や安心安全には十分注意しなければならず，その能力を示す「食品衛生管理者」などの資格も一種のブランドとみなすことができる。確かに，衛生管理者としてどれだけ力を注いだとしても，それだけで顧客満足度を高め

ることは難しい。しかし，衛生管理に不備があり食中毒などの問題が起こったら，営業停止に追い込まれ信頼を失うなど大きなダメージを被る。また，フードサービスは，作り手であるレストランと食べ手である顧客の信頼関係のもと成立するビジネスであり，偽装表示や過酷な労働などコンプライアンスに反する行為はレストランのブランド価値をさげることになるため，ブランド・マネジメントの観点からも絶対に避けるべき行為だといえる。

3．フードサービス・ブランドの社会的評価

(1) レストランの評価

　フードサービス・ブランドを語る上で忘れてならないのが，フードジャーナリズムすなわち食の評論である。

　これまで，本章では比較的認知率の高いチェーン・レストランを例にあげてブランドの説明をしてきたが，フードサービスの多くは単店経営の零細企業であり，広告費等を費やし，自らを積極的に宣伝することはほとんどない[11]。一方，顧客の方も，候補が数多く存在し，それを把握するには相応の労力を必要とするため，レストランや料理等に関してそれほど多くの情報を有するわけではない。

　こうした状況の中で，両者の橋渡しをしてくれるのが，山本益博氏や栗栖けい氏といった料理評論家と呼ばれる人たちである。彼らの経歴は様々だが，料理の素材や調理法，また，食の歴史やトレンドに精通しており，確かな舌と豊富な経験に基づき，食べるに値するレストランや料理について的確なアドバイスを与える。

　そして，この料理評論家の評価がレストランの認知や評価に大きな影響を及ぼす。彼らが紙面等で取り上げてくれれば，レストランはコストをかけずに知名度を高め，新規顧客を獲得することができる。すなわち，料理評論家に取り上げられるか否かが，そのブランド形成に大きな影響を与えるのである。

（2）個人評価から組織評価へ

　上述したフードジャーナリズムには，個人だけでなく組織として行うものも含まれる。その代表が，ミシュランのレストラン・ガイドといえよう。

　ミシュランのレストラン・ガイドは，フランスのタイヤ会社であるミシュランが，1900年，タイヤの販促物としてホテルやレストラン，ガソリンスタンドなどドライブに必要な情報を記載したガイドブックとして無料で配布したのが始まりである[12]。そして，今日のように，評判の高いレストランに星を付けるようになったのが1926年，ミシュランの社員である調査員が匿名でレストランを訪れ評価するようになったのもこの頃である。

　このミシュランのレストラン・ガイドの影響は大きく，三ツ星を獲得したレストランは，マスコミ等で取り上げられ一躍有名となり，国内のみならず全世界から顧客が訪れる。ちなみに，「ミシュランガイド東京2015」に掲載された三ツ星レストランは12店あり，前年に比べ減少したものの，都市別で世界最多を誇り，日本のフードサービスの質の高さを表すひとつの指標となっている[13]。

　このミシュランとともにフランスで誕生し世界に広がったレストラン・ガイドに「ゴー・ミヨ」がある。ゴー・ミヨは，料理評論家のアンリ・ゴーとクリスチャン・ミヨが始めたレストラン・ガイドで，お店の雰囲気，料理とワインの質，サービス，価格を20点満点で採点し，格付けしている。ゴー・ミヨも，ミシュランと同様，その評価の確かさとともに，レストラン・ガイドに載せる際に掲載料を要求しないことが信頼の源泉となっており，フードサービスにとって利用可能な外部ブランドのひとつになっている。

（3）専門家から利用者による評価へ

　ミシュランやゴー・ミヨは，匿名ではあるがレストランや料理に精通した調査員すなわち食のスペシャリストが評価しており，その意味で，組織か個人かという違いはあるものの専門家による評価という意味で同じだといえる。しかし，こうした状況の中で，新たなレストラン・ガイドが生まれる。「サガットサーベイ」がそれである。

ザガットサーベイが初めて発行されたのは1979年のアメリカ。ニューヨークで弁護士をしていたザガット夫婦が，それまでの少数の専門家がレストランを評価することに疑問を抱き，新しい方法によるレストラン評価を試みる。その方法とは，レストランを利用する一般の人々に広くアンケートを募り，それを統計的に処理してレストランを評価しようとするものだった。このザガットサーベイは，自分たちと同じ立場の利用者が評価しているという点で民主的かつ実用的であり，その後，アメリカの主要都市のみならず，パリやロンドンなど全世界に広がっていく[14]。中でもアメリカにおける評価は高く，多くの人々が日常のレストラン選択に活用するとともに，食がわかる人間としてアンケートに参加することが一種のステイタスになっている。

　ところで，日本にもこれと同じような仕組みのレストラン・ガイドが存在する。カカクコム・グループが2005年に始めたインターネット上のグルメサイト「食べログ」がそれである。食べログは，一般ユーザーによるレストラン評価や料理に関する情報を無料で閲覧できるサービスで，レストランを「料理・味」「サービス」「雰囲気」「CP（コスト・パフォーマンス）」「酒・ドリンク」の5項目に関して5点満点で評価する。これらの点数は，食べログの登録ユーザーが採点したものを一定のルールに基づき加重平均したもので，閲覧者は，これらの点数と料理や店内の写真，投稿者のコメントを参考にレストランを選択する[15]。

　現在，食べログの利用者は，月間6,000万人を上回り，レストランを選ぶ際の主要な手段となっている[16]。特に，慣れない土地でレストランを探したり，いつもと違うレストランに行きたいときに良く利用されており，その影響力は大きい[17]。しかし，影響力が大きいが故に，レストランにとって良いことだけとは限らず，その評価の正当性が議論されたり，あえて掲載を拒否するレストランも存在する。いずれにしろ，これら影響力のあるフードジャーナリズムは，フードサービス・ブランドのマネジメントにおいて無視できない存在であり，これらの存在を前提としたブランド・マネジメントが要求される。

4．まとめ

　以上，本章においてフードサービスのブランド・マネジメントについて考察してきた。ブランドは，顧客のレストラン選択の効率性を高めるだけでなく，企業にとって他との差別化を促進し持続的競争優位の源泉となるため，極めて重要なマネジメント事項だといえる。

　ただ，ひとくちにフードサービス・ブランドといっても，その内容は，企業ブランドからレストラン・ブランド，料理ブランド，属性ブランドと多岐にわたり，個々のブランドのみならず，これらの役割分担や相乗効果を狙った体系的なマネジメントが求められる。また，顧客への提供価値を示すブランド・アイデンティティや他ブランドとの差異を明確にするブランド・ポジショニング，ブランドの識別性を高めるブランド要素の選択，属性ブランドやフードジャーナリズムなどの外部ブランドの有効活用など，ブランド・マネジメントの内容も多岐にわたる。

　もちろん，ブランドはあくまで製品に付与された識別記号であり，それだけでビジネスの成果が決まるわけではない。しかし，今日の情報化社会において，顧客の知識がレストランや料理の評価に大きな影響を及ぼすのもまた事実である。その意味で，ブランドを意識したレストランやメニューづくりが今後ますます重要になるといえよう。

【謝辞】
　株式会社すかいらーく様には，フードサービス階層の作成およびレストラン・ブランドのロゴマーク使用等に際し多大なご協力を頂きました。ここに記して感謝申し上げます。

【注】
1）詳しくは，すかいらーくグループHP企業情報の企業行動憲章を参照のこと（http://www.skylark.co.jp/company/group_behavior.html）。
2）（株）すかいらーくが展開する10のレストラン・ブランドには「ガスト」「ステーキガスト」「Sガスト」と同じ"ガスト"という名称を有するものも存在するが，（株）

すかいらーくは，これらを対等な立場にある独立したブランド（レストラン業態）と位置づけている。
3) しかしながら，これは，フードサービスにおいて，製品レベルや属性レベルへのブランド付与が不可能だったり，無意味であることを意味するものではない。フードサービスにおいても，理論上，すべての階層にブランドを付与することが可能であり，場合によっては，それがフードサービスの付加価値向上や企業間競争に優位に作用することもある。詳しくは，第2節のフードサービス・ブランドのマネジメントを参照のこと。
4) チェーン展開とは，単一資本が，標準化された複数の店舗（飲食店や小売店）を出店および管理することをいい，1900年前後にアメリカで開発されたビジネスモデルである。なお，チェーン展開には，すべて自社資本で行うレギュラー・チェーンと他資本と契約を結び展開するフランチャイズ・チェーンなどがある。ファミリーレストランなどフードサービスのチェーン展開では，チェーン本部が店舗開発や店舗運営指導や人材育成などの管理の他，原材料の調達やセントラルキッチンによる調理などを行うのが一般的である。
5) 宅配ピザのシカゴピザ・ファクトリーを展開する（株）シカゴピザは，藤三商会が米国トロナ社と技術提携し設立したクラフト（ピザ生地）製造会社の（株）トロナジャパンが始めた事業が分離独立したものである。その意味で日本発祥の宅配ピザだが，シカゴピザというブランドがアメリカン・スタイルのピザという特徴を顧客に直感的に伝えている。また，ブランドの使用者である顧客も，ブランドを経由して製品やサービスに付与される情報になり得る。
6) 世界に目を向けると，東西冷戦終結後のロシアや中国におけるマクドナルドの進出も，マクドナルドというブランドが，アメリカの自由主義経済の象徴として扱われており，製品（ファストフード）に異なる意味が付与された例のひとつにあげられる。
7) このようなブランドの有する資産価値を表す言葉に，ブランド・エクイティがある。なお，ブランド・エクイティに関しては，アーカー(1994)を参照のこと。
8) フードサービスは，自ら直接製品やサービスを顧客に提供するため，高級ブランドのような偽ブランドに直面することは少ないが，海外に進出する際，既に自らのブランドの商標権を押さえられていて使用できなかったり，紛らわしい名称やロゴマークを使用されるなど，商標問題に直面する機会が増えている。なお，商標制度に関しては，茶園(2014)等を参照のこと。
9) ブランド・アイデンティファイアという言葉は，識別機能を有するブランド要素一般を指すものとして使用される場合もあるが，ここでは，一貫して当該ブランドを象徴するものとして狭く定義している。なお，スターバックスのシンボルカラーは当初茶色だったが，スターバックスの中興の祖であり，現在のスターバックスのスタイルを築いたハワード・シュルツ氏がスターバックスを買収した1987年にダークグリーンを採用しており，カフェとしてスタートしたスターバックスのブラン

第6章 フードサービスのブランド・マネジメント | 109

　　　ド・アイデンティファイアとみなすことができる。
10) この本質機能と表層機能の区分は，競合との関係や技術の進歩などによって変わるため，必ずしも厳密かつ普遍的に規定されるものではないことに留意すること。
11) 平成24年経済センサス活動調査によると，日本の飲食店は企業数で488,067社あり，その中でほぼ単店経営だと思われる従業員数10名未満の企業（1企業当たりの平均事業所数は1.011）が全体の94％を占める。
12) ミシュランのレストラン・ガイドの歴史に関しては，日本ミシュランタイヤ(株)の「ミシュランガイドの歴史」(http://www.michelin.co.jp/Home/Maps-Guide/Red-guide/History) を参照のこと。
13) 「ミシュランガイド東京2015」は，2014年12月5日発行。また，2014年10月20日に発行された「ミシュランガイド関西2015」に掲載された三ツ星レストランも14店あり，フードサービスの質の高さは東京に限らず全国に及ぶ。
14) 日本でも1999年に東京版が発行されたが，2013年度版を最後に出版を終了している。これは，インターネット事業大手のグーグルが2011年9月にザガットサーベイを買収し，紙媒体での出版を止め，インターネットでの情報発信にシフトしたためで，レストランの調査方法は大きく変わらないものの，現在，新たなビジネスモデルを模索している最中だといえよう。
15) 点数の算定方法は公表されていない。なお，この他に，実際の使用金額の分布や利用目的に関する情報などもある。
16) 数字は，食べログ提供で2014年9月現在のもの（http://user-help.tabelog.com/advertisement/）。
17) 食べログの利用目的に関しては，ソフトブレーン・フィールド(株)が2013年12月22日に実施したグルメサイトに関するアンケートの調査結果を参照のこと。なお，調査対象は，20代〜80代の男女4,659名（女性2,767名，男性1,892名）である（http://www.sbfield.co.jp/news/2013/12/27_150000.html）。

参考文献

青木幸弘, 1996, ブランド体系の設計次元と構成原理：ブランド・アーキテクチュアの確立に向けて, マーケティングジャーナル, No.60, pp.27-41
アーカー, デービット・A, 1994, ブランド・エクイティ戦略, ダイヤモンド社
アーカー, デービット・A, 1997, ブランド優位の戦略, ダイヤモンド社
アーカー, デービット・A, 2005, ブランド・ポートフォリオ戦略, ダイヤモンド社
池尾恭一, 1994, 成熟消費時代におけるブランド戦略, 流通情報, No.307, pp.4-13
恩蔵直人・亀井昭宏, 2002, ブランド要素の戦略論理, 早稲田大学出版部
ケラー, ケビン・L, 2000, 戦略的ブランド・マネジメント, 東急エージェンシー
ケラー, ケビン・L, ブライアン・スターンソル, アリス・ティバウト, 2003, ブランド・ポジショニングの最適化戦略, ダイヤモンド・ハーバード・ビジネスレビ

ュー，6月号，pp.56-65
嶋口充輝，1984，戦略的マーケティングの論理，成文堂新光社
茶園成樹，2014，商標法，有斐閣

第7章　情報マネジメント

　フードサービスにおける戦略課題の三つ目は情報マネジメントである。従来から事業経営にあたっては周囲の環境や自身の事業体から発せられる様々な情報が収集，分析され，事業体の意志決定に利用されているが，近年はその量が増え，多様性が増し，スピードが速くなっている。いわゆる「ビッグデータ」の流行である。本節ではフードサービス業における情報マネジメントの地図を示し，またビッグデータの潮流にあって，フードサービスではその変化をどのように認識し，対処していくべきかについて述べる。

1．フードサービスにおける情報化の歴史と現在

（1）ビッグデータ以前
　フードサービスの黎明は，日本では1970年の大阪国際博覧会であり，この時に欧米の先進的なフードサービス事業が日本に紹介され，今日の基礎となっている（上田，他2004）。しかし，1970年代にはその情報化はさほど進んでいなかったようだ。情報の重要性と役割が認識され，大きく進歩を始めたのは1980年代に入ってからで，流通業が先に取り入れていたPOS（販売時点情報管理，Point Of Sales）システムをフードサービス業が取り入れたことに始まる。その後，仕入・在庫の管理や労務管理，多店舗経営のある企業では店舗管理などの管理業務に情報システムが利用され，フードサービス産業の市場急拡大に貢献をしてきた。
　情報システムはまた，これらの様な現状把握や指示命令の迅速な伝達のため

のツールに留まらず，将来の予測や新製品開発などにも利用され始める。フードサービスでは例えばメニューの開発や売上予測，店舗の立地評価などに利用されてきた。さらには，2000年以降の家庭用コンピューターの普及やインターネット接続の普及，さらには2009年以降のスマートフォンの普及により，顧客との接点としての情報システム，すなわちEC（電子商取引）サイトを利用した営業が急拡大している。

図表7－1　フードサービスにおける情報システムの一覧，個店レイヤ，及びチェーンレイヤ

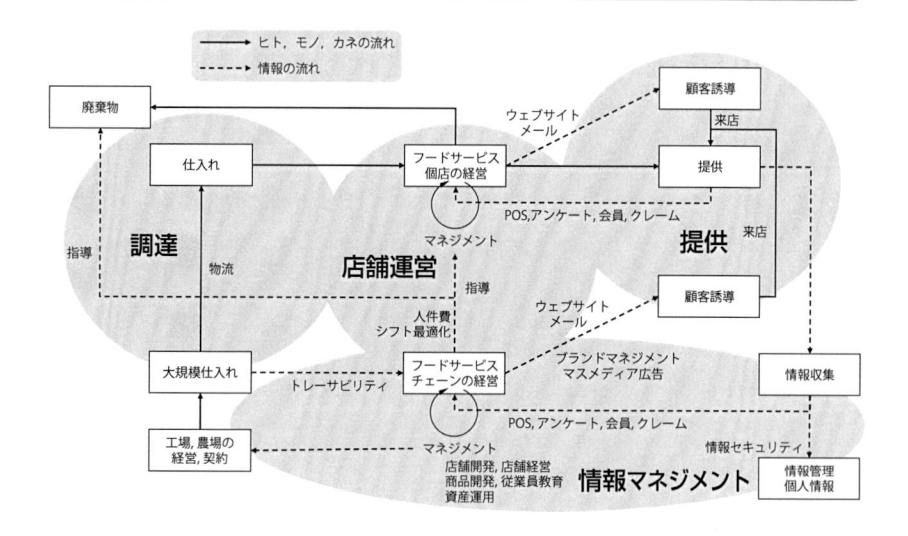

図表7－1ではフードサービスにおいて登場する情報システムを一覧した。個店を経営する際に必要な情報システムと，それらを束ねるフードサービスチェーンを経営する際に必要な情報システムとでは，規模が異なるため必要となる情報システムも異なる。

（2）フードサービスにおける情報システムの三軸三層構造

　フードサービスにおいて情報システムは三つの軸を持つ。一つは材料等の調達，一つは店舗での顧客への提供，もう一つは店舗運営である。

調達では原価や材料，仕入れ先などの管理が主で，必要なものを必要なときに，適切な価格で仕入れることを目的としたシステムである。最近ではトレーサビリティの担保が必要となるケースも増え，そのシステムはより複雑になっている。

顧客への提供のシステムはPOS等による売り上げの管理はもとより，ウェブサイトやメールでの顧客誘導，会員化やポイントなどのロイヤルティシステムなど，顧客とのコミュニケーションを促進するために情報システムを利用するケースも増加している。

店舗運営ではまず人事労務関係に情報システムが活用され，出退勤管理や給与管理などに利用されているが，近年ではパート・アルバイトなどのシフト管理やその最適化などにも利用されるようになってきた。さらにフードサービスチェーンでは店舗管理や新規出店・退店などの店舗開発に際しての意志決定を支援するシステムなども導入されている。

これら三つの軸，調達，提供，運営はそれぞれ，三つの層〜管理，把握，意志決定支援〜をもつ。

図表7－2　フードサービスにおける情報マネジメントの三軸三層構造

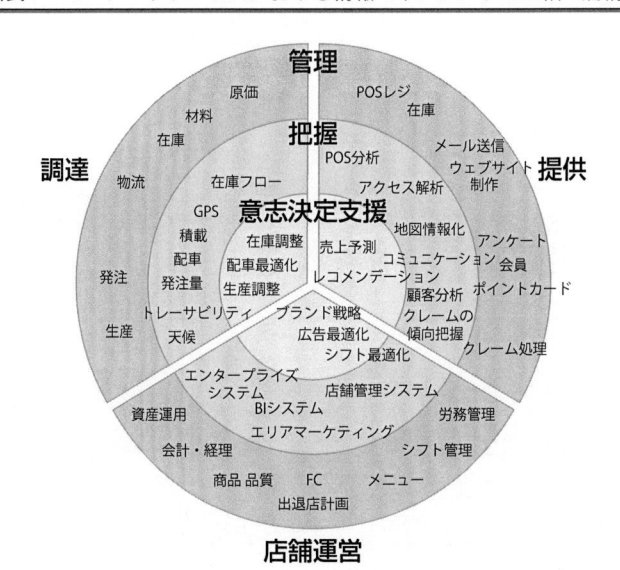

基本となる情報システムは「管理」である。ヒト，モノ，カネを滞りなく流動させるために，情報はそれらを動かす神経回路として機能しており，管理者が提示した命令を着実に実行するようプログラムされている。その上位層が「把握」である。これは「見える化」「可視化」などと呼ばれることも多く，システムの末端までを含めて今何が起っているのか，どういう状況にあるかを，そのシステムの利用者が適切に把握できるためのものである。最上位層は「意志決定支援」であり，把握された情報を元に将来を予測し，管理のレイヤーへ最適な指示を出す，もしくは指示を出す支援をするような情報を提供する。

　この三つのレイヤーは「管理」レイヤーから徐々に発達してきた経緯がある。最初の目論みとして，非常に多くの伝票の管理や取引先との連絡を情報システムに任せるところから始まった。その管理が可能になった段階で，その次の目論みとしては「把握」が求められるようになる。管理状況を集計し，見える化することで，システムの利用者は次の一手，どのような命令を下すかについて，データを見ながら考えることができるようになる。その最終段階として，ある程度の簡単な意志決定はシステムが自動的に実施したり，どうしたら最適な制御ができるか，そのアイデアをシステム側が提示したりすること，つまり意志決定支援としての情報システムが求められる。

　現在のフードサービスにおける情報システムを抽象化すると，およそこのどれかに当てはまる。

（3）ビッグデータとは何か

　このように，フードサービスも他の様々な業種と同じく，あらゆる場面で情報システムを使った事業運営が行われている。しかし，フードサービスの黎明から現在まで，何か質的な変化があったかというと，実はそうではない。情報の流れはコンピューターによる情報システムが存在する以前からあり，それは直接対話であったり，電話であったり，書面の送付などによって賄われてきた。紀伊国屋文左衛門のミカンの逸話や，チンギス・ハーンの狼煙による情報通信システムの話は有名であるが，そこにコンピューターが介在するか否かは単に情報を媒介するデバイスの問題であり，またその処理速度や処理量の問題であ

る。

　それはビッグデータも例外ではなく，いわゆる三つのVの飛躍的な増加，すなわち量（Volume）が増え，速度（Velocity）が速くなり，取り扱う情報が多様化（Variety）したことが，2010年頃から始まるビッグデータのムーブメントである。これら三つのVの増加によってこれまで手が届かなかった様々なことが実現されており，改善を重ねることで，より効率的な事業経営，サプライチェーンや労務のマネジメント，効果的な販促や顧客コミュニケーションが可能となることは明らかであろう。繰り返すが，これらの情報システムの変化は質の変化ではなく量の変化であり，改善プロセスの一環として，費用対効果を勘案して導入や更新の判断をすればよい。

　つまり，情報マネジメントの戦略課題とは，現在のビッグデータというムーブメントを支えるソリューションの全体像を把握し，自身のビジネスにどのように利用するかを考えることに他ならない。ITという魔法の箱があるわけでは決して無く，ビッグデータというおまじないがあるわけでもない。これまでの業務改善を一歩進めるために，「もっとこうだったらいいのに」という内部的な課題を解決し，「もっとこうしてほしい」という顧客からの要望を実現するための手段である。

　但し，ビッグデータ及びそれに関連するインフラが，従来の情報システムとどのように関連し，何が違うのかを理解しておくことは，流行に流されないために必要であろう。

　そこで以下では，情報マネジメントを支えるインフラについて，近年の変化を紹介する。いずれも情報マネジメントを支える基盤であり，近年のビッグデータムーブメントを支える変化である。これらの位置づけや働きのイメージを腑に落としておくことは，自身の事業における情報マネジメントインフラを取捨選択するために有効である。

2．情報マネジメントを支えるインフラの変化

（1）情報管理の変化

　情報管理段階においてビッグデータムーブメントの火付け役となったのは，センサー，無線通信，そしてクラウドである。

　ビッグデータとは文字通りデータが大量に存在することを指しているが，そのためには大量のデータの発生源がなければならない。

図表7－3　増え続けるデータの様子［Kahn 2011］

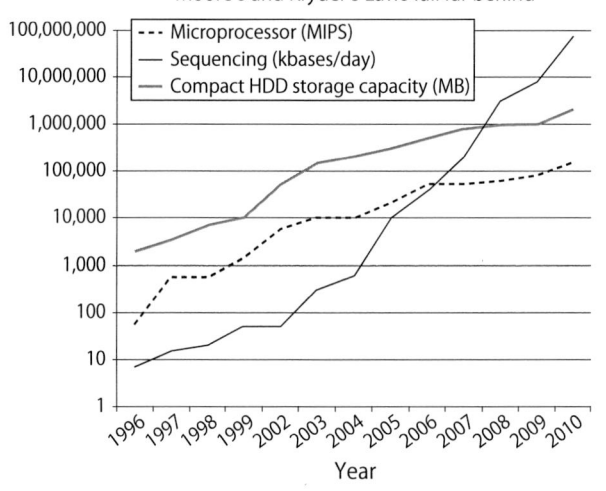

Sequencing Progress vs Compute and Storage
Moore's and Kryder's Laws fall far behind

- Microprocessor (MIPS)
- Sequencing (kbases/day)
- Compact HDD storage capacity (MB)

　図表7－3は近年爆発的に増加するデータの様子である。このように，1990年代や2000年代に比べて遥かに多くのデータが日々世の中に発生している。ビッグデータ以前にもPOSデータなどが大量のデータを出力しており，例えば一人当たり一日数点〜十数点のレコードであっても，それが巨大チェーンでは数百万人分集まると，ビッグデータと呼んでよい規模になるが，センサーが

常にとり続けているデータはそれとは桁違いにレコード数が多くなる。例えば店舗内に設置されたセンサーが，そのエリアの通過人数をカウントしていたり，さらに高性能なセンサー群であれば来店客の導線を追跡したりすることが可能である。

　無線通信は直接的にはビッグデータとは関連しないが，情報管理における近年の重要な変化であろう。Wi-Fi等による無線通信により，店舗内や工場内の様々なデバイスの通信を有線から無線に切り替えることができるため，機器の設置管理が容易になる。レジスターの無線化，タブレット化等はその一例であろう。また，携帯電話網を利用した広域の機器管理にも利用され，例えば配送トラックの位置や積み荷の把握がリアルタイムで可能となり，どんな荷物を持ったトラックが今どこにいるかを瞬時に把握できる。

　クラウドは情報管理にとってコストダウンと信頼性強化の両方を備えた置き換えソリューションである。従来，情報システムの運営はデータセンターに専用の機器を設置し，専用のソフトウェアを搭載して，機器とシステム両方の保

図表7-4　クラウドの活用，従来型システムからクラウドへの移転

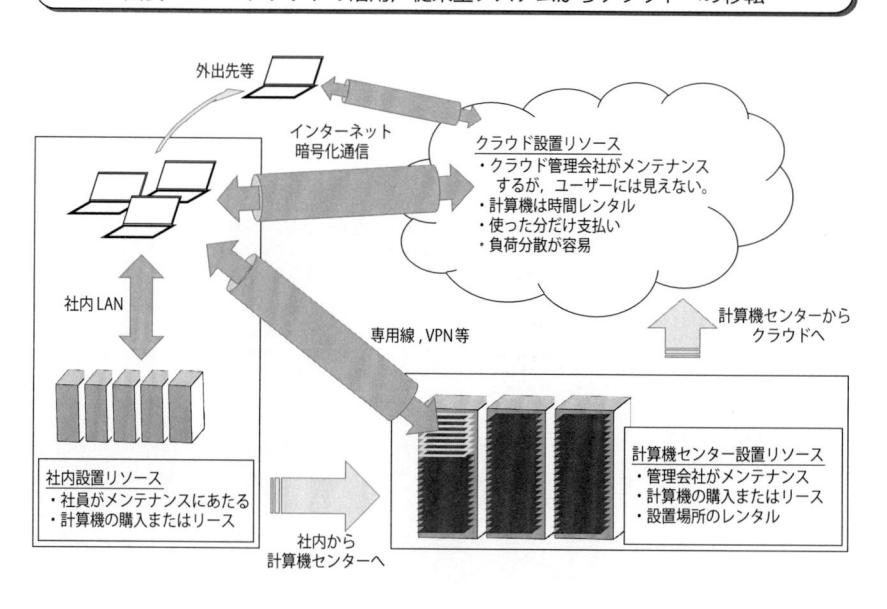

守運用を行うという非常に重い仕事であったが，クラウドの出現によってその両方が軽量化された。機器の管理はすべてクラウド運用事業者が実施し，利用者はほぼ何も考えなくてよい。さらには，一時的な負荷のピークに対して自動的にマシンパワーを調達する，負荷分散，負荷追従型のクラウド利用も可能となった。つまり，クラウドは計算リソースの発電所のようなものであり，大量に発生する情報処理のニーズに合わせて自由に計算リソースを調達できる。よって，例えば年末年始など一定期間のみに発生するシステム負荷逼迫の波を，その期間だけ計算リソースを多く調達することによって解消するなどの運用方法が可能である。

　また，クラウドはインターネットを利用してどこからでも接続可能であることから，従来は専用端末，専用ソフトウェアで接続していたシステムが，ウェブブラウザを利用してどこからでも利用できるようになる。もちろん，関係外からのアクセスを遮断するためのセキュリティ対策を講じた上で利用する必要があるが，セキュリティキーとインターネットブラウザがあればどこからでもシステムを閲覧，操作できるのは，クラウドのもう一つの魅力である。

（2）情報把握の変化
　続いて，情報把握の変化について述べる。情報を把握することはほぼ適切な可視化によって実現される，つまり，情報を適切な方法で「見える化」することが，情報を把握する上で重要である。可視化は主に集計表やグラフなどで実現されるが，データの多様性に比べて人間が把握できる範囲は非常に狭い。そこで，見る人の想像力を活かしつつ，様々な切り口でデータを見せることが求められる。但し，この可視化はビッグデータ以前から様々な局面で利用されてきているため，可視化自体には新しさはない。では，ビッグデータ時代の可視化とは何なのか。
　ビッグデータ及びそのソリューションを活用した可視化は，そのリアルタイム性と網羅性及び他のデータとの結合にある。
　リアルタイム性はビッグデータをもたらすソリューションの中で最も目に見えやすい成果をもたらしてくれるものであろう。リアルタイム性には二種類有

り，一つは情報収集のリアルタイム性，もう一つは情報処理のリアルタイム性である。前者は例えばPOSデータやECなどの売上データ，また，ウェブサイトのアクセス状況など，今の状況を直ちに表示することであり，現在の情報システムでは容易に実現できる。後者は例えば必要な切り口での集計を瞬時に完了させ，表示する機能であり，これはデータ量が大きくない場合にはさほど問題にはならないが，ビッグデータと言われるケースでは一回の集計が数十分以上を要する場合もあり，重要な課題となる。ビッグデータを想定した情報システムを用いた場合，それらは一つの集計に対して数秒〜十数秒で応答する。

　このようなデータ収集から可視化のリアルタイム化は，単純にスピードが速くなっただけであるのだが，利用する側にとってはそれ以上のメリットがある。例えば自社の商品の売れ行きの落ち込みの理由が何であるかを調べるにあたって，データをあれこれ操作しているケースを想定して頂きたい。商品に関するある性質が問題ではないかと閃いたとき，利用者はその性質をキーとしてデータを集計するだろう。しかし，その結果が返ってくるのが数十分後だったとすると，答えを待っている間に他の作業をする必要がある。そして，結果が帰ってきたときには既に先ほどの閃きが色あせてしまっており，十分な考察ができなくなっている。しかし，集計結果が数秒で返ってきたならば，閃きが新鮮な間に結果を読み解くことができ，それはまた次の閃きを生むであろう。このように，情報から何かを読み取ろうとするには，リアルタイム性は非常に重要な機能である。

　網羅性はビッグデータであるからこそ論点となり，またメリットを享受できる部分である。ビッグデータ以前の情報システムでも大きなデータを扱うことはあったのだが，それらは統計的に把握することが常であった。統計とは，全体の中からわずか一部をサンプリングし，その動向を持って全体を理解する方法である。例えば客単価平均の変化を観察したければ，全体の中から数％のサンプルだけを抜き出して集計することで，ほぼ全体の客単価平均を予測することができる。

　つまり，全体傾向の数値だけを観察しているのならば，ビッグデータを全て観察する必要は無く，全体の中から一部だけを取り出して観察すれば十分であ

り，それならば特別な情報システムも必要とされない。

　しかし，ビッグデータを活かした観察においては，そのようには考えない。全体傾向から外れたところを観察するのである。例えば，新しい流行の兆しなどは全体傾向には現れず，一部だけを取り出した統計的な観察ではそういうケースを見逃してしまうが，ビッグデータをそのまま観察していれば，その兆しを逃さずにキャッチできるかもしれない。つまり，局所的事象の観察が可能であることが，ビッグデータのもつメリットである。

図表7－5　ビッグデータの着目点，大域構造と局所構造

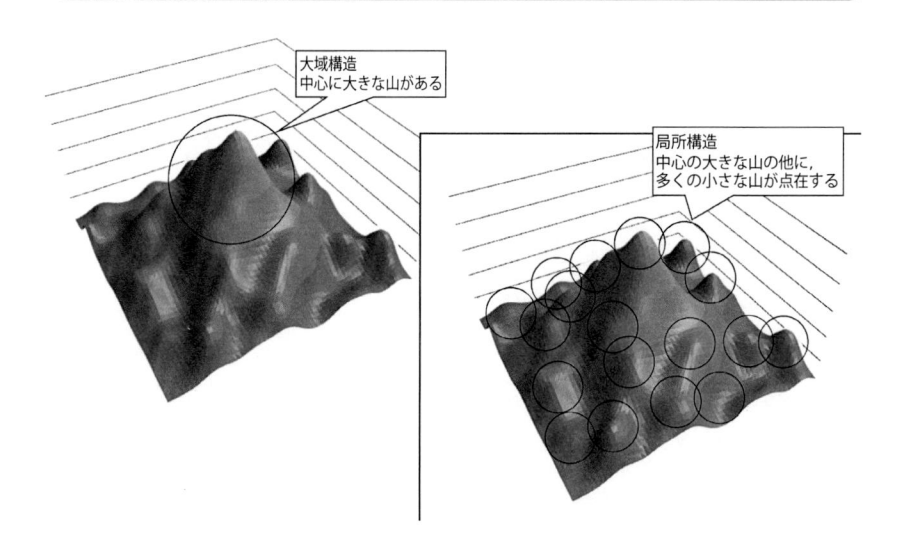

大域構造
中心に大きな山がある

局所構造
中心の大きな山の他に，
多くの小さな山が点在する

　他のデータとの結合は，自社で収集したデータも，他者から購入したデータもすべてを組み合わせることで生まれる，データの新たな視点，切り口をもたらす。ビッグデータというキーワードが一般的になった頃から，オープンデータという言葉もまた浸透してきているが，これは何らかの方法で収集されたデータを広く世の中に公表し，誰もが情報システムの中で利用できるようにするという動きであり，主に官公庁が主体となって進めている。ポイントは二つあり，一つはこれまで誰しもが使える状態になかったデータが公開されるこ

と，もう一つは既に公開されているデータであるが，それへのコンピューターからのアクセスが容易となることの二点である。そしてこのようなデータを自社のデータと組み合わせて可視化することにより，多様な切り口での集計が可能となる。例えば自社の顧客データベースにある顧客住所と，国勢調査にある市区町村別人口（総務省統計局 2015）とを組み合わせることで，人口一人当たり顧客率を算出できたり，国土地理院の国土数値データ（国土交通省国土政策局国土情報課 2015）と組み合わせることで，交通と顧客単価の関係を調べたりすることが可能となる。

他にも様々な外部データと結合させることが可能である。例えば最近ではフェイスブックやツイッターなどソーシャルネットワーキングサービスのデータなども有償で入手することができるため，クチコミと顧客動向との関係性を見ることができる，モニターアンケート調査などの結果との結合によって他のアンケート項目との紐付けができるなど，様々な活用が想定される。

図表7－6　自社データとの結合，外部データとの結合の模式図

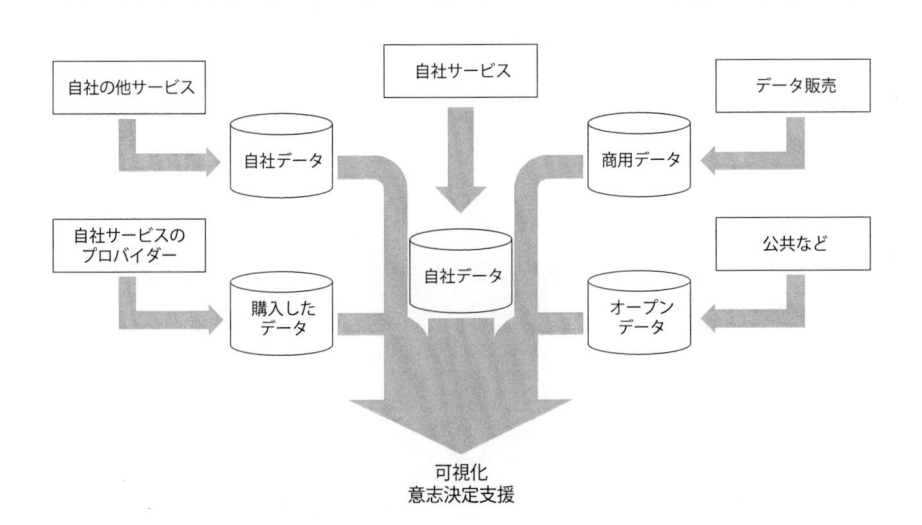

（3）意志決定支援の変化

　最後に意志決定支援の変化について述べる。意志決定支援とは文字通り，経営やオペレーションにあたって実施者が下す意志決定を支える仕組みのことである。第二レイヤーである把握＝可視化は意志決定支援の中でも最も原始的かつ基本的方法であり，意志決定者は可視化結果を把握し，自身で咀嚼して，次なる一手を決定するが，意志決定支援システムはそこに様々な方法で高付加価値な情報を導き出し，提示するものである。

　このレイヤーでは，現在もビッグデータ以前と以後とではあまり変化は見られない。それは，一つには第二レイヤーでデータが集約されてしまうことにより，このレイヤーでの課題は既にビッグデータで無ければならない理由がなくなっていること，また，もう一つにはビッグデータを直接意志決定支援に利用できる分野や技術がまだ限られており，汎用化されていないことが挙げられる。しかし，後者については，研究開発は盛んに行われているため，近い将来にはビッグデータらしい意志決定支援ソリューション―それはおそらく後述する人工知能の一種と考えられる―が次世代情報システムの流行になるであろう。

　現状の情報システムとして意志決定を支援しているのは，様々な統計的手法によるモデル化とそれを利用した予測システムであろう。統計は元々少ないサンプルから全体を予測する方法論として確立してきた経緯があるが，ビッグデータ時代になってもなおそのデータを読み解く方法でありセンスとして各方面で重要視されている。統計のセンスとは，集計されたデータがどの程度確かなのか，仮定している因果関係や相関関係をどこまで信じていいのかを想像し，論理的に説明する能力であり，また，間違ったモデル化やシナリオが間違っていると気がつく能力のことである。センスの育成には統計の勉強及び統計的な考え方の習得の他，様々なデータと様々な統計的手法を取り扱った経験が必要である。

　一方で，フードサービスでは経営者がその統計的センスを持ち合わせていることも少なくなく，統計などの数学ができなくとも勘と経験で意志決定ができる場合がある。しかし，勘と経験で作られたセンスは技術伝承することが非常

に難しいため，経営を移譲した後に失敗するケースがあるのは，後任が勘と経験を持ち合わせていないことが問題だったのではなく，統計などの明確な形を持った技術によるトレーニングが不足していたと見るべきである。

　ところで，ビッグデータを活用した意志決定支援は全体としてまだシステム化が遠いのだが，One to One マーケティング，またはパーソナライズの方面では既に利用されている。これは，顧客の一人ひとり，もしくは非常に細かい顧客セグメンテーションに対して，個別に異なるマーケティングを行うものである。その最も有名なものとしては，ECサイトのアマゾン（Amazon.com 2015）にて活用されている個人別レコメンデーションが挙げられるだろう。これは個人の購入履歴から，その個人が次に買いそうな商品をピックアップし，推薦する仕組みである。この仕組みにおいては，何百万人ものユーザーそれぞれの購買履歴と全体の購買履歴の傾向とを組合せ，個人別に異なる推薦をするため，真のビッグデータ活用と考えてよい。図表7－5にて示したように，局所的な意志決定＝推薦を行うには，経営者や分析者が一つひとつ勘と経験で推薦することはできないため，情報システムにメタシステムとして推薦手法を実装する必要がある。つまり，推薦そのものを考えるのではなく，推薦する仕組みを考えるところに，ビッグデータ以前の意志決定システムと以後のそれの違いが出ている。さらには，意志決定の適用局面が非常に多くあるということを利用して，推薦手法などのテストを行うことも近年では主にECサイトなどで多く実施されている。それはA/Bテストと呼ばれる方法であり，全体をいくつかに分割して，あるグループにはAの方法を，別のグループにはBの方法を適用し，その成果を競えば，AとBのどちらが優れているかを判定することができる。従来のように，一つの意志決定が全体に大きく影響を与える場合はこのような方法を採れないが，ビッグデータを有効的に活用できるくらいに非常に多くの局所的な適用局面があれば，その一部を切り捨てて効率の良い方法を探すことは，全体の浮揚にとってよいという考え方である。但し，この考え方をフードサービスに利用できるかどうかは当該局面が全体に与える影響を熟慮する必要があろう。

3．将来像

（1）ビッグデータの向こう側

　2015 年の時点で，ビッグデータはこれまでの情報システムから量的な変化に留まり，一部の限られた領域を除いて質的な変化があったわけではないことは既に述べた。しかし，ビッグデータのもたらす質的な変化の可能性があるとすれば，それは AI，人工知能である。

　人工知能自体の研究開発はコンピューター開発の黎明期から行われてきたが，これまではどちらかというと人間の思考を補助する目的としてしか使われてこず，またそれだけの能力しか持ち得なかった。しかしそれは単に処理されるデータの量が少なかったためで，処理量が人間のそれを超えた辺りから急速に，人間の思考を超えるものが出始めてきている。

　例えば，古くからチェスやオセロはたびたび人間のチャンピオンを破ってきたが，その知能は実はあらかじめ指定された方法に基づき，非常に多くの組合せの中から指し手を選択する，単純なものであった。一方で，囲碁や将棋ではその差し手の組合せの多さから，人間には永久に勝てないのではないかと言われてきた。前者では可能性を網羅的に調べることができたのだが，後者は選択肢が多すぎて網羅できないのである。そのように考えられてきたコンピューター将棋であったが，近年ではコンピューター将棋が現役プロ棋士を破るようにまで強くなった。その強さの源はデータである。それまでのコンピューター将棋は，なるべく多くの指し手を網羅的に試し，プログラムがあらかじめ指定したルールに則って差し手を選択するもの，即ちプログラムの叡智の外に出るものでは無かった。しかし 2006 年，将棋用人工知能である Bonanza の登場（瀧澤，他 2012）はそれまでと全く異なる方法，それは過去の多くの棋譜を学習することで差し手を選ぶ方法へと，それまでのコンピューター将棋のパラダイムをひっくり返すことで，急激に強くなっている。つまり，プログラムの叡智に依存するのではなく，過去の名人を真似るのである。

　そのためには，過去の記録の電子化が必要であり，またこれを学習するコン

ピューターが必要であった。つまり，コンピューティングのリソースや技術と同時に，学習にあたっての教師となるデータもまた人工知能には必要不可欠のものであり，これらが揃うことで，従来は人間にしかできないと思われていた作業をコンピューターが担うことができる，その可能性が示されたのである。

　同様のことが現在，世界中の最先端の研究所で研究され，膨大なデータと巨大なコンピューターリソースによって，コンピューター自身に未来を考えさせる様々なプロジェクトが進行中である。これがビッグデータによる質的な変化であり，近い将来に何らかの形で我々の生活やビジネスを変化させるであろう。しかし，今すぐそのようなソリューションがビジネスの現場で利用されることはなく，あったとしても非常に限定的で，コスト負担も莫大であるから，未来に起こりえる姿とだけ頭の片隅に留めておけば十分である。

（2）相変わらず残るもの

　一方で，いくら情報システムが発達したとしてもしばらくは残るものがある。それは人間の想像力で有り，競争であろう。上の例ではコンピューターが人間を克服する様子を述べ，また，人工知能が質的変化をもたらす可能性を述べたが，それでも人間の想像力と，その原動力である欲望をコンピューターが身につけるにはまだ時間があるだろう。将棋はルールが決まっている中での意志決定であり，今研究されている人工知能も，与えるデータは人間があらかじめ答えを導けるようにお膳立てしてやって初めて機能するようなものである。コンピューターが自分で欲望を持ち，自分で自律的に動くようになるにはまだ十分な時間があると思われる。

4．おわりに

　本章「情報マネジメント」では，フードサービス業をとりまく情報マネジメントの地図と，その三軸三層分類を示した。また，最近のトレンドであるビッグデータとの関係性を論じた。

参考文献

上田隆穂・藤居讓太郎・田中伸英・高橋郁夫・小野讓司編,2004,フードサービス業における情報化戦略とテクノロジー,中央経済社,p.2

国土交通省国土政策局国土情報課,国土数値情報 ダウンロードサービス,GISホームページ,http://nlftp.mlit.go.jp/ksj/,(2015-4)

総務省統計局,都道府県・市区町村別統計表,e-Stat 政府統計の総合窓口,http://www.e-stat.go.jp/SG1/estat/GL02100104.do,(2015-4)

瀧澤武信・松原仁・小谷善行・鶴岡慶雅・山下宏・金子知適・保木邦仁・伊藤毅志・竹内章・篠田正人・古作登・橋本剛,2012,人間に勝つコンピュータ将棋の作り方,技術評論社,p.25

Amazon.com, Amazon.co.jp, http://www.amazon.co.jp,(2015-4)

Kahn, S. D., 2011, On the Future of Genomic Data, Science 331, p.728

第8章　フードサービスと流通

　食品，とくに生鮮食料品の流通は多様な構成員が介在して，もともとかなり複雑な経路になっている。フードサービス業もほとんどの企業は生鮮食料品を取り扱っているので，この流通経路に組み込まれているのだが，実のところフードサービス業を中心に詳細に流通を眺めてみると，生産と消費の間がさらに長く迂回した経路になっていることがわかる。

　本章では，フードサービス業ともっとも関係の深い生鮮食料品の現状を確認し，生鮮食料品流通が変革期にあること，フードサービス業をめぐって新しい流通の形が登場していることをみていこう。

1．流通懸隔と流通コスト概念

(1) 生産と消費を結ぶ流通

　流通とは，生産と消費の間の懸隔（へだたり）を架橋する経済活動である。この懸隔は，社会的分業が進むほど大きくなる。社会的分業とは，人々がそれぞれ財の生産や流通に関する特定の分野に専門特化し，全体として効率的に生産や流通が実現させていくことである。

　たとえば自給自足の社会では，生産者と消費者が同一であるため，そもそも懸隔は存在しない。しかし今日のように，海外で生産された製品を日本で消費することが一般にみられる社会では状況が異なる。海外生産が進む衣料品を例にとるとわかりやすい。日本の消費者が国内の店舗で衣料品を買えるようになるためには，海外のメーカーから商社を経由して日本に輸入され，国内

で卸売業者から小売業者への販売が行われ，自宅の最寄りの小売店頭に並ぶことが必要である。店舗でなくネット通販を利用する場合でも，自宅まで配送してくれる宅配業者が存在してはじめて，消費者は衣料品を手にできる。アメリカのGAPやユニクロに代表されるSPA (specialty store retailer of private label apparel) と呼ばれるアパレル企業は，製造から販売まで一貫して自社で行う事業スタイルで知られる。しかし，これらの企業においても，厳密には物流や金融に関して専門の物流業者や商社を介在させていることがほとんどである。現在のように世界各国で生産されたものを手軽に購入し，自分の価値観にあった商品選択ができる豊かな消費生活を実現するには，生産と消費の懸隔を埋める流通の存在を欠かすことはできない。

　ではこうした流通の担い手は，一体誰なのであろうか。一般に，流通業と言うときは卸売業者や小売業者を意図することが多い。しかし前述のように，流通は生産と消費の懸隔を架橋し，財を消費者が消費できる状況になった時に完了する活動であるから，流通機能を担うのは卸売業者や小売業者だけとは限らない[1]。生産者が最終製品を工場から倉庫に輸送することも流通の一部であるし，消費者がわざわざ遠方の店舗に出向いて購入した商品を家まで持ち帰る行為もまた流通の一部である。つまり，生産者も消費者も財の輸送や保管の専門に担当する輸送業者や倉庫業者も流通機能の担い手とみることができるのである。有形財の生産から消費の過程では，消費者を含めたほとんどの主体は何らかの形で流通に関与し，懸隔の架橋させる活動の一部を担うことになる。

　社会的分業が進み，懸隔が拡大するほど，生産と消費を仲介する流通は多段階となる。この懸隔は，商流（取引），物流，情報流という3つの活動が有効かつ効率的に組み合わさることによって円滑に架橋される。繁盛している小売店では，地域の顧客ニーズを的確につかみ，店頭品揃えやサービスに反映させているはずである。その小売店では，ライバル店との比較や日常の買い物客の購買行動の分析を行い，そこから汲み取った情報やデータを参考にして，顧客のニーズを満たすような仕入れ相手を探索し，取引しようとするだろう。また，頻繁に売れる商品を欠品なく小売店頭に陳列するためには，商品の発注や配送の体制を整えることも必要だ。ここでは流通段階で生じる情報が取引や物流に

影響を及ぼしている例を想定しているが，このように3つの活動が相互に連動することを通じて，流通は売り手と買い手を的確にマッチングさせることができるのである。

　上記の商流，物流，情報流といった活動によって架橋される懸隔には，所有懸隔，空間懸隔，時間懸隔，情報懸隔，価値懸隔の5つの種類がある[2]。所有懸隔は，生産者の所有物を消費者が消費できるように生産者から消費者へ所有権を移転させることによって架橋される。空間懸隔は，生産地点から消費地点へ財を移転させることで架橋される。時間懸隔とは生産時点と消費時点とのタイミングのくい違いのことであり，財の在庫や保管を通じて，実需に合わせた供給体制を構築することで架橋される。情報懸隔は生産者が消費者の財に対する需要がどのようなものかを知り，消費者が生産者の状態やどんな生産者がどのような財を生産しているかを知ることによって架橋される。価値懸隔は，生産者と消費者が財の価格について合意することによって架橋される。通常，売り手はできる限り高価格での販売を，買い手はできる限り低価格での入手を望むので，合意は容易ではない。しかし，実際には需要と供給がある以上，生産者と消費者はそれぞれの負担するコストと得る利益を勘案し，妥当だと思った金額で取引が成立する。そのため，長期的には，全体としての流通コスト（流通費用）が最少となる流通経路に収斂し，すべての構成員（生産者，流通業者，消費者）にとって望ましい流通構造となり，価値懸隔も架橋される。

（2）流通コスト概念と流通サービス水準

　価値懸隔については，流通コストと流通サービス水準という概念を通してみると，より理解が深まる。流通コストとは，流通すなわち生産から消費を架橋するためにかかるすべてのコストの合計である。流通コストは，世間一般には流通企業が流通機能を果たすために負担するコストと理解されがちである。しかし前述したように，流通機能は流通企業以外の生産者や消費者も担うのであるから，実際には生産者も消費者も流通コストを負担しているのである。つまり，流通コストは，流通に関与する企業（生産者，卸売業者，小売業者など）が負担するコストと消費者が負担するコストの合計である。消費者は，商品を入

手するために支払う代金以外にも，流通コストという形でも費用負担しているのである。

　バックリン (L. P. Bucklin) は，この消費者が負担する流通コストのことを「消費者費用」と呼ぶ[3]。ここには消費者の買い物のためにかかる費用が含まれる。たとえば，買い物に行く店舗までの往復の交通費や駐車場代，買うものを決定するまでに費やした情報収集や商品比較の時間，買い物場所での混雑による苛立ちや遠方まで買い物に出向くことによる疲労などが含まれる。流通コストを形成するもう一方の，流通に関与する企業が負担するコストは「営利経路費用」と名付けられ，消費者費用と営利経路費用との関係はトレードオフにあるとする。流通の過程で流通サービス水準が高くなるほど，財一単位あたりの営利経路費用も高くなるが，消費者の流通機能が増えるため消費者費用は減少する。流通サービス水準が低い場合はその逆になる。これらコストの中には，金額で表すことのできないものも含まれる。

　流通サービス水準を決定すると要因として，バックリンが挙げるのは，ロットサイズ（販売単位），店舗の数と分散の程度，財を入手するまでの待ち時間，店頭の品揃えの程度である。小売店と消費者を例にとって，流通サービス水準と流通コストの関係をみてみよう。

　缶入りジュースが24本入りケースで販売される場合，小売店は店頭にケースごと陳列すればよいが，消費者は重い商品を自分で抱えて帰らなければならない。自動車で運搬するならば燃料費がかかるし，すぐに消費するのでなければ家庭内に在庫を抱えることになる。しかし，1本ずつ販売されるならば，小売店にはケースから缶ジュースを取り出して陳列したり，消費者がすぐに飲めるよう冷蔵ケースで冷やしたりするための人件費が発生するが，消費者にとっては必要な時に必要な本数だけ入手すればよいので，非常に利便性が高い。

　また，小売店が多数分散立地であるならば，消費者から小売店までの距離が近くなるので消費者費用は少なくてすむが，小売店はより多くの店舗建設費やそこで働く人件費を負担しなければならない。地域的に分散して多くの店舗を出店するとなると，1店舗あたりの商圏は狭く，店舗も大規模にできないので，欠品が生じないようにこまめに発注や配送できるシステムが必要になる。

商品を入手するまでの待ち時間が長くても消費者が許容してくれる状況であれば，商品が欠品してもかまわないのであるから，小売店はきめ細かい受発注システムを備える必要はない。しかし，消費者は店舗での欠品に備えて，常に家庭内在庫を切らさないように頻繁に買い物に行かなければならない。

　総合スーパーのように小売店頭の品揃えが豊かである場合には，消費者はワンストップショッピングが可能になるため効率的に買い物できるが，品揃えが狭い小売店しかない状態であれば，複数の店舗を巡回して商品を買いそろえる必要が出てくる。ただし，品揃えの豊かな小売店はそれを実現するための取引業者の探索や交渉の費用を負担しなければならないし，仕入れた商品の在庫コストも嵩むかもしれない。

　以上からは，次の2つのことがいえる。第1に消費者が負担しているコストは商品代金と流通コストの一部の合計であること，第2に消費者に提供する流通サービス水準の上昇は，消費者の負担する流通コストの節約を意味していること，である。

　このように考えると，小売店が消費者に提供する価値のあり方と競争の次元は多様にありうることがわかる。世間的には，消費者が買い物に際して負担するコストといえば，交換の対価としての商品代金のみが意識される。そのため，水平的競争（小売店間の競争）は価格競争として発現しやすい。しかし，価格競争はあくまで競争の一手段にすぎない。企業のコスト削減努力を逸脱した価格引き下げは，消費者に対して提供する流通サービス水準の低下につながる可能性がある。

　今日のように多様な価値観やニーズを持つ，成熟した消費者の存在を前提とするならば，価格競争だけではなく，消費者が負担するコストをどのように節約するかという視点から提供する流通サービス水準や競争環境を考えることも有効である。消費者は，自らの負担するコストが低減する売り手か，負担するコストを上回る価値を提供する売り手を選択するからである。売り手が消費者に提供する価値をどこに定めるかを軸に，流通サービス水準を決定する。それを市場環境の中で消費者に提供する価値を店舗形態やオペレーションという形にまとめることによって，事業単位として明確に定義できる業態が生み出され

る。ライバル企業との差別化や顧客ロイヤルティの醸成を可能にする業態開発は，戦略的に行われる必要がある。

2．生鮮食料品と流通—青果物を中心として

　ここまでは，商業学や流通論の考え方に基づいて，流通とは何かを明らかにしてきた。これらの前提となっているのは有形の消費財であり，生産者が出荷した時点ですでに最終製品として品質が決定されているものがほとんどである。それに対してフードサービス業（外食産業）は食材という有形財を扱っていることは確かだが，消費者との最終接点までの間に調理や接客といったサービス要素を伴う。また，扱うのが生鮮食料品であり，その財の特性上，一般の消費財流通とは求められる流通のあり方が異なる。

　以下では，生鮮食料品流通の特徴について確認し，生鮮食料品流通を取り巻く環境変化を明らかにしていこう。

(1) 生鮮食料品流通の特徴

　図表8-1に示すのは，生鮮食料品の主な流通経路である。一般に，流通のあり方を規定するのは，商品特性（破損性・価値・技術的複雑性・規格性），生産部門の状態（生産者数・立地密度・集中度・品揃えの豊かさ），消費部門の状態（消費者数・立地密度・単位購買量・需要の異質性），生産部門と消費部門の対応関係（生産と消費の距離・タイムラグ・品揃えのくい違い）である[4]。

　生鮮食料品はわれわれの食卓に欠かせないため，その流通は円滑で安定的であることが求められる。ここでは，生鮮食料品のひとつの例として青果物（野菜，果物）を挙げる。青果物の生産は自然条件の制約を受けやすく，貯蔵性に非常に乏しい。形状もまちまちである。相対的に嵩高でありながら，低価格である。生産者は環境条件に合った品目を生産し，収穫時期は集中するが，消費者は多品種を少量ずつ望んだときに消費したい。つまり，生鮮食料品の懸隔は本質的に非常に大きく，しかも鮮度の関係上，迅速に架橋されなければならない。

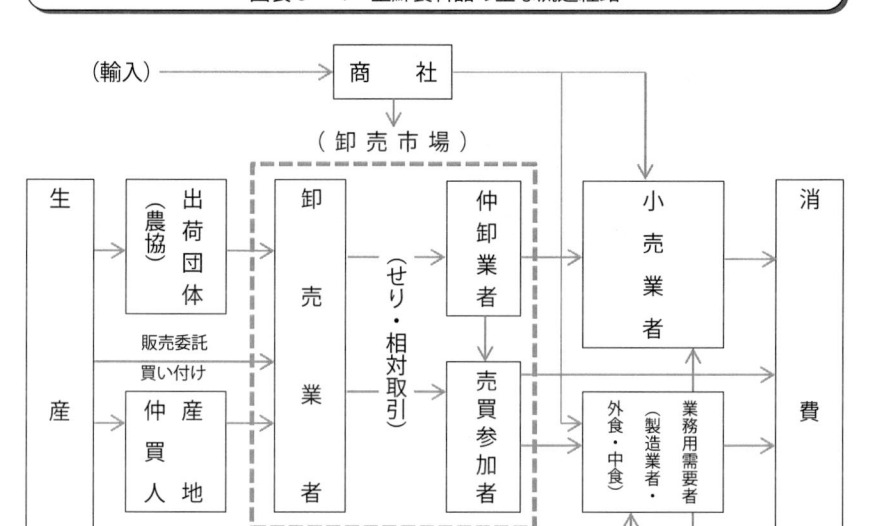

図表8-1　生鮮食料品の主な流通経路

　このような複雑な要素が絡み合う特性をもつ生鮮食料品流通の要となってきたのが，卸売市場である。卸売市場は生産者と小売業や業務用需要者の間に位置し，品揃え形成機能（集荷，分荷），価格形成機能（せり，相対取引），代金決済機能，情報受発信機能（需給情報の収集と川上・川下への伝達）を果たしている[5]。各地に散らばる生産者から大量の青果物を集め，卸売市場内ではせりによって公正に価格が決定され，小売業や業務用需要者のニーズに合う量と品種の組み合わせに分荷するというのが，基本的な流れである。

　卸売市場は法律によって，取引のルールなどが定められている。現在の卸売市場は1971年に制定された卸売市場法（1999年，2004年に改正）が根拠法となるが，その前身は1923年制定の中央卸売市場法である。卸売市場制度がもっとも有効に機能する流通環境は，この法律誕生の経緯から読み取ることができる。今も中央卸売市場に課されている「受託拒否の禁止」（正当な理由がない限り，卸売業者は出荷者からの販売委託の申し込みを拒否できない）条項には，その片

鱗が残されている。

　当時の食料事情を象徴する出来事に，1918年に富山で起こった米騒動がある[6]。農業生産者が零細であるうえ，商人による売り惜しみが横行したことから米の供給不足と価格高騰に陥り，民衆が暴動を起こしたのである。その一方で，明治維新以降の工業化に伴う農村から都市部への人口流入の結果，大正時代には東京や大阪といった大都市をはじめ各地に中小都市の形成がみられた。都市部で急速に増加した勤労者世帯を支えるためには，食料の安定供給が不可欠であった。

　こうした社会情勢を踏まえて制定された中央卸売市場法では，中央卸売市場の開設や管理を地方公共団体に任せ，その下で民間の流通業者が取引を行う仕組みを採用した。同時に，市場内で営業を行う卸売業者には無条件販売委託，受託拒否の禁止や即日全量上場，セリ・入札販売，商物一致，従価定率の販売手数料以外の収受の禁止といった規制を課した。このため市場内の卸売業者は通常の食品卸とは異なり，自立的な品揃え形成や在庫調整，自由なマージン設定ができず，商人としての機能を否定されている。つまり卸売市場制度は，慢性的な供給不足を背景に，中間流通業者の買い叩きや売り惜しみによる利益の独占を防止しながら，量的な需給接合を図ることを狙って作られたのである。売り手市場かつ川下の構成員が小規模であり，迅速に川下に向けて財を流通させるのにもっとも適したシステムである。

（2）卸売市場制度を支える前提条件のゆらぎ

　ただし，今日では，上記のような前提条件は崩れている。生鮮食料品市場はすでに売り手市場ではない。貯蔵や輸送技術の発達によって鮮度は保持しやすくなり，長期間の在庫も可能になった。買い手には大型小売業や大口の業務用需要者が増え，大量仕入れの必要性が生じた。一回ごとのセリによる取引では需給バランスにより価格が不安定になるため，価格と質量ともに計画的な仕入れが望まれるようになった。消費の成熟化によって消費者は自らの価値観に合った消費や商品選択を行うようになり，生鮮食料品流通に求められる機能は量的マッチングから質的マッチングへと変化している。

国内で流通した加工品を含む国産及び輸入生鮮食料品のうち，卸売市場を経由して流通したものの割合のことを卸売市場経由率と呼ぶ。2011 年度の卸売市場経由率（推計値）は青果 60.0％（うち野菜 70.2％，果実 42.9％），水産物 55.7％，食肉 9.4％である。1990 年度は青果 81.6％，水産物 72.1％，食肉 22.6％であったから，その割合は低下傾向にある[7]。卸売市場経由率を算定する分母には，加工品や輸入品が含まれる。これらの品々はそもそも卸売市場を経由することが少ないから，全体として加工品や輸入品が増えれば増えるほど卸売市場経由率は低く算出される。したがって，卸売市場経由率の推移をもって，生鮮食料品流通に占める卸売市場のポジションの低下と断じることは早計である。国産青果物だけをみると，卸売市場経由率はこの 10 数年間 9 割前後で推移しているとの推計もある（公表されているもっとも直近の 2011 年度は 86％）。

ただし，近年，卸売市場を経由せず，生産者と小売業者や業務用需要者（生産者・外食・中食事業者など）との間の直接取引や，海外からの直接輸入，生産者自身による産地直売所での販売，栽培方法にこだわった青果の宅配など，市場外流通の規模が拡大していることも事実である。ここでは数値で把握できる産地直売所についてみたい。農林水産省『2010 年世界農林業センサス』によれば，産地直売所の数は 2005 年の 13,538 から 2010 年には 16,816 と 5 年間で 24.2％増加している。2010 年の年間総販売額は 8,767 億円に及び，庭先販売やごく運営の小さいものも含めると 1 兆円以上に上るとも推計されている。2013 年度のダイエー（当時はイオンの連結子会社）の売上高は 8,136 億円であるから，それを凌ぐ規模に達している。産地直売所の成長を支えているのは，地域活性化の切り札として，また 6 次産業化の目玉の 1 つとして，政策的に推進されていることに加え，鮮度の高さ，生産者の顔が見えることで消費者が感じる安全・安心，生産者自身による価格設定（消費者にとっては中間流通コスト削減による相対的な低価格）といった要因である。とくに 2000 年代に入り残留農薬問題や食品偽装問題が取りざたされたことから，既存の食の生産・流通体制への信頼は一気に揺らいだ。生産段階が大規模になり，生産者と消費者の間に複数の流通段階を挟むと，消費者の目に生産と流通のプロセスは見えにくくなる。市場外流通拡大の動きは，既存の生産・流通体制に対する不満の表出としてみる

ことができる。

　確かに、質的マッチングが求められる流通には、需給量で価格決定がなされるような卸売市場の原始的な運用はなじまない。しかし、卸売市場には集荷機能、情報受発信機能や決済機能など、他の事業者には代替しがたい機能がある。卸売市場はさまざまな生産者から商品を収集できるので、特定の産地からの出荷が滞るような不測の事態にも備えられる。長期にわたって構築した産地とのネットワークを通じて、商品の安全情報も迅速に入手できる。卸売業者から出荷者へは原則として卸売の翌日に支払いが行われるので代金結成のスピードが速く、出荷者にとっても魅力である。卸売市場の有用性は依然として高い。したがって、欠品や調達リスクの回避のため、大型小売業や業務用需要者は生産者との直接取引を志向しても、実際の商流上、卸売市場を介在させるケースも多い。

　こうした現実の動きに合わせて、現在の卸売市場では柔軟な事業活動が認められるようになりつつある。2004年の卸売市場法の改正によって、商物分離取引、卸売業者による市場外販売、買付集荷や相対取引、委託手数料の自由化（2009年から施行）などが認められるようになった。これらは、生鮮食料品以外の食品卸では当たり前に行われている活動である。こうした規制緩和は、中央卸売市場法や卸売市場法がこれまで卸売市場の事業者に禁じてきた、商人としての機能の発揮を促すプロセスとみることができる。

3．フードサービス業からみた流通

（1）食の外部化率

　上記で触れてきた青果物を中心にした生鮮食料品流通は、青果物が原体のまま消費者に届く流通フローを前提として仕組みづくりが行われてきた。生鮮食料品は小売店頭で購入され、家庭で調理をして食べるものと考えられてきたわけである。ところが、近年では生鮮食料品の消費スタイルが変化してきている。外食や中食市場の台頭である。

　まず、フードサービス業（外食産業）の位置づけと食の外部化について確認

しよう。(一社)日本フードサービス協会・(公財)食の安全・安心財団の推計によれば，2013年の外食産業の市場規模は23兆9,046億円であり，対前年比2.9％増になっている。日本の外食産業の市場規模は1997年の29兆702億円をピークに漸減傾向にあるが，2011年の東日本大震災以降は微増基調にある。

次に，(公財)食の安全・安心財団によって算出された食市場全体に占める外食市場規模をみていく。2012年の食市場は64兆6,253億円だが，その内訳は内食が35兆4,478億円（54.9％），中食が5兆9,461億円（9.2％），外食が23億2,314億円（35.9％）である[8]。2000年以降の傾向をみると，外食は35〜36％台で安定的に推移している。内食は減少傾向にあり，その部分を中食市場が吸収して成長している。食市場に占める外食・中食市場の割合のことを食の外部化率と呼ぶが，2012年は45.1％である。

今後，食の外部化率は中食市場の微増の影響を受けて緩やかに上昇することが予測されている[9]。その要因としては，①高齢者世帯，単身者世帯，共働き世帯の増加により，調理に対する簡便化ニーズが高まること，②食に簡便性を求める習慣がすでに定着していること，③人口減少による食市場の縮小が予見されるなかで，多様化した消費者のライフスタイルと価値観を充足するような食の提供システムが開発されると予想されること，などが挙げられる。依然として飲料・食料支出の過半数を内食が占めているのは確かだが，食の外部化の影響を見据えて食の市場の構造を検討していく必要がある。

食の外部化が進展した結果は，野菜需要の内訳にも表れている。農林水産政策研究所の調べによれば，野菜の国内仕向け量に占める加工・業務用需要の割合は，1990年の51％（家計消費需要49％）から2010年には56％（同44％）へと上昇している[10]。つまり，現在の野菜需要はすでに15年にわたって加工・業務用事業者が過半を占めており，しかもさらに増加傾向にある。また，2010年の野菜需要に占める国産野菜の割合は加工・業務用事業者が70％，家計消費が98％である[11]。前述したように，国産野菜の9割は卸売市場を経由する。つまり，家計消費を前提として組み立てられた卸売市場を核とした生鮮食料品流通の仕組みに，大きな構造変化が生じている。現在の生鮮食料品流通はひとつの転換点にあり，卸売市場法改正や市場外流通拡大の動きは，歴史的に構築

された制度と現実との間に生まれた歪みを克服しようとする過程とみてよい。

（2）フードサービス業の流通と輸入品

　一口にフードサービス業と言っても，その事業者にはさまざまな事業形態がある。『日本標準産業分類』の中分類「飲食店」には食堂，レストラン，専門料理店（日本料理店，料亭，中華料理店，ラーメン店，焼肉店），そば・うどん店，すし店，酒場・ビヤホール，バー，キャバレー，ナイトクラブなどが含まれ，提供する料理やサービスも多岐にわたる。また，総務省『24年経済センサス活動調査』で，飲食店の常用雇用者規模別事業所数をみると，個人経営の事業主のみ従事の層が全体の35.2％，常用雇用者（正社員・正職員，パート・アルバイト）4人以下の層が37.9％（個人経営28.9％，法人組織9.0％）を占める一方，100人以上の層も0.1％とはいえ存在する。どの規模であっても食材調達の面で流通に関与はするが，小規模な個人経営の場合は一品目あたりの仕入れ量も少なく，近隣の小売業から購入することも多い。そのため，以下では比較的経営規模が大きく，多店舗展開しているフードサービス業を中心にみていくことにする。

　フードサービス業の流通，すなわち生産から消費者来店客が消費できる状態に至るまでのプロセスは，原体での生鮮食料品流通よりも複雑で多段階である。それには大きく3つの要因が影響している。第1に家計消費と比べると輸入品の使用率が高いこと，第2にカット野菜や冷凍調理品など輸入一次加工原料が使用されること，第3に仕入れる食材がメニューに規定され，店舗規模に合わせて多品種少量の品揃えが必要となること，などである。ただし，多段階であることが必ずしも非効率とはいいきれない。フードサービス業は，このような多段階の流通を経て食材を調達し，調理と提供を行うことによって消費者の調理の負担を減少させている。その意味では，フードサービス業はそもそも高コスト構造のビジネスといえる。

　フードサービス業の仕入れ状況を示したのが図表8-2である。生鮮野菜，貝類，海藻類は国産が中心であるが，畜産物と魚類では輸入品の取り扱いが3～4割を占める。輸入一次加工原料は，野菜が7万トン（2006年），水産物で

図表 8 − 2　フードサービス業の仕入れ全量に占める割合

単位：％

	国産品	輸入
生鮮野菜	96.7	3.3
生鮮果実	60.2	39.8
豚肉	66.9	33.1
牛肉	54.9	45.1
鶏肉	67.2	32.8
魚類	68.1	31.9
貝類	83.6	16.4
海藻類	93.1	6.9

注：上記のうち，
　・生鮮野菜，生鮮果実は「平成18年食品流通構造調査（青果物）報告」
　・豚肉，牛肉，鶏肉は「平成17年食品流通構造調査（畜産物調査）報告」
　・魚類，貝類，海藻類は「平成16年食品流通構造調査（水産物調査）報告」より作成。
出所：農林水産省，食品流通構造調査，http://www.maff.go.jp/j/tokei/kouhyou/syokuhin_kouzou/（2015-1-26参照）

は3万4,000トン（2004年）の仕入れがある。商品によって流通構造が異なるので一概には言えないが，輸入品や輸入一次加工原料は食品卸売業者や輸入商社を経由したり，自社直接仕入れであっても商流上は卸売業者が介在していたり，食品製造業を経由して仕入れたりすることが通例であるため，流通経路はより多段階になる（図表8−3）。

　フードサービス業の輸入食材の利用は，1980年代中頃から拡大し始めた。その流れを直接的に促したのは当時の円高の定着と内外価格差の拡大，農産物輸入自由化の政策である。しかし，フードサービス業が成長するにつれ，フードサービス業の仕入れのあり方と原体を主役に構築されている生鮮食料品流通との間に不適合が生じ始めたことも影響している。

　1970年代初頭に誕生したファミリーレストラン企業やファストフード企業は，1980年代にかけてチェーン・オペレーションやフランチャイズ・システム（FC）の手法を導入して店舗網を拡大し，成長を謳歌した。フードサービス産業は新興勢力として存在感を増していたが，生鮮食料品流通の仕組みは依然

figure 8 − 3　外食産業の輸入一次加工原料の仕入れ先別事業者数割合

輸入一次加工原料野菜

単位：％

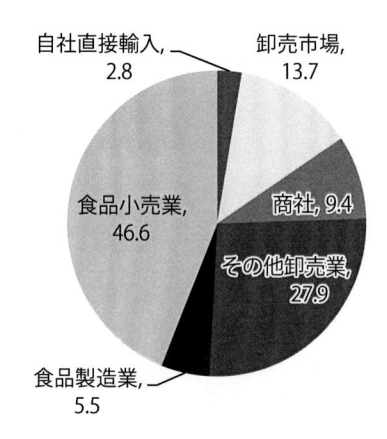

- 自社直接輸入, 2.8
- 卸売市場, 13.7
- 商社, 9.4
- その他卸売業, 27.9
- 食品製造業, 5.5
- 食品小売業, 46.6

出所：農林水産省，平成 18 年食品流通構造調査（青果物）報告，http://www.maff.go.jp/j/tokei/kouhyou/syokuhin_kouzou/ （2015-1-26 参照），p.26。

輸入一次加工原料水産物

単位：％

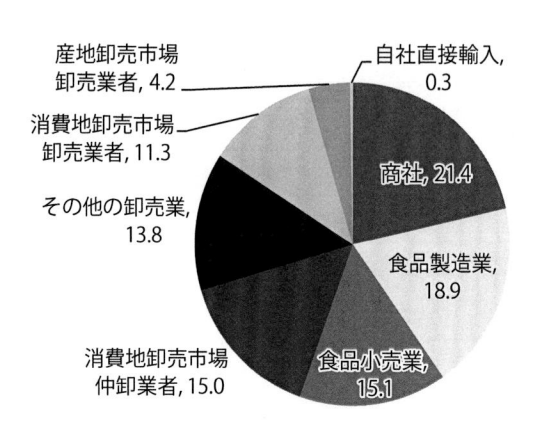

- 産地卸売市場卸売業者, 4.2
- 消費地卸売市場卸売業者, 11.3
- その他の卸売業, 13.8
- 消費地卸売市場仲卸業者, 15.0
- 自社直接輸入, 0.3
- 商社, 21.4
- 食品製造業, 18.9
- 食品小売業, 15.1

出所：農林水産省，平成 16 年食品流通構造調査（水産物）報告，http://www.maff.go.jp/j/tokei/kouhyou/syokuhin_kouzou/ （2015-1-26 参照），p.26。

図表8-4　量販店とフードサービス企業の仕入れ特性

	量販店（家計需要）	フードサービス企業
納入体制	一括納入	企業ごとに異なる，個店対応が必須
品揃え	定番中心，ある程度の流動性許容	メニューや事前商品計画に基づいて固定
仕入れロット	単品種大量	個店ベースでは非常に多品種少量
加工度	低い（原体が基本）	前処理が必要な場合が多い
取引価格	ある程度の範囲で変動は許容	固定が理想，高含みは許容不可
出荷条件	品目内で規格化，規格ごとに販売	歩留まり重視，用途によって外見重視

出所：伊藤匡美，2009，地域ブランドとフードサービス，日本フードサービス学会年報第14号，p.106 に加筆。

として原体のまま小売店で販売される経路を中心に据えていた。フードサービス業にとっての輸入食材は，自らの産業特性に適合しない既存の流通システムを補完するものとして機能したのである。

　図表8-4は，家計需要を支える量販店とフードサービス企業の仕入れ特性を比較したものである。フードサービス業特有の要因として，以下3つを挙げることができる。第1に，量販店と比べて，個店の1回あたりの仕入れが極めて多品種少量になることである。その理由は，フードサービス業の場合，全体としての企業規模は大きくても，1店舗あたりの規模は小さいからである。しかも部分的にせよ，季節ごとにメニューを差し替える場合には短サイクルで仕入れ商品が変化するため，取引先と柔軟な取引関係を築くことが必要である。第2に，アルバイト従業員が調理にあたることもできるよう，前処理を施して，店舗での調理作業を軽減する必要がある。自社のセントラルキッチンで行うか，外部の専門業者に委ねるか，なるべく原体に近いままで配送して店舗で調理できるようスタッフを育成するかは，それぞれの企業の判断に任させるが，メニュー開発段階から調整を重ねておくべき事項である。第3に，消費者に提供するメニューは事前に決まっているため，仕入れる食材は一定期間，一定量，一定品質，一定価格で固定されなければならない。生鮮食料品は自然環境に左右され，需給バランスによって価格が乱高下するのが特性であるが，フードサービス業にとってみると欠品は許されないし，仕入れ価格が高含みになれ

ば経営計画に影響を及ぼすことになる。

　つまり，フードサービス業が扱う生鮮食料品には，工業製品と同様の標準化が求められる。フードサービス業のニーズを起点に考えるならば，生鮮食料品に付随する自然環境リスクや価格変動リスクは生産者や流通段階で克服しなければならない。このため，経営規模の大きいフードサービス業にとっては，生産者が大規模で低コスト化が図られ，商社との間で事前に仕入れ価格が固定できる輸入食材の調達が望ましかったのである。

（3）新たな流通のあり方としての食と農の連携

　ただし，フードサービス業と輸入食材をめぐる風向きは今，変わりつつある。とりわけ野菜では2005年以降，輸入が減少傾向にある。その原因は輸入価格の上昇にある。輸出国（とくに中国）における生産・出荷コストの上昇とインフレの進展が元高や海上運賃の上昇が影響しているとされる[12]。これに加え，2000年代以降相次ぐ食品をめぐる不祥事と消費者の安全・安心志向の高まりを背景に，2000年代後半からは国産食材利用を促進するフードサービス企業も増加している。政策的にも，食料自給率向上や疲弊する地方の再生，農業・農村の所得上昇が推進されている。国内の生産者とフードサービス業が結び付き，付加価値を創造していくことの意義は大きい。

　「農」と「食」の連携を強めようとする動きはかねて見られる。農林水産省が関与したものをいくつか挙げると，古くは1978年に「外食産業等振興連絡協議会」が発足し，国産農水産物を外食産業に円滑に供給するためのシステム作りの検討が行われている[13]。1989年には，農業協同組合と食品・外食企業をオンラインで結び，農産物の需給情報を全国規模で提供する「国産原料情報システム」が稼働している[14]。2008年にはフード・アクション・ニッポンが立ち上げられ，国産農林水産物の消費拡大の取組みが進められている。

　以下では，フードサービス企業が主導権を握って進める食と農の連携の取組みを紹介したい。

◆ 食と農との連携を通じた企業価値の向上

ひとつめの例として取り上げるのは，株式会社モスフードサービス（以下モス）である。図表8－5は，同社の食材調達のおおまかな流れである。各地の生産者から，食材の状態に応じた複数の中間段階を経て，1,408店舗（直営店56，FC加盟店1,352，2015年2月末現在）に配送が行われている。店舗に配送されるのは食材だけではない。店内での飲食やテイクアウトも行っているため，包材や紙ナプキンなどの消耗品も配送することが必要である。同社では食材・

図表8－5　株式会社モスフードサービスの食材調達（代表的な食材のみ）

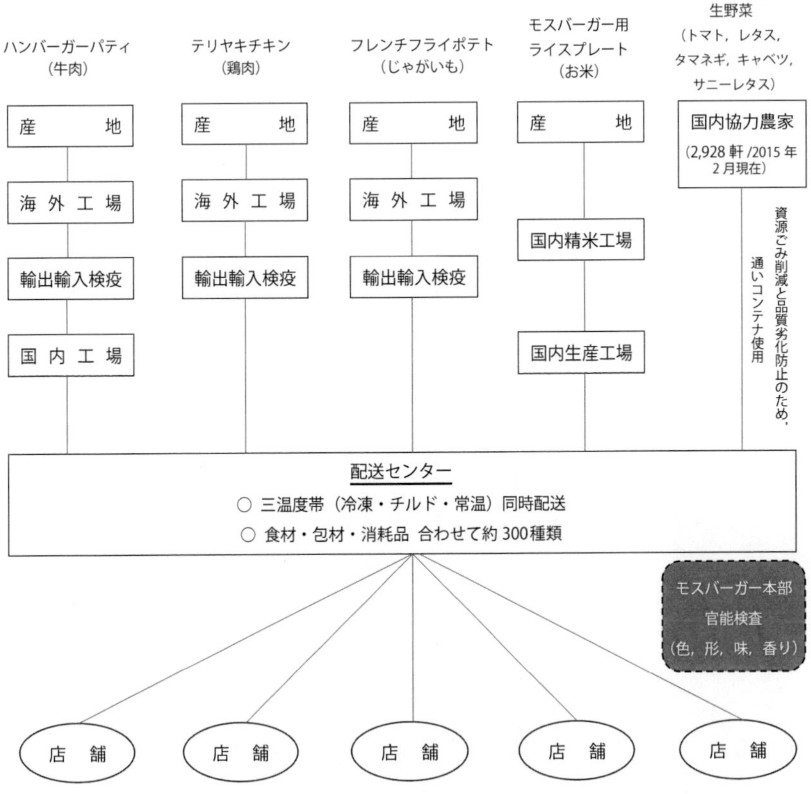

ハンバーガーパティ（牛肉）: 産地 → 海外工場 → 輸出輸入検疫 → 国内工場 → 配送センター

テリヤキチキン（鶏肉）: 産地 → 海外工場 → 輸出輸入検疫 → 配送センター

フレンチフライポテト（じゃがいも）: 産地 → 海外工場 → 輸出輸入検疫 → 配送センター

モスバーガー用ライスプレート（お米）: 産地 → 国内精米工場 → 国内生産工場 → 配送センター

生野菜（トマト，レタス，タマネギ，キャベツ，サニーレタス）: 国内協力農家（2,928軒/2015年2月現在）→ 配送センター（資源ごみ削減と品質劣化防止のため，通いコンテナ使用）

配送センター
○ 三温度帯（冷凍・チルド・常温）同時配送
○ 食材・包材・消耗品　合わせて約300種類

モスバーガー本部　官能検査（色，形，味，香り）

↓

店舗　店舗　店舗　店舗　店舗

モスバーガー　国内店舗1,408店（直営56店，FC加盟店1,352店／2015年2月現在）

出所：株式会社モスフードサービス ホームページ，食材がお店に届くまで，http://mos.jp/quality/trace/，を参考に筆者作成。

包材・消耗品を含めておよそ 300 種類を配送センターに一旦集め,そこから各店舗に向けて届ける体制が作られている。

モスは,フードサービス産業でいち早く,安全・安心へのこだわりが消費者への付加価値提供になることを見抜き,農業に関わり続けてきた企業である[15]。現在,同社が使用する生野菜はすべて国産であり,2014 年度時点で 3,411 軒を数える協力農家から調達を行っている。

モスの農業へ関与は 1992 年にさかのぼる。ハンバーガーにみじん切りで入っている「タマネギが辛い」という消費者の声と当時社会問題となっていた残留農薬への対応をきっかけに,北海道でタマネギ 150 品種の実験栽培を行ったのが始まりである。しかし,農業の経験がないため,なかなか成功には至らなかったという。

安全食材に強いこだわりをもつモスの関心が次に向かったのが,土壌作りであった。店舗で作る減農薬・減化学肥料の生野菜を調達するため,協力農家との取引を拡大し,1997 年には「つくり手の顔が見える,おいしくて安全な野菜を提供し続けます」という「新価値宣言」を発表し,社内にアグリ事業部を発足させた。

モスが農業への取り組みを深化させるきっかけは,群馬県の昭和野菜クラブ(現・株式会社野菜くらぶ)との出会いが大きい。生産者団体の野菜くらぶは現在,就農独立支援のほか,安全な野菜流通実現のため,生産者を組織し,契約する実需者の需要に見合った計画的な栽培・加工・販売体制を整え,需給をマッチングさせる事業を展開している。モスも野菜くらぶの協力を得て,産地リレーによる周年安定調達体制を構築した。

ここでひとつの問題が残った。モスで使用するトマトはバンズに合わせた大玉の L サイズだけが大量に必要となる。しかし,9 月から 11 月の全国的にトマトが不足しがちな時期は,協力農家だけでは調達に厳しさが付きまとった。このため,モスは共同出資という形式ながら,直接農業参入に踏み切った。それが 2006 年に設立した農業生産法人・株式会社サングレイス(静岡県掛川市)であり,全天候型耐候型ハウスでトマト生産を開始した。現在では,同じ形態による農業生産法人が 4 社設立されている。

モスが共同出資方式での参入を選択したのは，①生産者自身を社長に据えることで，生産者としての専門能力の発揮が期待できること，②収穫できるトマトはL玉だけではないため，外販ルートを確保しておく必要があること，③これまでの農業との関わりを通じて，地域との共生が農業参入の成功要件であると理解していたこと，によると考えられる。サングレイスが作り，野菜くらぶがモスの消費分以外については販売を担当し，モスが使うという棲み分けを通して，関与するメンバー全員の強みを活かした協働関係を構築し，相互のリスクを分散させている。

　モスの農業へのこだわりは企業文化となり，ステイクホルダーに企業価値を伝達し，相互の結びつきを強める手段となっている。それはいくつかのイベントの形にみることができる。モス主催で定期的に開催される「モス・アグリサミット」では，自社の農業生産法人で培われた生産ノウハウを全国各地のモスの協力農家に還元している。協力農家の若手生産者が一堂に会して，生産技術の相互交流を深めていくイベントとなっている。「産直フェスタ」は，FCの店長やスタッフが近隣の協力産地で早朝に野菜の収穫を行って，自ら直接店舗に運び，新鮮な状態で消費者に提供する試みである。原体のまま店舗に食材を納入し，仕込みを各店で行うモスならではのイベントといえる。FCにおいて，契約関係で結ばれた本部とFC店舗の関係は常に緊張関係にある。本部がFC店舗に提供する魅力によって，この関係は協調的にも対立的にもなりうる。産直フェスタは，FC店舗に産地を経験させることによって，店舗で自らが販売する商品価値への理解を深め，モスのFCへの帰属意識と愛着を高める効果がある。消費者に対しては「採れたてトマトのモスツアー」というトマト収穫やハンバーガーづくり体験，モス社員とのワークショップなども行っている。食材へのこだわりが顧客ロイヤルティの獲得にも一役買っている。

　モスの事例は，食材や流通との向き合い方が，フードサービス企業の提供する付加価値の創造につながった好例である。

◆　顧客価値を起点とした食と農の連携

　もうひとつの事例は，株式会社つばめである。つばめは1930年創業で，「ハ

ンブルグステーキ」と呼ぶハンバーグを看板料理として，東京と神奈川に店名「つばめグリル」など23店舗を展開する中堅の洋食レストランである[16]。

　つばめは，価格競争とは一線を画し，食材・料理に対するこだわりがひときわ強い企業である。料理には防腐剤や化学調味料を一切使用せず，素材から100％自社生産を行い，ハンバーグに利用する牛・豚は一頭買いである。使用する食材は，ごく一部を除いて国産食材である。

　つばめの食材へのこだわりは，取引先との長期継続的取引と情報共有に現れている。つばめは，優れた品質の食材を調達するには生産者の望む形での仕入れが必要だと考える。したがって，生産者が事前に年間の生産・販売計画を立てられるよう，基本的に一定価格での買い取り契約を結ぶ。仕入れ先の変更につながる可能性があるため，メインメニューはほとんど変更しない。季節ごとにスポットメニューは投入しても，6月の北海道産アスパラガス，10月の舞茸，11～2月の佐呂間カキのように，毎年同じ時期に同じ食材を使用する。このため，生産者は売れ残りや販売先探しの心配なく，生産活動に打ち込めるようになる。

　ただし，全量買い取り契約にはリスクが伴う。このリスクを軽減するのが，流通業者の存在である。たとえば一頭買いする牛の場合，つばめは生産者との間に流通業者を介在させて取引している。これによって万が一，つばめの料理に適さない品質であった場合でも，流通業者を通じて別の販売先を探すことが可能になる。つまり，流通業者が介在することによって，つばめは全量買い取りの契約を守り，生産者も返品や売れ残りのリスクを負担せずにすむのである。

　また，取引先と情報共有し，信頼関係を醸成することによっても，安定した品質の食材の確保に役立っている。ここでは生産者に情報をフィードバックさせる2つの活動を紹介したい。ひとつめは，「試食評価報告書」の作成である。前述したように，つばめでは看板メニューのハンバーグの食材として，牛の一頭買いを行っている。これを毎日担当者が試食し，肉質・脂質・さし・硬さなどをチェックして報告書作成し，生産者に送付する活動を続けている。こうした過程は，つばめの求める品質への生産者の理解につながり，安定的かつ継続

的な取引をもたらしている。もうひとつの取引先との信頼関係構築の方法として，つばめは産地での従業員研修を行っている。遠隔地の生産者が東京と神奈川を出店地域とするつばめの店舗に来る機会は，めったにない。つばめの例に限らず，実際に，生産者が自らの生産物がどのように消費されているのか見たことがないというのは，よく耳にする。一方で，フードサービス企業の従業員自身も，自らが調理する食材がどのように育成されているのかを知らないということもある。そのため，つばめでは，たとえば北海道では年1回，3泊4日程度で道内の生産者の元を巡回し，日頃つばめの店舗で提供しているメニューを生産者に食べてもらう機会を設けている。同時に，研修に参加した社員にとっては，食材に対する理解が深まる瞬間であり，料理に愛着を持って接客できるきっかけづくりの体験となる（図表8－6）。

図表8－6　(株)つばめ 産地研修の様子

出所：(株)つばめホームページ。

つばめの食材と料理に対するこだわりは，配送を重視する姿勢にもつながっている。つばめは現在，JR系商業ビルのテナントを中心に23店舗出店しているが，その出店地域は東京南部から神奈川県東部の比較的狭い範囲に集中している。これには「時間の経過とともに味は劣化する」という理念が反映されているという。つばめは港区の本社1階にセントラルキッチンを構えるが，デリで販売する一部の惣菜類や数日間の煮込みが必要なソース類を除いて，最小限

の下処理で各店舗に食材を配送し，店舗でその日に販売できる分量だけ，何回にも分けて調理するオペレーションとなっている。前述のように，つばめは防腐剤の使用が一切ない。そのため鮮度が命であり，その店舗は基本的にセントラルキッチンから車で90分以内のエリアに限定して出店されている。料理提供時点を起点として物流体制と出店政策がとられているのである。

　生産者の顔の見える高品質の食材を使い，添加物は使用せずに消費者に安全・安心を提供するということを自社の提供する価値とし，そのために生産者との長期継続的な取引関係を志向し，鮮度管理を中心に出店政策を考えるつばめは，顧客価値を中心にしたフードサービス企業のひとつの手本とみてよい。

4．流通の主導権を誰が握るか

　生産者とフードサービス業は，かなり古くから連携が望まれながらも，その間の溝は依然として深い。上記でモスとつばめの事例に触れたが，これらはいずれもフードサービス企業主導により生産・流通・フードサービス業が相互理解を深め，協調的関係を構築し，全体としての付加価値向上につなげていくことのできた成功例である。

　生産者とフードサービス業が連携していくためには，生産者は需要ニーズに敏感になり，高い歩留まり率やフードサービス業の規格にあった品種の生産に切り替えたり，フードサービス業の望む安定した量・質・価格に応えられるよう他の地域の生産者と協調したりすることが求められるだろう。また，フードサービス業の取引は契約取引となるため，自らのコスト構造を把握することも重要だ。フードサービス業にとっても，生産者の生産計画を起算してメニューを立案したり，規格や品質を明確に指定して生産者に伝えたり，自らのメニューを実現すべく各地の生産者同士を結び付けていったりすることが必要になる。

　原体流通が減少し，卸売市場に対する規制が緩和されていく下では，市場経由か市場外かという議論はもはや意味を持たず，生鮮食料品流通業者は生産と消費を架橋する，本来の商人としての役割を発揮する以外に活路は見いだせない。

生産者，流通業者，フードサービス業ともに原体のまま生鮮食料品が流通してきた時代の思考から抜け出す必要がある。制度によって定められた枠組みの中での共存ではなく，顧客ニーズを起点とした共生の発想が肝要といえる。それは同時に，自らに望ましい流通の形を，流通に関与する誰もがデザインできる時代の到来である。生産者が川下を組織化する流通も，流通業者がコーディネーター機能を果たして川上と川下を結び付けていく流通も，フードサービス業が川上を組織化していく流通もすべて成立しうる。ただし，自らの優位を発揮できる流通の形を戦略的にデザインできる企業が競争力をもち，価値を創造できることは確かである。

【注】
1) 鈴木安昭，1993，新・流通と商業，有斐閣，pp.69-71
2) 鈴木安昭・田村正紀，1980，商業論，有斐閣，pp.43-47
3) L. P. バックリン著，田村正紀訳，1966（訳 1977），流通経路構造論，千倉書房，pp.34-40
4) 鈴木安昭・田村正紀，前掲書，pp.64-66
5) 農林水産省，卸売市場の概要，農林水産省ホームページ，http://www.maff.go.jp/j/shokusan/sijyo/info/pdf/seido-gaiyou.pdf（参照 2015-2-1）
6) 木立真直，1996，卸売市場制度とは，秋谷重男・食品流通研究会編，卸売市場に未来はあるか，日本経済新聞社，pp.51-53
7) 農林水産省，卸売市場データ集（平成 25 年度版），農林水産省ホームページ，http://www.maff.go.jp/j/shokusan/sijyo/info/pdf/25_2.pdf（参照 2015-2-1）
8) 公益財団法人食の安全・安心財団『2014 年改訂版 外食産業データ集』，2015，pp.16-17
9) 農林水産政策研究所，2010，2025 年における我が国食料支出額の試算，農林水産省ホームページ，http://www.maff.go.jp/j/press/kanbo/kihyo01/100927.html（参照 2012-2-12）
10) 農林水産省，2013，加工・業務用野菜をめぐる現状，p.3，農林水産省ホームページ，http://www.maff.go.jp/j/seisan/kakou/yasai_kazitu/pdf/kg-yasai.pdf（参照 2015-2-10）
11) 前掲ホームページ，p.3
12) 藤島廣二，2008，自給率を高めるチャンス＝野菜輸入戦線に異常あり!?，藤島廣二・小林茂典，業務用・加工用野菜，農村漁村文化協会，pp.26-29
13) 日本経済新聞 1978 年 11 月 25 日
14) 日経流通新聞 1990 年 6 月 16 日

15) 伊藤匡美, 2014, モスフードサービスの農業参入―社会志向の企業風土が生む協働関係―, Agrio, 9号, 時事通信社, pp.7-8
16) 伊藤匡美, 2012, 外食企業と生産者の連携の形態と成果, 日本フードサービス学会年報, 第17号, pp.14-16

※当論文は, 東京国際大学平成26年度特別研究助成の成果の一部である。

第3部

フードサービスと社会対応

第9章 外食産業における食の安全・安心

1. 食の「安全」「安心」とは

　人間にとっての食は生きるための糧である。このもっとも根本的な食の意味を考えても，人間にとって「食べ物」は常に生存に利するものでなければならず，人間にとって「害がない」というのは，ある意味食における大前提であると考えてよい。したがって，食産業に関わるすべての企業や店舗は「安全」な食べ物を提供することが大前提であると考えなければならない。

　しかしながら，この人間にとって安全な食べ物を提供するということは食提供の前提でありながらも，それを100％実現することは不可能である。

　100％安全な食べ物はこの世界に存在しない，必ずリスク（危険性）は存在する，これもまた，食に関わる他方での大前提である。

　人間にとって害がない食べ物を提供しなければならないことと，100％安全な食べ物は存在しないことと，実はこの矛盾に対していかに折り合いをつけて解決していくかということを考えること，それが，食の「安全」に関わる提供者側の取り組みということになる。

　では，需要者側からみるとどうであろうか。食の安全に関しての意識は，国によって大きく異なる。ここでは，日本の生活者に限定して考えてみる。

　日本政策金融公庫による「消費者動向調査」は，アンケート調査ではあるが，継続的，定期的に実施されている調査であり，消費者の食に対する志向の変化を確認することにおいて参考になる。

　この調査における「現在の食の志向」の上位項目は，「健康志向」「経済性志

向」「簡便性志向」そして「安全志向」,「手作り志向」「国産志向」となっている。さらに,「今後の食の志向」に関しては,「健康志向」「経済性志向」に次いで「安全志向」の割合が高く,「簡便化志向」「手作り志向」「国産志向」となっている (2014年 (平成26年) 7月実施調査)。

消費者の志向は多様であり, その時々によって変化すると考えられるものの, ここに挙げられている上位の「志向」は, 生活者の食に対しての底流にある志向である。そして, 安全であることと健康であることは深く結びつき, 安全であることと経済性に富むことはときに相反する場合がある。

さらに, この調査で経年変化をみるとき, 消費者の「安全志向」が高い数値を示した時期には必ず食の安全にかかわる事件事故が発生していることに気づく。直近であれば, それまで下降傾向にあったこの志向の割合が再び上昇した2013年 (平成25年) 7月調査の前には, ホテル等でのメニュー偽装に関する公表が相次いだ。生活者にとって,「安全志向」が高まるのは,「不安」が醸成されるときと言って過言ではない。その不安も主としてマスコミによって報道される事件事故のニュースやネットでの情報から引き出されるものであり, その時々によって不安の種類も変化する。

食の「安全」は「安心」とセットにして語られることが多いが,「安全」と「安心」は異なる。この点も重要な点である。

安全はあくまで科学的に立証された人間に害がない状態を示すと考えられる。他方, 安心は人間の気持ちの問題である。食べて害がないと思われるもの, 食べても大丈夫だと「信頼」できるもの, これが「安心」な食べ物である。

図表9-1は, 安全と危険, 安心と不安という二つの軸で生活者における食の安全・安心の構造を説明しようと試みたものである[1]。

Aの領域は,「安全・安全」であり, これは「当然である」状況と受け止められる。Bは「危険・安心」であり, これは, 生活者において「情報不足あるいは誤解」のある状況である。Cは「危険・不安」であり, これも「当然である」状況としてとらえられる。Dは「安全・不安」の領域で, 実はこの領域がもっとも難しい領域ということになる。安全であるのに不安がある, というのは, 生活者にとっては, 何らかの疑問を抱いている状態で, そこに欠如してい

図表9-1 安全・危険、安心・不安の関係

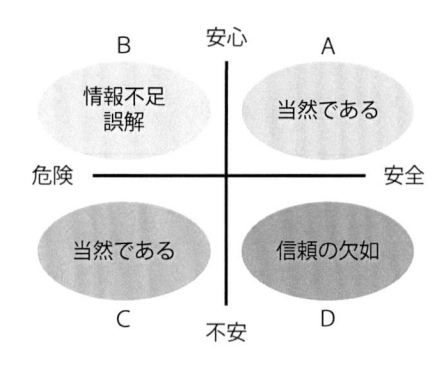

```
           安心
    B       |       A
 情報不足    |    当然である
  誤解      |
           |
 危険 ——————+—————— 安全
           |
    C       |       D
 当然である  |   信頼の欠如
           |
           不安
```

るのは「信頼」であると考えられる。信頼があれば，安全であるといわれれば安心できる。しかし，信頼がない，不信がある，という場合は，安全＝安心という式が成立しない。この領域こそが，食提供者にとっては最も注意を払わなければならない領域なのである。

　この章では，外食における安全・安心の問題について，主として，過去の食をめぐるさまざまな事件事故について確認するとともに，そこから何を学び，今後の取り組みにどのように活かしていくのかについて考えていきたい。

2．食におけるリスクをめぐって
　　—これまでの事件事故から学ぶこと

（1）O157の集団食中毒まで

　日本における食の安全・安心をめぐる様々な事件や事故は昨今に始まったことではない。1950年代にはヒ素が混入していた粉ミルクを引用し多数の死者や中毒患者が発生しヒ素ミルク中毒事件や，高度成長期といわれる1960年代にかけてのメチル水銀化合物で汚染された水を原因とする水俣病の発生，さらに食用油にポリ塩化ビフェニル等が混入してダイオキシンに変化して皮膚障害等の中毒を発生させたカネミ油症事件など，社会的に深刻な被害を引き起こした。また，今日食品表示に関する問題は後を絶たないが，1960年にコンビー

フや牛肉大和煮等の缶詰の約9割の材料が馬肉や鯨肉であったという表示に関する問題が発生している。1980年代では，82年に札幌のスーパーで食中毒が発生し，患者は7,000名を超えた。84年にはボツリヌス菌による辛子レンコン食中毒事件が発生し，これによる死者は11名となり，食中毒を起こした企業は倒産した。86年には腸炎ビブリオによる食中毒も増加し厚生省は「生食要魚介類の腸炎ビブリオ汚染対策検討委員会」を発足させた。

そして，90年代に入り，一地域，一企業に留まらない，日本全国そして食を取り扱う業界全体にまでおよぶ食の安全・安心を脅かす大きな事件事故が発生した。一つは，1996年の春，英国で牛海綿状脳症（Bovine Spongiform Encephalopathy，略してBSE）牛による人への感染の可能性が正式に発表され，輸入牛肉を取り扱う外食産業や小売業に大きな影響を与えた。さらに，同年5月末，岡山県邑久町で集団食中毒が発生し児童331名の発症者のうち1名が死亡するという病原性大腸菌O157による食中毒事件を発端に，夏にかけて全国にO157による集団食中毒が拡大していった。有症者9,451名，死者12名という被害となった[2]。8月7日，厚生省は原因究明に関する中間報告を行い，貝割れ大根の原因可能性は否定できない旨を発表し，さらに9月には特定施設から出荷された貝割れ大根が原因として最も可能性が高いとする最終報告が行われた。こうした経緯のなか，貝割れ大根をサラダ等に使用していた外食産業はもとより，特定された施設以外の農家にまで大きな影響を及ぼす。それ以外にも牛肉や鮮魚等にも原因の可能性があるとされ，外食産業は大きな影響を被った。そのほかにも，一部野菜がダイオキシンに汚染されているのではないか，といった風評被害も生まれるなど，生活者の食への不安は強まった。

1999年から2000年にかけては遺伝子組み換え食品（Genetically Modified Organisms）が注目された。国際連合食糧農業機関（Food and Agriculture Organization of the United Nations（FAO））と世界保健機関（World Health Organization（WHO））が1963年に設立した食品の国際基準（コーデックス基準）を作る政府間組織であるコーデックス委員会（Codex Alimentarius Commission（CAC））によって，（遺伝子組み換え食品に関する基準作成に向けた取り組みが本格化した。日本では遺伝子組み換え食品に関する表示義務に関する法律が2001年4月に施行され，

それまで生活者にはそれほど意識されていなかったと思われる「遺伝子組み換え食品」についての意識が醸成されることになる。

　O157による食中毒事件は，外食産業をはじめとする食業界に従来以上の食の安全管理の重要性を再認識させ，新たな衛生管理手法を根付かせることにもなった。日本マクドナルドは1996年から既存取引先の全食材工場に関してHACCP導入を完了し，翌年1997年からはHACCP導入を新規取引の条件として食品メーカーなどに求めるという取り組みを始め，大手小売業のイトーヨーカ堂やジャスコなども精肉分野を中心にHACCP導入に取り組んだ。また1997年には日本フードサービス協会（JF）が加盟各社に向けたHACCP構築のためのマニュアル作成を行うなど，外食産業において，より合理的かつ効果的な衛生管理「手法」導入への機運が高まった。しかしながら，HACCPを「導入する」ことだけで，安全が確保され保証されるものではない。そのことを露呈させたのが，大手乳業メーカーの食中毒事件である。

（2）乳業メーカーの大規模食中毒事件と相次いだ食品事故

　2000年6月末，大手乳業メーカーの「低脂肪乳」等を原因とする食中毒事件が発生した。有症者数は14,780名という規模の大事件となった。「低脂肪乳」からは黄色ブドウ球菌が発見され原因物質と特定された。また，黄色ブドウ球菌は，脱脂粉乳の製造過程において起こった停電の際に増殖され，それを再利用した脱脂粉乳によって食中毒が起こったと考えられた[3]。

　この事件は「食」に携わる企業のみならず，企業のリスクマネジメントに関しても様々な教訓を残す事件となる。厚生省による事件の最終報告書では，「原因食品の汚染源となった脱脂粉乳の製造工程の黄色ブドウ球菌の増殖に係る要因が推定されたことから，類似の食中毒事例の再発を防止するため，衛生基準の策定，HACCPの導入等の措置を講ずることが必要」と述べられていたが，同メーカーは1998年には全工場にHACCPをすでに導入していた。HACCPの「導入」は食の安全保証に繋がらなかった。報告書では，「衛生管理のずさんさや製造記録類の不備等，食品製造者としての安全性確保に対する認識のなさ」について厳しく反省を迫った。

第9章　外食産業における食の安全・安心 | 157

　このように全工場でHACCPを導入していたにも関わらず，安全管理が徹底されなかったという点は問題視され，この事件の様々な報道から一般の生活者が広くHACCPという存在を知り，しかしながら他方ではこうした衛生管理基準は役に立たないのではないかという不信感を持たせる結果となった。また，脱脂粉乳の「再利用」についても，一般消費者が知ることがなかった工程であり，科学的に安全性に何ら問題がない工程であっても，「再」利用するという言葉の響きが，ある種の不安や疑問を抱かせることになった。

　また，報告書では，事件公表の遅延による被害者の増大についても指摘しているが，6月27日に最初の届け出が出されて以降，7月1日に企業側が初めて記者会見を行った。世間がこの事件についてさらに厳しい目を向けたのも，この際テレビで映し出される記者会見等での社長の言動によるものも大きかった。エレベーターから降りる社長への記者からの問いかけに「私は寝てないんだ」と答える姿が繰り返し報道され，視聴者の企業への不信感のみが残る結果となった。おりしも，その時期，企業による事件事故対応の記者会見が世間の耳目を集め，参天製薬の脅迫事件から発する目薬のリコール問題への早急に適切な対処が信頼回復に繋がった例もあったが，企業におけるこのような経営幹部のマスコミ対応も含めた「リスクマネジメント」の必要性，重要性が問われることとなった。

　厚生労働省が指摘する2000年の主な異物混入による商品回収等は図表9－2のとおりである。

　ところが，実際には上記の食中毒事件発生以降，7月から8月にかけて，飲料や菓子，冷凍食品等への昆虫の死がいや針金，陶器のかけら等の混入など「異物混入」事件・事故の多発と，「風味異常」等のクレームによる製品回収が多発した（図表9－3）。明らかな異物混入以外も多様なクレームが寄せられているが，異物混入のクレームの増加自体も上記の乳業メーカーの食中毒事件発生により，食の安全についての不信感が増幅されたことに因るものも大きいと考えられている[4]。

　この経緯を当時の新聞では，消費者が「異常に敏感」になっているということを指摘している（日経MJ，2000年8月20日付）が，一連の事件によって食に

図表 9 − 2　2000 年の「主な異物混入による商品回収等」

異物混入等	品目	内容	行政処分	指導内容
銅線混入	菓子（栄養調整食品）	・製造工程に使用しているパイプの摩耗によるパイプに含まれている銅製ワイヤーの混入	・法第4条違反としての22条に基づく回収命令	・パイプの目視チェック等衛生管理につき改善指導
陶器片混入	洋菓子	・洋菓子製造施設内で破損した陶器の混入	・法第4条違反としての22条に基づく回収命令 ・営業停止3日間	・衛生管理につき改善指導
針金の混入	米菓	・米菓の受け容器に，金網コンベアの連結留め具が混入 ・金属検出器の作動確認が不十分	無	・金属探知機の作動確認につき指導
シリカゲルの混入	エビドリア用ソース	・充填機内の原料貯蔵品の品質保持のために使用した袋入りのシリカゲルの除去を忘れたため混入	無	・シリカゲルの取り扱い，清掃等の手順書の作成につき指導
ハエの混入	清涼飲料水（トマトジュース）	・充填ラインでハエが混入	無	・昆虫侵入防止対策につき指導

出所：厚生労働省 2000 年 12 月策定「食の安全推進アクションプラン」より抜粋
　　　（参照 URL：http://www.mhlw.go.jp/topics/0101/tp0118-1.html）

対する「不信感」が一気に表出した典型的な「時期」であったかと考えられる。ちなみに，2001 年 2 月の農林漁業金融公庫（現日本政策金融公庫）による「食品の安全性に関する意向調査」において，「食の安全性に対する関心の度合い」は「以前はあまり高くなかったが，最近は高くなった」という回答が最も多いという結果が出ている。

（3）BSE 問題—国内と米国での発生の影響

　2000 年から 2001 年前半にかけては欧州での BSE 牛問題の深刻化や豚の口蹄疫発生等の報道によって，スーパーでも牛・豚肉が敬遠されるなどの影響がすでに出ていた。

第 9 章　外食産業における食の安全・安心　| 159

図表 9-3　2000 年 7 月～8 月での主な食品回収

月	日	企業	理由	回収対象
6	29	A 乳業	消費者が吐き気や下痢	低脂肪乳約 30 万本
7	5	A 乳業	同上	A 工場全製品約 1,100 万個
	6	B 乳業	風味異常	乳飲料約 26 万本
	11	A 製パン	かび	菓子パン約 2 万個
	13	C 乳業	風味異常	B 工場製牛乳約 22 万本
	13	B 製パン	かび	調理パン約 2 万個
	13	D 牛乳	風味異常	牛乳約 5 万本
	15	A 食品	かび	ゆでめん約 10 万食以上
	15	A 飲料	風味異常	スポーツ飲料約 137 万本
	16	B 製パン	風味異常	デザート約 70 万個
	16	C 製パン	かび	パン約 7,700 個
	18	E 牛乳	風味異常	牛乳約 8 万パック
	19	A スーパー	腐敗	豆腐 8,000 個
	21	B 食品	開栓時に中身が噴出	ドレッシング約 5,800 本
	21	C 食品	乾燥剤混入	レトルト食品約 2 万個
	27	A 商会	リステリア菌検出	デンマーク産ハム約 2 万パック
8	3	D 食品	ヤモリの死がい混入	コーンの缶詰約 3 万個
	3	A 製菓	針金の混入	せんべい約 600 袋
	5	A 製パン	風味異常	デザート約 11 万個
	8	A 飲料	ハエの死がい混入	トマトジュース約 61 万本
	11	F 乳業	異臭	チーズ約 28 万個
	12	B 製菓	トカゲの死がい混入	ポテトチップス約 6 万袋
	16	E 食品	プラスチック片混入	冷凍食品約 1 万個
	17	F 食品	異臭	シリアル約 44 万個
	17	G 食品	異臭	牛乳約 5 万本
	17	C 製菓	虫の死がい混入	チョコレート菓子約 2 万個
	18	H 食品	クモの死がい混入	レトルト食品約 1,800 個
	23	I 食品	ガラス片混入	トマトソース等缶詰約 29 万個

注）日付は回収開始日
出所：日経流通新聞，2000 年 8 月 29 日付　記事の表を一部改変。

　そのようななかで，農林水産省は 2001 年 9 月 10 日に日本国内において初めて BSE 感染の疑いのある乳牛が 1 頭発見されたことを公表した。その後 22 日には正式に BSE 感染が確認される。牛は乳牛で食肉牛ではない旨も発表されたものの，上記のような一連の食に関わる事件を経ていた外食チェーン企業の多くは，報道された 11 日には店頭に使用している牛肉の安全性を訴えるポスター等を掲示し対応した。とはいえ，2001 年から 2002 年にかけて外食企業，とくに牛肉を主としたメニューを提供する企業への影響は小さくなく，それま

で好調であった焼き肉チェーンの売上減少は大きく倒産する企業まであった。

　国内のBSE牛に関しては，農林水産省が2001年10月4日に発症原因の可能性が高いとされている肉骨粉の飼料利用の完全禁止を行い，10月18日からは厚生労働省がと畜場における牛の全頭検査の実施を開始し，全月齢の頭部（舌および頬肉をのぞく），脊髄，扁桃および回腸遠位部の除去，焼却の義務付けを行った。全頭検査以降，2009年1月を最後に現在までに発見されたBSE牛は全部で36頭である。なお，2013年7月1日からは厚生省は全頭検査について検査対象を48カ月を超える月齢の牛に絞る等のBSEに関する対策の見直しを行っている。

　2003年5月にはカナダ，12月に米国においてBSE感染牛が確認され，12月24日より米国産牛肉の輸入が停止された。ステーキ，焼肉，そして牛丼など，肉を主要メニューとして，しかも北米から主として原材料を輸入していた外食企業は軒並み大きな影響をこうむることになる。牛丼チェーンでは，次々に牛丼販売を中止せざるを得なくなり，豚肉を使ったメニュー等代替メニューの提供を行った。この牛肉輸入停止は約2年間続き，2005年12月に米国およびカナダ産牛肉等については20ヶ月齢以下の牛由来等を条件として輸入が再開された。

　牛肉という外食企業にとって主要な食材の問題は，単なる食材調達の問題だけではなく，リスクマネジメントとしてのメニュー政策に関しても問題提起することになる。従来，外食においても「売れ筋メニュー（商品）」すなわち「強いメニュー（商品）」を作ることはマーケティング視点から行っても重要なメニュー政策であった。しかしながら，食材のリスクを考えると，「強いメニュー」が一品であることは十分とは言えない。「代替メニュー」ではなく，常日頃から「強いメニュー」を複数保持しておくことが，食材のリスクマネジメントにとって重要であることが示されたといえる。

（4）多発する事件事故と醸成される消費者の意識

　図表9－4はこの2001年国内でのBSE牛感染が発生して以降の，食の安全に関する事件事故を取りまとめたものである（農林水産省，2013，厚生労働省，2013，消費者庁，2014等を参照。一部改変）。

第 9 章　外食産業における食の安全・安心 ｜ 161

図表 9 − 4

年月	食の安全・安心をめぐる主なできごと（2001 年 9 月〜）	備考
2001 年 9 月	国内で初めて BSE 感染牛が確認される。	
12月	中国産冷凍ほうれん草から基準値を超える残留農薬が検出される。	
2002 年 1 月	大手食品メーカーの牛肉における原産地の不正表示・偽装事件が発覚し，その後も類似の事件が次々と表面化する。	不正表示・偽装
2003 年 7 月	食品安全基本法が制定され，食品安全委員会が発足する。	
2003 年12月	米国で BSE 感染牛が確認される。	
2004 年 1 月	国内で高病原性鳥インフルエンザが発生する。	
2004 年 1 月	米国等 BSE 発生国の牛の脊柱を含む食品製造，加工，販売などを禁止する。	
2006 年10月	有名菓子メーカーの賞味期限切れ原料使用が発覚する。	不正表示・偽装
2007 年10月	地本の名産菓子メーカーによる賞味期限偽装問題が発覚する。	不正表示・偽装
2007 年11月	食肉加工企業による食品偽装表示事件が発覚する。	不正表示・偽装
2008 年 1 月	中国産冷凍餃子に混入された有機リンによる食中毒事件が起こる。	食中毒
2008 年 9 月	消費者庁が発足する。	
2008 年 9 月	米の販売・加工業者による非食用米の食用販売という不正流通が発覚する。	不正表示・偽装
2008 年 9 月	中国から輸入した食品の原材料の一部にメラミンが混入されていたことが発覚する。	
2009 年 6 月	外食チェーン店の成形肉による O157 中毒事件等が複数発生する。	食中毒
2011 年 3 月	東日本大震災による原発事故後，食品の放射性物質の暫定基準値が設定される。	
2011 年 4 月	外食チェーン店における牛肉の生食による O111 食中毒事件が発生する。	食中毒
2012 年 7 月	牛肝臓の基準を制定，生食用の販売を禁止する。	
2012 年 8 月	浅漬けによる O157 食中毒事件が発生する。	食中毒
2013 年 6 月	テーマパーク，ホテル等でのメニュー表示や食材の偽装等の問題が相次いで発覚する。	不正表示・偽装
2013 年 7 月	BSE 検査対象範囲を全頭から 48 か月齢を超える牛に変更する省令が施行される。	
2013 年12月	冷凍食品メーカーでの社員による農薬混入事件が発生する。	
2014 年 7 月	大手外食チェーン企業や CVS の商品を製造していた中国の鶏肉加工業者が使用期限を過ぎた肉を使っていたことが発覚する。	
2014 年12月	人気カップ麺に異物混入が発見され，SNS 等ネットで情報が拡散し，メーカーは工場改修のため生産を中止する。	異物混入
2015 年 1 月	大手外食チェーン店の製品に異物混入が発見され，ネットで情報が拡散する。	異物混入

参考資料：消費者庁「平成 26 年版消費者白書」。
　　　　　農林水産省食料産業局「食の安全と消費者の信頼確保に関する取組について」2013 年 11 月。
　　　　　厚生労働省医薬食品局「食の安全確保に向けた取組」2013 年 3 月。

2002年も食の安全を揺るがす様々な事件事故は続いた。農林水産省によるBSEの全頭検査前の国産牛肉買い取り制度を悪用した不正事件である。大手食肉企業をはじめ数社が輸入牛肉を国産と称し偽装して申請を行い，助成金を不当に得ていた，あるいは得ようとしていたことが発覚した。この事件では先の乳業メーカーの子会社が含まれていたこともあり，企業あるいは企業グループの体質そのものが問題視されることとなった。

同年5月にファストフード企業の輸入肉まんに非認可の添加物が含まれていたことが発覚し，その後9月に同社では餃子に小石が混入していたことに関して説明不十分なまま販売中止にするなど企業の対応が問われた。同年5月には中国産冷凍ほうれん草から基準値を超える残留農薬が見つかり，ファミリーレストラン各社がほうれん草を使ったメニューの販売を一斉に中止するという事態になった。その後，中国産の冷凍枝豆や活ウナギや冷凍白焼きから合成抗菌剤が検出されるなどで，輸入食材に対する不信感が高まり，使用する外食産業は対応に追われることとなった。

先にみたように，2003年にはカナダ，米国でBSEが発生し，翌年2004年には国内で鳥インフルエンザが発生した。

2006年には有名菓子メーカーの賞味期限切れ原料使用の問題が発生したのに続き，同じく地方の有名菓子メーカーの賞味期限偽装問題が起こった。さらには食肉加工メーカーが主として豚肉を使ったひき肉を牛ミンチとして出荷していた事件や鶏肉加工メーカーが比内鶏と称して一般の鶏肉を販売していた事件等の食品偽装事件が相次いで起こる。外食産業においては，2007年有名高級料亭の製品に消費期限の改ざん，産地等表示の偽装などが行われていたことが明らかになる。各社ともに経営者あるいは経営幹部らが把握あるいは指示していた偽装であり，食肉加工メーカーや有名高級料亭の事件は，当初ミスとして責任を回避しようとしていたことが，社会の一層の批判を受け不信感を募らせることになる。

2008年1月には，中国で加工された冷凍餃子による有機リン中毒が発生した。日中双方に被害者が出た事件であり，のちに製造元の工員が殺虫剤を故意に餃子に注入したということが判明した。9月に入って大手食品メーカーが注

目から輸入した製品の原材料にメラミン混入が認められ自主回収する等，再び中国産製品に対する不信感が大きくなっていった。

また，この年の9月には米の販売・加工業者が事故米を食用として販売していたことが判明した。

2009年9月にはステーキチェーン2企業で角切りステーキを原因とするO157食中毒が発生した。いずれも結着等の加工処理を行った成形肉が原因で，中心部を75℃で1分間以上またはこれと同等の過熱効果を有する方法で加熱調理がなされていることといった基準が充分に守られていないといったことが指摘された。このとき，一般消費者は，角切りステーキが「成形肉」であったことを知った。ただし，この時点では，マスコミも一般消費者もそのことを大きく問題視することはなかった。

2010年は大きく報道されるような事件事故はない年であったが，翌年2011年3月，東日本大震災による原子力発電所の事故後，放射線の問題が起こった。厚生省はすぐに放射性物質の暫定規定値を制定したが，消費者の安全性に関しての不安は払しょくできず，見直しを行い放射性物質を含む食品からの被ばく線量の上限を年間5ミリシーベルトから年間1ミリシーベルトに引き下げ，それに基づき放射性セシウムの基準値を設定した。この問題の難しさは，安全基準の根拠を明確にしにくく，被害も短期的ではなく長期的に考えられなければならないところにある。ある程度科学的に解明できる事象においても「分からない」ものに対して生活者は不安になる。ましてや，専門家においても意見が分かれるというさまを様々な報道等で目にした消費者はますます不安を募らせ，様々な食材に関して敏感になった。外食産業においても，復興支援の一環として被災地の生産物を取り扱うメニューを提供するといった取り組みを行う一方で，敏感な消費者に対しては産地表示や検査結果等を開示することによって「不安」の払拭をはかった。

この年4月には焼肉チェーン店が加熱用食肉を生食（ユッケ）として提供して，集団食中毒（O111）が起こり，5人が死亡するという事件となった。10月には牛肉の「生食」の提供に関して規格基準が設定され，さらに2012年7月には牛肝臓に関して生食用としての販売は禁止されることとなった。焼肉チ

ェーン店事件そのものは鮮度の落ちた加熱用肉を生食用として提供したことにあり、生食そのものに問題があるわけではない、さらになぜレバーまで制限するのかといった批判も出た。

重大な食中毒事件は2012年にも起こる。8月には漬物加工メーカーが生産した浅漬けによる腸管出血性大腸菌O157を原因とする集団食中毒が発生し、8人が死亡するという事件が起こった。同メーカーは以前にも保健所からの指導を受けていた。

このように、2000年以降も様々な事件事故が発生し、食品偽装、従業員による一種の「フードテロ」、放射線問題、肉の生食の問題と、少なくとも生活者にとっては「新たな」問題が起こった。

(5) 昨今の食品表示をめぐる問題

上述のように、2007年前後には菓子メーカーに端を発した様々な食品偽装事件が社会を騒がせ、企業のコンプライアンス（法令順守）が強く問われた。

食品表示に関しては、従来、食品衛生法、JAS法、健康増進法という三つの法律によってそれぞれに表示義務等について定められていたが、これを一元化する「食品表示法」が2013年6月に成立し、2015年6月までに施行される予定となっている。また、2009年の消費者庁発足に伴い、こうした食品表示に関しては同庁が管轄となった。

外食産業における表示に関しては、2005年7月に「外食の原産地表示ガイドライン」が策定され、2008年6月には社団法人日本フードサービス協会（現一般社団法人日本フードサービス協会）による「外食産業の信頼向上のための自主行動計画」が策定されるなどの取り組みが行われている。

しかしながら、2013年6月にホテルやテーマパークでのメニュー偽装、10月にもホテル、レストラン、百貨店等で食品表示等問題が相次いで発生した。これは、「芝海老」と表示しながら実際には「バナメイエビ」を使用していたり、牛肉のステーキとして、牛脂等を注入した加工食肉製品、いわゆる「成形肉」を使用していたり、といった「景品表示法」で定めるところの優良誤認の表示（商品またはサービスの品質、規格その他の内容について、一般消費者に対し、実

際のものまたは競争事業者のものよりも著しく優良であると誤認させる表示）にあたるとされた。

　こうした一連の問題を受け，消費者庁は2014年3月に「メニュー・料理等の食品表示に係る景品表示上の考え方について」(http://www.caa.go.jp/representation/pdf/140328premiums_5.pdf) を策定発表し，関係団体等への周知を図る。

　この食品表示問題についても，10月22日ホテルのメニュー表記問題についての発表を受け，PIO-NET[5]での食品表示問題に関する相談は一揆に跳ね上がった。10月には101件，11月には318件とピークに達し，その後12月には71件，1月には56件と減少していった（消費者庁，2014）。

　この一連の事件が報道されるなかで，消費者の受け止め方は多様であったと言ってよい。消費者庁が2014年3月に行った「消費生活に関する意識調査」によると，「食品表示問題への感想」という項目では「偽装は問題だが処分よりも今後の再発防止が重要」という回答を選んだ人は40.7％，「厳しい処分をしてほしい」と回答した人の22.6％であった。他方で「どこでもやっていることで正直に公表した事業者だけを批判するのはおかしい」という回答を選んだ人は11.0％，「特に健康被害があったわけではないのに，ここまで騒ぐにはおかしい」は7.3％であった。

　報道では様々なエビを食べ比べて違いがわかるかどうか（一般には分からない）といった検証を行っている番組もあったが，エビにもこれだけの種類があるのか，角切りステーキの際には確かに一時期話題にはなったものの，成形肉がそこまで浸透しているのかなど初めて知った，という一般の消費者も多かったのではないかと考えられる。

　アレルギー対応についても今後の大きな課題である。

　容器包装された加工食品におけるアレルギー表示義務については，「食物アレルギー症状を引き起こすことが明らかになった食品のうち，特に発症数，重篤度から勘案して表示する必要性の高いもの」については「特定原材料」として定められており，「卵，乳，小麦，落花生，えび，そば，かに」の7品目の表示について義務付けられている。さらに，「食物アレルギー症状を引き起こ

すことが明らかになった食品のうち，症例数や重篤な症状を呈する者の数が継続して相当数みられるが，特定原材料に比べると少ないもの」については「特定原材料に準ずるもの」として，「いくら，キウイフルーツ，くるみ，大豆，バナナ，やまいも，カシューナッツ，もも，ごま，さば，さけ，いか，鶏肉，りんご，まつたけ，あわび，オレンジ，牛肉，ゼラチン，豚肉」の20品目を定め，表示を推奨している。

原産地表示と同様にアレルギー表示についても法的義務は現在はない。しかしながら，ファストフードやファミリーレストラン等，とくに子供を対象としたメニュー等でのアレルギー対応は必要で，各社とも自主基準に基づいて表示等を行っている。

＊　＊

食の「安全志向」は常に底流にあると先に述べた。ただし，人々は上でみてきたような様々な「歴史」のなかで，多様な体験と新たな知識と大量の情報を得て，現在に至る。したがって，以前は「知らなかった」ことも既知のこととなり，ますます「安全」に対する感度が高まる，という状況に変化してきていることを忘れてはならないだろう。

3．食の安全の確保と保証のための取り組み

（1）食中毒の原因

食中毒の主たる原因としては以下のようなものが考えられている。厚生省のWEBページではそれぞれの原因に対する事業者への対処法が示されている[6]。

① 細　菌

細菌による感染で，腸管出血性大腸菌（いわゆるO157），カンピロバクター，リステリア，サルモネラ，黄色ブドウ球菌，腸炎ビブリオ，ウェルシュ菌，セレウス菌，ボツリヌス菌などがある。

② ウイルス

　ウイルスでは，ノロウイルス，E型肝炎ウイルスなどがあるが，ノロウイルスについては，従前は「胃腸炎」として捉えられていたケースも少なくなかった。

③ 動物性ならびに植物性自然毒

　動物性自然毒としてフグ毒や麻痺性貝毒などが挙げられる。フグ毒（テトロドトキシン）は死亡する可能性もある猛毒で，フグの取り扱いについては，通知「フグの衛生確保について」（昭和58年12月2日環乳第59号，厚生省環境衛生局長通知及び環境衛生局乳肉衛生課長通知）によって衛生対策が定められている。フグ調理には免許が必要である。

　植物性自然毒としては，毒キノコが代表的だが，その他にもアジサイ等様々な自然毒がある。

④ 寄生虫

　寄生虫としては，アニサキスやクドアなどが挙げられる。

　アニサキスは，幼虫がサバ，アジ，イカ，イワシ，サンマなどの内臓に寄生しているが，鮮度が落ちると筋肉へ移動する。アニサキス幼虫は目視でも確認できる。さらに，60度で数秒，70度以上では瞬時に死滅し，−20度で24時間以上冷凍すると死滅する。したがって，調理の際には内臓を取り除き生で提供しないようにすることが望ましいとされる。クドアは生のヒラメに見られる寄生虫である。

　その他，化学物質等が挙げられている。

　このように原因を挙げてみると，外食産業にとっては，これらの原因要素の危険性を「すべて」取り除くということは不可能であることが分かるだろう。分かりやすい例で考えれば，アジやイワシやサンマの刺身は提供するだけでもリスクになる。ノロウイルスも，カキなどの食材が原因となる場合が多いが，実際には原因が特定されない場合も少なくない。

　そして，食中毒は発生した時点で「事故」であり，行政処分が下される。100％の予防はできないのは前提だが，いかにリスクをゼロに近づけるかがこ

こでも問われるのである。さらに，事後の処理について，スピードと的確性が問われる。被害にあった利用者への対応は適切か，報告や対処は早く組織的に行われているか，原因追求が正確に行うことができる手段を持っているか，これらは「当たり前」のことと考えられなければならない。

（2）安全確保・保証の手段としての HACCP と Traceability

　ここで，上述でみてきたような食の安全・安心に関わる企業の取り組みとして，安全を確保し，安全を保証するために確認しておくべき手法がある。

　一つは，HACCP（ハサップ，ハセップ，エイチエイシーシーピー）である。HACCPとは Hazard Analysis Critical Control Point の略語であり，日本語訳としては，危害分析（Hazard Analysis）・重要管理点（Critical Control Point）であるが，これはそういう衛生管理の手法であるということを鑑みて，「監視方式」と付け加えられることもある。HACCPは，食品の製造や加工の工程のあらゆる段階で発生するおそれのある微生物汚染等の危害をあらかじめ調査分析（Hazard Analysis）し，その結果に基づいて，製造工程のどの段階でどのような対策を講じればより安全な製品を得ることができるかという重要管理点（Critical Control Point）を定め，これを連続的に監視することにより製品の安全を確保する衛生管理の手法である。HACCPはコーデックス委員会によって発表され，各国にその採用を推奨している国際的に認められているものである[7]。HACCPの認証には，取引先との二者間認証や地方自治体による地域HACCP，業界団体による業界HACCP，食品衛生法による総合衛生管理製造過程，民間機関によるISO22000やFSSC22000などによる第三者認証がある。

　二つは，Traceability（トレーサビリティ）である。コーデックスの規定では，トレーサビリティとは，「生産，加工及び流通の特定の一つまたは複数の段階を通じて食品の移動を把握すること」と定義されており，具体的には食品の生産，加工，流通等の各段階で，生産物・商品の入荷と出荷に関する記録を作成，保存しておくこととされる[8]。trace（たどる，さかのぼる），＋ability（できる）という言葉からも分かるように，Traceabilityは，提供した商品に関して遡って検証できる，ということが第一義である。したがって，トレーサビリティは

導入したからといって安全が保証されるわけではない。むしろ、トレーサビリティは何かしらの問題が発生したときに、「どこで」「どのように」「なぜ」その問題が発生したのかを特定できるという点に意味がある。この点について、間違えて解釈されやすい。農林水産省の説明資料にも注意書きとして食品トレーサビリティは、消費者の食品選択に役立つような原産地情報や農薬・肥料等の使用状況を表示等で情報提供する取り組みではない、としている（農林水産省、2014年6月「食品トレーサビリティについて」）。

　これら二つの手法はあくまで手法であることに留意しなければならない。

　2000年の乳業メーカーの食中毒事件がHACCP取得の工場で起こったことは大きな教訓である。衛生管理の要の一つは「温度管理」「時間管理」だと考えられるが、それらもまず計測して確認されなければならない。次にそれが記録されなければならない。さらに、最も重要なことは、何か異常値が出たときには早急に適切に対処しなければならない。また、二つには様々なものを「分離する」ということも重要である。肉と魚では使うまな板を替える、冷蔵庫ではドリップの可能性のある肉の下に野菜は置かない。

　HACCPにおいても、ごくごく基本的で当たり前のことが当たり前に、そして基準に沿って的確に実施されているかが重要なことなのである。

　トレーサビリティも同様である。トレーサビリティシステムを導入したことで検証できるのではなく、検証が実行されるためには、必要な情報が必要な時に正しい形式で正しく記入されているのかどうかが問題である。

4. 外食産業における食の安全・安心の考え方

（1）生活者の安心に応えるための情報開示をめぐる課題

　2014年12月、人気のあるカップ焼きそばに虫が混入していた事件が大々的に報道された。さらに大手冷凍食品メーカーの冷凍食品の一部に異物混入があり対象商品の回収を行った。2015年1月5日、大手ハンバーガーチェーンは青森の店舗で販売したチキン製品にビニール片が混入していたことについてマスコミに公表したが、ベビーフードでも虫の混入などの事故が起こるなど、マ

スコミでは連日こうした「異物混入」に関するニュースが取り上げられ，消費者の関心が「異物混入」へと一気に集中することになった。同ハンバーガーチェーンは，2014年に中国の食肉加工会社が使用期限切れの食肉を使用していた問題から，同社の鶏肉を使用していたチキン製品の販売を中止し，鶏肉の生産をタイの工場で行う措置を取り，ようやく落ち着きを取り戻しつつあるさなかだった。

　こうした昨今の異物混入事故・事件と，従来との大きな違いは，報道の発端は消費者のSNS（ソーシャル・ネットワーク・サービス）投稿によるものであるという点である。外食企業に限らず，どの企業も，自社製品に対する自主的な「リコール」，すなわち，商品の「自主」回収の基準を有している。しかし，それは食品衛生法等による法定リコールとは異なり，あくまで様々なガイドライン等を論拠とした各々の基準であり，今回のような異物混入については，予測される人への被害の軽重や影響等を加味しての措置が一般的である。

　異物混入に関して報道され一般消費者に知らされる事件が一部であることは，関係者や専門家であれば誰もが知るところである。一般財団法人食品産業センター食品事故情報告知ネットによれば，例えば2014年1年間で新聞や公的サイト等での異物（交雑物を含む）の混入に関する告知の件数は全体で86件，うちガラス片や金属等硬質異物は51件，昆虫・毛髪等生物由来異物，及び軟質異物は35件となっている。これらの事故のうち，大々的にマスコミによって報道され，「事件化」され，一般消費者が知り得た例は有名あるいは大手企業の一部に限られる。もちろん，大手企業の商品は市場に大量に出回る可能性があり，危険性も大きいという理由があっての報道ではあろう。しかしながら，事故の軽重は市場に出回る商品の数だけの問題ではないとも考えられる。

　上述のカップ焼きそばのメーカーは当初は該当商品の回収を行ったが，虫の混入の可能性が排除できないとして，全工場の稼働を止め製造を中止し，全商品の販売を休止するにいたった。大手ハンバーガーチェーン企業は3時間に及ぶ記者会見で自主基準を明示しなかったこと等の非難を受け，それを目の当たりにした企業では自主回収基準の引き下げや明示を行うべきか否かといった問題に明確な答えを出せないでいる。

生活者はときにして「ゼロリスク」という幻想に陥ることがある，地震や災害のリスクと同じように食品にもゼロリスクということはありえないという主張をする研究者は少なくない。また，「安全性」についても，例えば安全性が高いと小さいリスクが問題視されやすい，安全性評価に関しては複眼的に見る必要があるとも言われている（畝山，2009）。

　感染症を専門とする研究者である岩田健太郎は，「安心」とは，「根拠のない不安を打ち消すような感覚」で，「確たる根拠があれば，それは単なる『安全』」であり，必要なのは安全だけである，と述べる（岩田，2013）。

　しかしながら，こうした論は「一般の生活者」にはなかなか届かない。あるいは，生活者は理屈としては理解できても，食品事故を起こした食品を，メニューを，あるいは店を，「好んで」選択するかどうかというリアルな行動をみたとき，根拠がないと分かっていても，少なくとも，食に関わる選択肢があふれている日本において，「あえて」選ぶ必要はない。

　食提供に携わる者は上にみた研究者の視点を持ち，できる限り科学的な根拠に基づく安全性の確保に努力しながらも，このような消費者の心理と行動を理解しなければならないということが，「実務」における困難さなのである。

　生活者の安心が根拠のない感覚であっても，食を提供するビジネスを営む以上，そのニーズを「可能な限り」取り除く「努力」をすることが求められざるを得ないのである。

　外食産業における食の安全・安心の実現に向けての取り組みは，図表9－5のような概念図で説明されると考えられる。

　従来は，食の安全に関して，衛生管理といった表現に見られるように「管理する」という点が主眼であった。しかしながら，昨今の生活者との関係において，食の安全を「確保」し「保証」することが重要になっている。単に管理するのではなく，積極的意味も含めて食の安全を保証することによって，生活者に安心をもたらすという視点に立つことが求められている。

　安全の確保と保証は，適宜，表現されなければならず，生活者とのコミュニケーションが重要になる。外食企業各社が自社のホームページ等で食材の安全を確保するための様々な取り組みを紹介するのも一つのコミュニケーションの

図表9-5 食の安心・安全の実現に向けての概念図

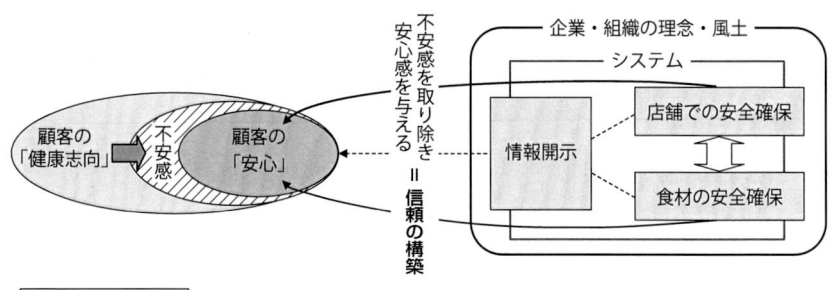

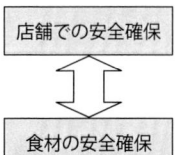

店舗での安全確保　衛生管理全般・オペレーションでの安全管理・従業員の安全意識の確立等

食材の安全確保　食材調達での安全確保・食品加工，製造，流通段階における安全確保

手段であるが，それは上でみた「食材の安全確保」に関する情報開示の一部である。店舗での安全確保に関しては，外食産業がサービス産業であり，料理の提供の現場が顧客との最も大きな接点であり，その特徴から考えても現場でのコミュニケーションによって成立させることが必要になってくる。

　生活者との「信頼の構築」は，第一に食材調達における食材の安全確保と店舗での安全確保がHACCPやトレーサビリティ等のツール（手段）を用いることによって，第二にそれらの安全確保を確実に実行させる点検のシステムや従業員教育の仕組みが構築されていることによって，第三にこうした取り組みに裏打ちされた十分で適切な情報開示によって，第四にそれらの総合的（Integrated）なシステムが組織理念に基づき組織風土の醸成により保証されることによって，なされるものと考えられるのである。

（2）食の「安全」確保と生活者との信頼関係を紡ぐために

　最後に，食の安全にかかわる事件や事故等から何を学び，今後の外食産業における食の安全確保と生活者との信頼関係をつくるためにどのような点が重要かについて，いくつかの視点や論点を示しておきたい。

① 「事件」と「事故」は違うということ

　歴史で学べることの一つは，事件と事故は違う，ということだ。食の安全に関してゼロリスクはあり得ない。したがって，事故は起こる可能性があるということだ。事故も人命にかかわるような，あるいは直接危害が及ぶような重大な事故もあるが，健康被害の可能性が比較的低い事故も多い。もちろん，だからといって事故を起こしていいなどということではない。事故が起こる理由のほとんどは何らかの人為的なミスであり，防ぐことが可能である。ただし，そこには「恣意性」はない。異物が混入しても構わない，食中毒を発生させても構わないと考えて事故を起こす従業員や企業は基本的にはいないということが前提である。だからこそ，企業は，いかに事故を未然に防ぐかという点に最大の注力をすることが求められるのである。

　事件は，事故ではない。ここには明らかな意図が存在する。ときに，コストを下げたい，手間をかけたくない，改善のための設備投資には費用がかかる，従業員教育には時間も費用もかかる等々の理由から，この程度であれば問題ないといった判断がそこに存在し，それが事件を引き起こす場合もある。事件に関しては，いかなる弁明もできない。企業コンプライアンスは社会に存在するうえでの原理原則である。

② 安全確保は組織的対応

　繰り返しになるが，HACCPもトレーサビリティも，安全確保のためのツール（道具）である。道具は使いこなせてこそ道具としての意義を発揮できる。全社的にこのシステムを稼働させるための仕組みと，それを形骸化させないための継続的な仕組みが必要になる。

　外食企業は当然ながら，こうした仕組み作りに各社とも力を入れている。とくに，店舗での衛生管理の徹底は第三者による定期的な監査を行ったり，本社社員全員を動員してチェックを行ったりするなど，二重三重のチェック体制を敷いて初めて可能となる。

　一店舗でもなく，一部門でもなく，会社全体，組織全体で安全を確保し保証していく，この取り組みとそしてそれを企業理念として組み込むことが重要で

ある。

　昨今の「フードテロ」と呼ばれる事件は，従業員によるものも少なくない。多くのパート・アルバイトが現場を支える外食産業はなおのこと，こうした従業員にまで理念と教育を徹底させる必要がある。月並みであるが，現場で働く従業員のモラルとモチベーションの維持が，顧客満足を高め売上を上げると同じくらいに店舗での安全の確保と品質保証につながることを忘れてはならないだろう。

③　日々の取り組みから信頼されるブランドづくり

　安心は「根拠のない不安を打ち消すような感覚」だとすれば，誤解を恐れずに述べるならば，逆に，その「感覚」に訴える取り組みが必要になるということだ。

　これまで事件や事故を起こした企業の中で，大企業や歴史のある有名企業であっても廃業や倒産に追い込まれた企業は少なくない。しかしながら他方で，事件や事故を起こし，生産や提供を中止し，社会的に避難されながらも立て直しに成功してきた企業もある。その違いは何なのだろうか。ここで断定することは難しいが，立て直しに成功した企業には，少なくとも，その商品や店の復活を願う消費者が明らかに存在していたという点があるのではないか。あるいは，食品事故を起こしても「応援している」消費者が数多く存在していたのではないか。「無くなるのは嫌だ」，「無いと困る」，「あの商品をもう一度食べたい」，「あの店に早く行きたい」，こうした生活者の感覚を持たせられているかどうかが大切なのではないか。

　このように考えると，安全・安心の問題は究極的には日々「美味しい食を提供しているかどうか」「お客様に楽しんでいただいているかどうか」という，食提供の根っこのところに行きついていく。

　「○○といえば○○だ」というブランド想起の強い商品を持っているかどうか，といったブランド力があるかどうかにもつながる。しかしながら，一般的なブランド認知が高くても，ブランドロイヤルティの高い顧客が少なければ，いったん事件事故が起こればブランドが失墜するだけである。

さらに，マーケティングコミュニケーションにおいて双方向性が重視され，顧客との価値共創の時代になったといわれる今日では，インターネットツールを組織的に使いこなして，生活者へのロイヤルティ情勢に役立てていく方途を探る必要性が出てきている。ただし，これも衛生管理ツールと同じである。HP を充実させ，SNS のツイッターやフェイスブック，LINE のアカウントを持てばいいというのではない。インターネットというツールを用いて，どのようにコミュニケーションをはかるのか，それぞれのメリット，デメリットを加味したうえでコミュニケーションをはかる必要がある。消費者との信頼関係づくりも，ブランド醸成も，短期的には形成できない。継続したコミュニケーションをはかることで，創りあげていかなければならない。コミュニケーションのあり方も，HP を通じたネット上での情報公開も重要であれば，店舗で食材をきちんと説明できる従業員の毅然とした態度も重要だ。日々の取り組みはリアルとバーチャル，双方の空間で育んでいくことが求められているのではないだろうか。

「それでも私はあなたを信頼している」と言ってもらえるブランドロイヤルティの高い顧客になってもらうために，日々どのような努力を行えばよいのか，生活者全般を漠としてとらえるのではなく目の前の顧客に対する密なコミュニケーションこそが，信頼構築の第一歩となるのではないかと考えるのである。

【注】
1）この図は，キッコーマン国際食文化研究センター元顧問である故吉田節夫氏がフードシステム総合研究所の研究会において提唱したものである。
2）ここでの 1996 年度の O157 の発生件数等，死亡数については，厚生白書平成 9 年版より引用した。なお，同省の平成 8 年食中毒統計調査によれば，1996 年の「病原大腸菌」による食中毒発生件数は 179，患者数 14,488 人，死者 8 人となっており，この時点で O157（腸管出血性大腸菌）と病原大腸菌の区別はされていない。
3）これらの結果報告については，平成 12 年 12 月，雪印食中毒事件に係る厚生省・大阪市原因究明合同専門家会議「雪印乳業食中毒事件の原因究明調査結果について─低脂肪乳等による黄色ブドウ球菌エンテロトキシン A 型食中毒の原因について─」（最終報告）（http://www.mhlw.go.jp/topics/0012/tp1220-2.html）による。

4）厚生労働省2000年12月策定「食の安全推進アクションプラン」による。
5）PIO-NET（パイオネット，「全国消費生活情報ネットワーク・システム」）は，国民生活センターと全国の消費生活センターをネットワークで結び，消費者から消費生活センターに寄せられる消費生活に関する苦情相談情報（消費生活相談情報）の収集を行っているシステムである。（出所URL：http://www.kokusen.go.jp/pionet/）
6）厚生省「食中毒の原因と対策」による（参照URL：http://www.mhlw.go.jp/stf/seisakunitsuite/bunya/kenkou_iryou/shokuhin/syokuchu/index.html）
7）厚生労働省のHACCPについての説明による（参照URL：http://www.mhlw.go.jp/stf/seisakunitsuite/bunya/kenkou_iryou/shokuhin/haccp/）
8）農林水産省「食品トレーサビリティについて」による（参考URL：http://www.maff.go.jp/j/syouan/seisaku/trace/pdf/tore2604.pdf）

参考文献

岩田健太郎，2012，「リスク」の食べ方—食の安全・安心を考える，筑摩書房，pp.222-224
畝山智香子，2009，本当の「食の安全」を考える—ゼロリスクという幻想，化学同人
高力美由紀，2004，外食・中食産業の現在，小山周三，梅沢昌太郎編，食品流通の現状とフードシステム，農林統計協会，pp.175-177
厚生労働省，2013年3月改訂，食品の安全確保に向けた取組，p.3
厚生労働省，2008，中国産冷凍餃子を原因とする薬物中毒事案について—行政及び事業者等の対応の検証と改善策—，http://www.mhlw.go.jp/topics/bukyoku/iyaku/syoku-anzen/china-gyoza/dl/01.pdf
厚生労働省，食品，http://www.mhlw.go.jp/stf/seisakunitsuite/bunya/kenkou_iryou/shokuhin/
厚生労働省，東日本大震災関連，食品中の放射線物質への対応，http://www.mhlw.go.jp/shinsai_jouhou/shokuhin.html
消費者庁，2011，消費者問題及び消費者政策に関する報告（2009～2011年度）
消費者庁，2014，平成26年版消費者白書，pp.7-8
消費者庁，2014，平成24年版消費者白書，p.5，pp.6-8
消費者庁，食品表示，http://www.caa.go.jp/foods/index.html
公益財団法人 食の安全・安心財団，2013，外食産業資料集 2013年版～食の安全・安心に向けて～，pp.225-228，pp.485-508，pp.510-514
公益社団法人 日本食品衛生協会，http://www.n-shokuei.jp/
一般財団法人 食品産業センター，食品事故情報告知ネット，http://www.shokusan-kokuchi.jp/index/
一般財団法人 食品産業センター，HACCP関連情報データベース，http://www.

shokusan.or.jp/haccp/
時子山ひろみ，荏開津典生，2013，フードシステムの経済学，第5版医歯薬出版株式会社，pp.177-184
内閣府食品安全委員会，http://www.fsc.go.jp/
農林水産省食料産業局企画課，2013，食の安全と消費者の信頼確保に関する取り組みについて，pp.3-4
農林水産省，消費・安全，http://www.maff.go.jp/j/syouan/index.html
一般社団法人フードサービス協会，http://www.jfnet.or.jp/safety/syokunosinrai.html

第10章　フードサービスと環境問題

「環境問題対応は，大企業や業績のよい余裕のある企業が手がけるもの」と考える人は少なくない。コスト負担の増加，マンパワーの不足，経営環境の悪化などを理由に，法律等で規制がかかっている必要最小限の取り組みにとどめている企業もある。しかし，環境問題対応には省エネルギーや無駄の削減など，コストを減らせる取り組みも多く，そもそも地球環境問題には，影響の大小に関わらず，誰もが取り組まなければならないという原則がある。本章では，企業がなぜ環境問題に取り組むのか，フードサービス産業と環境問題の接点及び対応策，取り組みの基本と留意点を述べていく。

1．環境問題対応の基本

（1）公害問題から地球環境問題へ

　1972年，スウェーデンのストックホルムで開催された，世界初の国際的な環境会議，「国連人間環境会議」によって環境問題に対する関心が高まった。以後，徐々に地球環境問題の深刻化が明らかにされ，真剣に議論されるようになっていく。1992年には，ブラジルのリオデジャネイロで，「環境と開発に関する国際連合会議（通称地球サミット）」が開催され，経済的豊かさを追求して地球環境に負荷をかけ続けると環境破壊が進行し，人類だけでなく地球全体に大変な被害が及ぶことに対して警鐘が鳴らされた。
　1950年代から60年代にかけて，先進国を中心に社会問題となっていた公害問題は，その影響する範囲が比較的狭く，原因企業等を特定する事が比較的容

易であった。また，個人への健康被害といった短期的なインパクトが大きかったために対策が急がれた。それに対し，地球環境問題の場合は，例えば北半球で主に展開される経済活動（特定フロンの放出等）の影響が南極大陸上空にオゾンホールとして出現するというように，影響する範囲が地球規模に広がる。原因は多くの企業・団体の活動や一般市民の生活の少しずつの蓄積にあるため，公害問題のように「元凶」といえる企業や産業が存在しない。また，公害問題と異なり，短期的な健康被害が確認されにくいため，取り組みの緊急性を低くみてしまう傾向がある。

しかし，地球環境を悪化させると，生態系の破壊，資源の枯渇，気候変動等によって，長期的にみて深刻な影響が懸念される。したがって，企業経営における環境対応については，「自社の事業活動と少しでも関わりがあれば，何らかの取り組みを検討すべき」という姿勢が基本となる。

（2）環境問題に取り組む理由

企業が環境問題に取り組む理由は，「地球環境問題が悪化しており，責任の一端を担う者として当然の責務であるから」というだけではない。企業が環境対応すべき理由について整理していこう。

その筆頭に挙げられるのはコスト削減できる取り組みが多いためである。包装を簡素化する，ペーパーナプキンのサイズを小さくする，照明をこまめに消す，冷暖房や調理機器をエネルギー効率の高いものに入れ替える，というようなことはその例の一部である。日頃からコスト削減に努めているであろうが，環境問題の視点からもう一度見直すと，さらに資源の無駄遣いを減らすことができる。

第2に，規制の強化がある。環境に関連する法律は年々増加の一途をたどり，その目標値も高くなる一方である（図表10－1）。法律や条例ができてから考えるのでは対応が後手に回ってしまうため，規制がかかる前から対応策を検討することが望ましい。

第3に，消費者の要望の高まりがある。環境問題に関心をもつ消費者は増加しており，企業に対しても環境配慮を求めている。同じ機能，価格で一方が環

図表10－1　環境問題に関連する法律の例

制定／改正年	法律名称
1991年	再生資源の利用の促進に関する法律
1993年	環境基本法
1995年	容器包装リサイクル法
1997年	環境影響評価法
1998年	家電リサイクル法／地球温暖化対策の推進に関する法律／ダイオキシン類対策特別措置法
2000年	容器包装リサイクル法／建設リサイクル法／循環型社会形成推進基本法／グリーン購入法／食品リサイクル法
2001年	自動車リサイクル法
2006年	容器包装リサイクル法改正
2007年	食品リサイクル法改正／エコツーリズム推進法
2008年	生物多様性基本法
2011年	省エネ法改正
2012年	環境基本法改正／循環型社会形成推進法改正
2015年	改正フロン法

境配慮製品であれば，多くの消費者がその製品を選ぶだろう。環境負荷の低い商品を購入するよう組織内で規約を設けているところも少なくない。

　第4に，勤労意欲を高める効果も認められる。社会で環境問題が注目されるようになってから，自身の勤務先の環境配慮行動が従業員満足を高めるようになったのである。あるホテルで生ごみ処理機を導入したところ，「我が社もやっとこういう取り組みをしてくれた」と従業員が喜んでいた。また，あるとんかつレストランチェーンでも，食品廃棄物を豚の飼料にリサイクルする取り組みを開始してから，優秀な学生が採用試験を受けるようになったと実感していた。環境対応によって，働く人のモチベーションを高め，より良い人材の確保にもつながるといえる。

2．主な環境問題とフードサービス産業との関連および対策

　環境問題は複数あるが，それぞれが独立した問題ではなく，環境問題同士が

第10章　フードサービスと環境問題　｜　181

密接に関係しており，非常に複雑である。本節では，主な環境問題の概要を解説し，フードサービス産業との接点，そしてその対応策を整理する。

（1）地球温暖化

　気体の中には，二酸化炭素（CO_2）やメタン（CH_4）などのように，熱を溜め込んで放出しにくい性質を持つ「温室効果ガス」がある。例えば，大気の中のCO_2濃度は通常0.03％とごくわずかにすぎないが，その量がほんの少し変動するだけで地球温暖化がもたらされるという研究結果が示されている。

　温室効果ガスを発生させる要因には，増加し続ける人類の呼吸によって排出されるCO_2の他，家畜として飼育される牛や羊の"げっぷ"に含まれるメタンガス，発電や輸送などの燃料として使用される石油や天然ガスといった化石燃料の燃焼によって発生するCO_2などが挙げられる。さらに，農場や養殖場を確保するために熱帯雨林等が切り開かれることは，光合成によってCO_2を吸収し，酸素を排出する植物の量を減らすことになる。また，廃棄物の焼却処理もCO_2の発生と関連してくる。

＜産業との関連＞

　フードサービス産業では，食材や各種資材の輸送の際にトラックの排気ガスなどにCO_2が含まれる。また，店舗で調理，空調，照明などに使用するエネルギーについても，ガスならば店舗において燃焼した時点で，火力発電であれば発電所でCO_2を発生させる。

　食材の生産現場でも，例えば，農場を確保するために熱帯林を伐採して焼き畑農法で農業を行ったり，エビの養殖場を作るために海岸のマングローブの森を大量に伐採したり，ということによって温室効果ガスの発生に関与することがある。

　包材や紙ナプキン，書類やトイレットペーパーなどに用いられる紙が，木材から作られたものであれば，あるいは，建築資材としての木材も，その伐採によってCO_2が増えることになる。

＜対応方法＞

　対応方法としては，エネルギーの使用量の削減と代替エネルギー，代替資材

の活用が求められる。電気やガスなどについては，無駄を削減し，エネルギー効率の高い厨房機器・空調機器・配送車の導入のほか，非常に単純なことであるが，エアコンのフィルターや，照明器具，熱器具等のこまめな清掃もエネルギーの使用量を減少させる。

さらには，物流ルートや配送システムを見直し，物流の累積移動距離を削減するなども効果的である。また，ハイブリッド車を導入したり，太陽光発電等自然エネルギーや，コ・ジェネレーションシステム（自家発電装置）を活用したりすることによっても，エネルギー使用による環境負荷を低減することができる。また，食材の移送距離が長くなるほど運搬に係るエネルギーが増大し，温室効果ガスがより多く発生するという理由で，食材はなるべく移動させずに生産地に近いところで消費することが望ましいという考え方がある。食糧の重量と移送距離をかけ算したフードマイレージという単位を用いて議論される。鮮度保持のためにもこの考え方は正論であるが，産地での需給バランスなども勘案する必要がある。

森林保全の観点からは，自社で使用する食材が熱帯雨林の極端な伐採に関与していないかの確認が必要である。また，製紙用に栽培され，適切に管理されている森林の木材を原料にしているのでなければ，ヴァージンパルプ由来の紙の使用を減らす必要がある。紙の使用をやめて電子データ化する，資材の納入時や商品の梱包を簡易包装にする，再生紙やケナフ等から作る非木材紙を活用する等の方法である。

（2）資源問題／廃棄物問題

石油，天然ガス，鉱物など，地球の資源には限りがある。地球が何億年もかけて作ってきたものを現代人はすさまじいスピードで消費しており，100年以内に枯渇する恐れのある資源は多い[1]。使用料を削減し，限りある資源の残余年数を伸ばしながら，早急に代替策を考えなければならない。

多くの資源を使用すると廃棄物の量も大量になる。廃棄物の一部は再利用されたりリサイクルされたりしているが，残ったものには焼却や埋め立てが必要となる。その焼却施設では，廃棄物が完全に燃焼するようにと燃料が加えられ

ており，廃棄物そのものの資源問題以外にも，焼却のため，あるいは埋め立てのためにさらに資源を投入しているという問題が発生している。

　焼却処分場にしても，最終埋め立て地にしても，あらゆる場所で建設反対運動が起こっており，土地の確保からして深刻な問題を抱えている。それは，廃棄物を搬入することによる臭気の問題，処理・処分の際に有害物質が発生するのではないかという懸念などに代表される。

＜産業との関連＞

　フードサービス産業では，事業活動で資源を利用し，廃棄物を排出する。輸送や店舗運営にかかるエネルギーの他，日々店舗や関連工場から排出される包材や容器，調理くず，残食，書類などがそうである。

　また，各所から排出される，資材や包材，洗剤といった各種溶剤，あるいは建築資材や農産物の生産の際に使用された農薬などの薬品に，有害物質が含まれることがある。

＜対応方法＞

　まず，省資源，省エネルギーの取り組みが求められる。いずれも使用量を減らすことが第一段階の達成目標となる。省エネルギーについては前項で温室効果ガスの中で取り組み方法を取り上げたが，その他にも，廃食油をリサイクルしてディーゼル燃料に活用する（バイオディーゼル燃料（BDF））などの取り組みもある。また，廃食油を頻繁に出さないように，酸化還元の技術を応用し，高分子半導体を利用して酸化した油を還元させ，油をよい状態で長持ちさせる製品なども存在する。

　廃棄物問題対応の基本は3つのRで説明できる。リデュース（Reduce・削減），リユース（Reuse，再利用），リサイクル（Recycle）の頭文字をとって3つのRと称される。この3つは取り組みの優先順位も示しており，廃棄物となるものを作り出さないようにするリデュースの取り組みが最も重視される。例えば，包装の簡素化，可食部の増大，残食調査をふまえた料理の量・内容の見直しなどである。また，有害物質を使用しない農産物，製品に切り替える取り組みもリデュースの一環となる。

　次にリユースを考える。リユースは従来使用していたものの形を変えず，そ

のままで再利用することをいう。一升瓶やビールびんなどのリターナブルびん[2]などが該当する。他にも，機器類を修理して再利用したり，洗剤などを詰め替えタイプにして容器を再度利用する，段ボールの代わりにプラスチックコンテナを利用して再利用したりといった取り組みがある。リユースする場合は，洗浄時などの環境負荷，衛生面の課題を解決できるかについてもあわせて考慮する必要がある。

そして，リデュースもリユースもできない場合，リサイクルという方法がとられる。日本では古くから，紙や缶，ビンのリサイクルが積極的に行われてきたが，より効率性を高めたり，プラスチックや生ゴミなど多品種のリサイクルの取り組みも進められている。例えば，ペットボトルを従業員のユニフォームにリサイクルして，リサイクル品を店舗で活用するなどの方法である。生ごみについては，事業所から発生するものを1960年代までは近隣の養豚農家に引き取ってもらい，豚にそのまま与える方法が一般的であった。1970年代に入ると都市の養豚農家が減り，養豚業従事者にとっては輸入配合飼料の方が安価で扱いやすいため，生ごみの引き取り手がなくなっていき，焼却処分されるようになった。その後，環境問題対応が議論されるようになってから，生ごみを粉砕，乾燥してから微生物による発酵を経て農場のたい肥としてリサイクルしたり，飼料としてリサイクルしたりといった方法が増加してきた。飼料化には，粉砕・殺菌した生ごみに水分と乳酸菌等を混ぜて発酵させた，乳酸菌発酵によるリキッドフィーディングによる豚の肥育の事例もある。いずれもリサイクルの際には異物が混入しないように厳密な管理が必要となる。

なお，ここまで述べてきたリサイクルはマテリアルリサイクルと呼ばれ，物質としてのリサイクルを意味する。この他に，焼却時の廃熱を利用したり，生ごみを発酵させてメタンガスを発生させて燃料としたり，などのようにエネルギーとしてリサイクルする，サーマルリサイクルの手法もある。

リサイクルでは，環境負荷，リサイクル品の需要，最終処分時の環境負荷等を考慮した上で全体を設計していく。「リサイクルのためのリサイクル」を行って，利用されるあてのない再生品を作ることのないよう心がけたい。さらに，自らがリサイクル品を積極的に購入することも重要である。

（3）オゾン層の破壊

　オゾン層は，地上から高度20km〜30kmの成層圏にあるオゾンの多い領域を指す。オゾン層は，太陽から発生する紫外線等の有害物質を吸収する性質を持つ。1987年，このオゾン層のオゾン濃度が薄い箇所があることが発見され，その部分をオゾンホールと名付けた。オゾンホールにより，紫外線が地表に到達しやすくなっていることが明らかになった。これにより，皮膚がんや白内障の増加，免疫力の低下，微生物や植物への悪影響等の深刻な被害が発生する。南極で毎年顕著に見られるようになっていった現象である。図表10−2は南極上空に発生したオゾンホールの大きさを示すグラフである。

　オゾンホールの出現は，特定フロンやハロンの大気中への放出が原因である。特定フロンは，かつては精密機械の製造過程で使用されたり，エアコンや冷蔵設備の冷媒，スプレー缶などに使用されたりしてきた。そのため，1987年に先進国の間で締結されたモントリオール議定書で，1995年までに段階的に特定フロンやハロンの使用を禁止することとなった［鈴木 2014: 63-66］。しかし，近年では，北極圏上空でもオゾン濃度の低い部分が観測されている。

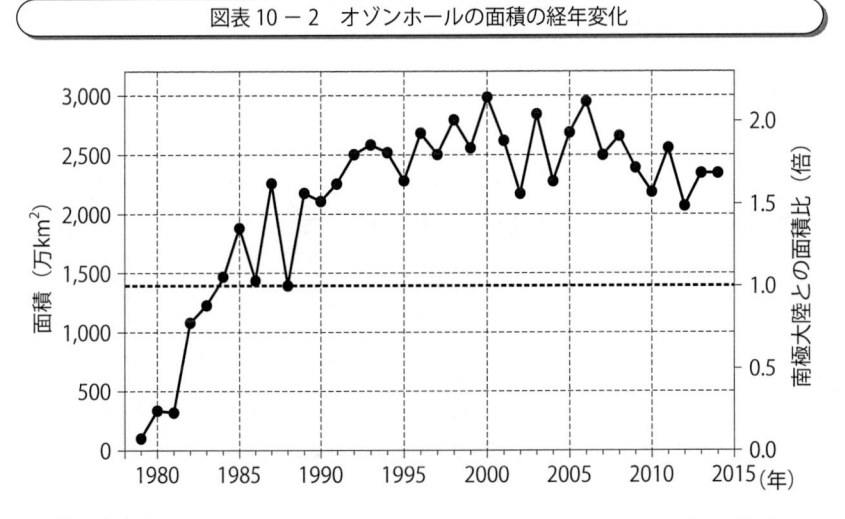

図表10−2　オゾンホールの面積の経年変化

資料：気象庁データ　http://www.data.jma.go.jp/gmd/env/ozonehp/diag_o3hole_trend.html（2015-2-19）

＜産業との関連＞

現在，新規に生産されている製品には，特定フロンはほとんど使用されていない。しかし，施設内に現存する古い冷房装置や冷蔵庫，冷凍庫などに冷媒として使用されたまま残っている。また，ごくわずかではあるが，スプレー缶など，一部の商品に使用されているケースもある。

＜対応方法＞

新たに商品を購入する際には，製造段階に特定フロンを使用していないか，原材料として特定フロンを使用せず，代替ガス[3]を使用しているかを確認する必要がある。また，古い冷房装置等を廃棄する際には，取り外しや解体の段階で特定フロンが大気中に放出されないよう，専門業者に適正な処理を委託する。

（4）水質汚濁・大気汚染・土壌汚染

人間は生活し，さまざまな経済活動を行う上で，さまざまな環境汚染物質を排出してきた。それは製造段階，製品を使用する段階，廃棄する段階それぞれで発生する。工場排水などに重金属や化学物質が排水に含まれる場合は河川や海洋，地下水の水質汚濁の原因となり，工場だけでなく自動車からの排気などにも含まれる浮遊粒子状物質や窒素酸化物などが大気汚染を引き起こす。大気中の物質に太陽光線があたって化学反応を起こして，光化学オキシダントを形成することもある。その大気から雨が降ると有害物質を含む酸性雨となり，土壌汚染や水質汚濁につながる。環境汚染だけでなく，野生生物種の絶滅など生態系の破壊や，人間の健康被害の原因ともなり，また，農林水産業に与える打撃も大きい。

＜産業との関連＞

フードサービス産業で使用される食材，日々の消耗品から店舗の建築資材や塗料まで，数多くの物資，排水，排気に含まれる汚染物質，食材の生産から加工，運搬の際に発生する汚染物質など，実に多くの場面で水質汚濁・大気汚染・土壌汚染と関係している。

店舗や加工施設で使用される殺虫剤や消毒薬，洗剤の中には毒性が含まれる

ものがあり，排水や排気によって拡散する恐れがある。また，食材の生産・流通段階で使用される除草剤や殺虫剤，消毒薬などの農薬等も環境に影響を及ぼすことがある。

＜対応方法＞

　フードサービス産業の川上から川下までをたどるとチェックすべきポイントが膨大な数に上る。まずは，汚染物質がどこで使用され，削減あるいは代替品への移行の可能性をチェックする。店舗での排水は，小規模施設であればグリストラップ[4]，大規模施設であれば下水浄化施設を置くことによって，よりきれいな状態で排水でき，これらの施設の適正な管理が求められる。グリストラップなどは清掃担当者の負担が大きいことから，一定時間毎に自動で少量のバクテリアを投入し，グリストラップ内の汚れを微生物に食べさせてきれいな状態を保つ設備を導入しているところもある。

　また，店舗内で使用する殺虫剤等の使用薬剤の環境負荷をチェックし，負荷の低いものへ変更していったり，食材の生産状況の把握をしたりすることも有効である。

（5）生物多様性の問題

　世界の野生生物の絶滅のおそれの現状を把握するため，IUCN（国際自然保護連合）では絶滅の恐れのある種（絶滅危惧種）をレッドリストにまとめている。2012年に公表されたIUCNのレッドリストでは，既知の哺乳類の2割，鳥類の1割，両生類の3割が絶滅危惧種に選定されている。絶滅のスピードは過去に比べて増しており，現代の人間の諸活動が，これらの生物を絶滅に追いやっている一番大きな原因とされる［環境省 2012: 139］。

　野生生物は，食糧としての利用が最も多く，その他にも燃料（樹木）や建築資材（材木，天然ゴム等），衣類と装飾品などにも利用される［IUCN 2008: 59］。その量が多すぎると生態系が崩れるのである。

＜産業との関連＞

　フードサービスでは，絶滅の危機に瀕している生物種を食材として使用していることがある。あるいは生産する場面で他の生物種に悪影響を与えているな

どの場合がある。現在，天然もののマグロ，カツオ，サケ，ホタテ，カキ，イカ，サメ，ナマコ，エビ，カニ，キャビアなどの一部が生物多様性関連の問題を抱えている［IUCN 2008: 64-99］。

＜対応方法＞

　使用する食材が絶滅危惧種ではないかを総点検し，該当する食材については生産や漁獲方法をチェックし，見直しを行う。その結果，例えば，香港に本部のある高級ホテルチェーンでは，鮫の乱獲と絶滅防止のために，2012年より全ホテルにおいてフカヒレ提供を中止している。

　逆に，生産量が少なくなっている地場野菜を積極的に利用し，生産量を増やすことは，生物多様性を保持するために有益な取り組みといえよう。

3．取り組みの手順と環境認証

(1) 取り組みの手順

　ここまで述べてきた通り，環境問題の範囲は広く，それぞれが密接に関連し合っている。一つの環境負荷を軽減させる取り組みを始めても，別の環境負荷を引き起こす例はよくある。企業や店舗において，環境問題への取り組みを開始するための手順をここで整理しておく。

① 環境問題を知る

　まず，環境問題について広く情報収集をする必要がある。この章の内容からさらに踏み込んで，一般的な環境問題の話題，業界でどのような取り組みが実践されているか，どのような環境技術が開発されているのかなどについてである。概論書から取り組むのもよいだろうし，「エコプロダクツ展」などのような環境技術を紹介する展示会で最新技術をチェックしながら，現在の課題をみることもよい。その上で，環境に関する法律や行政の動きを常にチェックしておくことも必要である。

図表10-3 フードサービス産業のマテリアルフロー

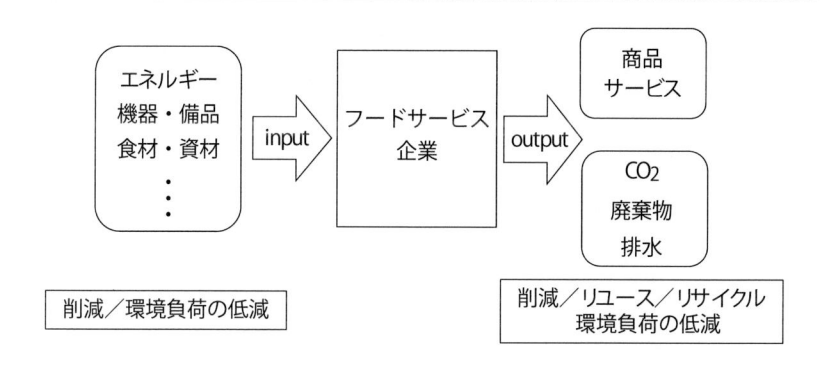

```
[エネルギー         [フードサービス      [商品
 機器・備品   input→  企業        ]output→ サービス]
 食材・資材
 ⋮         ]                          [CO₂
                                        廃棄物
                                        排水  ]

 削減／環境負荷の低減              削減／リユース／リサイクル
                                  環境負荷の低減
```

② 社内の問題点を探る

　次に，①を踏まえて，自社の抱える環境問題との接点を総点検する。企業理念や，すでに作られているならば環境基本方針に照らして，どのような順番で着手するかを考える。

　フードサービス産業でのサービス提供にあたっては，食材，資材，機器，備品，エネルギーなどを店舗に投入（インプット）し，料理やサービスを作り出してお客様に提供する。それとともに，副産物のCO_2や廃棄物，排気，排水などを排出（アウトプット）している。社内の問題点を探る際には，まずは，このインプットからアウトプットまでの物資の流れ（マテリアルフロー）で捉えると，全体を把握しやすい（図表10-3）。その際，フードサービス企業が直接関与しにくい食材の生産，加工，流通といった川上の部分も含めた状況把握が必要となる。そして，インプットでは物資の使用量を削減し，環境負荷を低くするための方策を考え，アウトプットでは使用量の削減，環境負荷の低減の他に，リユースやリサイクルがどの程度可能かということもあわせて検討する。

　このようにして，社内全体の環境問題対応のポイントを洗い出すのは理想であるが，日々の業務で忙しい中，このような作業が難しいのであれば，まずは急務と思われるところから洗い出し作業をして対応策を検討していくのもひとつの方法である。

③ 対策の検討

　問題点を抽出してから，対応策を検討していく。その際，費用，オペレーションの変更がどの程度であり，現場での対応が可能か，お客様に協力を要請する必要の有無，環境負荷をどの程度軽減できるかなどを総合的にみていく。お客様への協力要請とは，例えば，環境対応によってコストが増加した分を価格に上乗せすることに納得していただけるか（顧客を失わないか），使用食材の変更を認めていただけるか，簡易包装等，従来に比べてご不便をかけることに協力していただけるかなどが該当する。実際には，業態や顧客層によってお客様の反応は異なるだろう。

　実行に移す対策について検討する際には，社内の横断的組織で検討し，可能な限り実績を数値で把握することも重要である。よくあるパターンは，コスト削減になる取り組みやオペレーションを大幅に変更せずとも取り組める内容のものから着手し，徐々に大掛かりな取り組みに拡大していくというものである。

　また，環境問題の取り組みのうち，リサイクルなどはある程度の量があった方がうまくいく。チェーン企業はチェーン全体での取り組みを優先して考えがちであるが，地理的に離れていると輸送コストと環境負荷ばかりが増大することになりかねない。企業の垣根を越えて，地域で協力して取り組むことについても一考の余地があるだろう。

④ 実　施

　取り組みを実施する際には，それぞれの現場のキャパシティを考慮してオペレーションを整える。また，何のためにこの取り組みをするのか，効果がどのように期待されるのかをアルバイトや派遣スタッフ等も含めきちんと理解させた上で実施する。また，現場で迷わないように分かりやすい手順や動線にし，掲示なども工夫すると効果的である。

⑤ チェック，再検討

　取り組みを開始したら，計画通りにできているかを可能な限り数値でチェックし，できない理由はどこにあるか，どのように修正すべきかを検討する。あ

るホテルでは，生ごみリサイクルのために生ごみを完璧に分別しなければならないのだが，現場が忙しい時には分別を完璧に実行することが難しく，どうしても混ざってしまうという。そのことに気づいた担当者は，現場を叱責するのではなく，「忙しくてどうしても分けられないことがあるのは仕方がない。ただ，混ざったゴミがリサイクルシステムに混入すると大問題なので，分別が不十分なものは従来通りの焼却ゴミとして扱ってください。いつもがんばってくれてありがとう」と声をかけているという。

（2）環境認証

　第三者機関によって組織の環境問題への取り組みの状況を示すのが，環境認証である。最も有名な ISO（International Organization for Standardization：国際標準化機構）の環境認証には，ISO14000 シリーズ（ISO14001，14067）があり，組織の社会的責任を評価する ISO26000，組織のエネルギー管理を評価する ISO50001 も環境問題と関連がある。ヨーロッパ等では ISO14000 シリーズを取得している企業との取引を優先させるなど，商取引の優位性も高い。

　このような第三者機関の認証を取得するメリットは，①より厳格な管理や，②より全社的な管理が可能であり，③より高い競争優位性を獲得できる，また，継続のためのシステムも確立しているため，④取り組みの持続性もある，といった点に集約できる。

　しかし，組織のトップが関与して開始し，外部のコンサルタントに任せきりにせず，全社的に取り組む体制をとらないと，結局は人任せになってしまい，認証をとっても，現場の実態に合わずうまく運用できなくなることがある。また，チェックを継続的に行い，一定年数を経て更新する必要が生じる。例えば ISO14000 シリーズの場合は，サーベランスと呼ばれる維持審査が1年毎にあり，おおむね3年毎に更新審査を受け，その都度，労力と費用が発生する。これらのことを念頭に置いておかなければならない。

　あるいは，フードサービス企業自身が環境認証を取得するのではなく，グリーン購入ネットワークの推奨製品やエコマーク商品を積極的に購入するなども取り組みやすいのではないだろうか。また，日本各地で地元産品の利用比率

など一定の基準をクリアした店舗に対して「地産地消レストラン」の認証を出す仕組みもできている。

　第三者による認証は，審査機関のチェックを受けているため，取り組みの信憑性が高くなる。その反面，評価取得のためにコストがかかるため，一度所得したものの，数回更新した後は継続しないというケースもある。それでも，審査基準に則って環境対応が持続されていれば，必ずしも認証を維持しなくてもよいという考え方もある。

4．取り組みの基本

　実際に取り組みを開始してみると，いろんなところで壁にぶつかる。その原因を教育と仕組みの2つに分けて整理する。

　まず，教育については，一つは告知不足の問題がある。取り組み内容について周知徹底されていないため，何をやらなければならないのかが伝わっていない場合である。次に，教育不足がある。やるべきことが分かっていても，何のために行うのか，その意味や手順を理解していないために，実行に繋がらないというケースである。環境問題がどのような課題なのか，自社との関係性などから教育する必要があろう。また，業務が忙しすぎて，作業を遂行出来ないということもある。

　次に仕組みに関して次の3点を挙げる。第一に維持費の見込み違いがある。機器を良い状態で保つには，定期的なメンテナンスが必要であり，その内容は使い方や使う頻度によって変化する。また，使い勝手が悪いために計画した通りに使われず，リサイクル品の質が悪くなったり，機器が正常に動作しなかったりする。これらは，計画段階で現場の担当者が話し合いに参加しなかったり，参加はしていても十分に理解していなかったり意見を十分に述べなかった時に発生する。特に使い勝手については，フードサービスの現場では正社員以外の従事者が多く，外国人もいるため，現場での教育とわかりやすく伝える工夫が必要である。

　環境問題対応を円滑に進め，なおかつ上述のような壁を作らないために，次

の4点を提示したい。一つ目はトップの認識である。長期的に見れば投資を回収できる取り組みでも，初期費用がかかるものが多いため，環境対応を始める際は，経営のトップが全社的に推進するという確固たる意志を持ち，それを組織内に浸透させていく必要がある。

そして，着手してからは全社横断的な組織を作り，あらゆる立場の者が当事者意識を持って計画作りに関与し，策を練っていかなければならない。

その際，環境問題が複合的であり多くの考慮事項があること，様々な事象が密接に絡んでいること，一つの環境問題に貢献できても別の環境問題には悪影響を及ぼす可能性のある取り組みもあることを考えたい。トータルの環境負荷を示すのは難しく，とかく CO_2 などの温室効果ガス削減だけが指標として活用されがちであるが，幅広い目配りを忘れないようにする。また，原材料からそれらが利用され，消費され，廃棄されるところまで，ライフサイクルのすべてを視野に入れるべきである。使用後にリサイクルするのであれば，リサイクル後の製品が使用され，廃棄されるところまでを視野に入れておく。

さらに，環境に関する研究や技術は日々進歩しており，あまり難しく考えてしまうと，いつまでたっても取り組みに着手できなくなってしまう。環境に関する情報を収集しながら，まずは次善策でもよいので，できることから着手していきたい。

【注】
1) 現時点での確認埋蔵量から年間生産量を割った可採掘年数は，鉄鉱石が70年，鉛が20年，銅が35年，金が20年，クロムが15年，石油が46年とされているように，その多くが100年を下回っている［環境省2011: 15］。
2) 販売者が回収して製造元に返送し，洗浄して再利用するびん。びんの返却時にびん代を返金するデポジット制度をとっていることがある。
3) モントリオール議定書発効直後は，オゾン層を破壊しない代替フロンを使用したが，代替フロンの温室効果が高いことが分かり，現在ではノンフロンの機器が開発されている［鈴木:2014:65-66］。
4) 下水を施設外の下水管に流す前に一時的に貯めておき，油脂等を浮かせて除去するための施設。

参考文献

足達英一郎，2009，環境経営入門，日経文庫
エネルギーマネジメントシステム審査員評価登録センター，2012，エネルギーマネジメントシステム紹介パンフレット，http://www.eccj.or.jp/cemsar/pdf/cemsar_brochure.pdf（2014-12-9）
勝田悟，2003，持続可能な事業にするための環境ビジネス学，中央経済社
環境省，2011，環境白書―循環型社会白書／生物多様性白書＜平成23年版＞地球との共生に向けた確かな知恵・規範・行動，日経印刷
環境省，2012，環境白書　循環型社会／生物多様性白書＜平成24年版＞，日経印刷
鈴木孝弘，2014，新しい環境科学，改訂2版，駿河台出版社
Sloan, P. et al., 2013, *Sustainability in the Hospitality Industry: Principles of Sustainable Operations*, 2nd ed., Routledge
茂木信太郎編，1999，フードサービス10の戦略，商業界
UCN，2008，生物多様性：ホテルでの取り組み生物資源の持続可能な利用のためのガイド，http://cmsdata.iucn.org/downloads/biodiversity_my_hotel_in_action_jp.pdf（2014-12-9）
リチャード・ムラー（二階堂行彦訳），2014，エネルギー問題入門，楽工社

第11章　フードサービスとメディア

　「食」は人々にとって大きな関心ごとの一つである。その食を提供するフードサービスは，生活者のお腹を満たすことはもちろんだが，家族や友人とのふれあい，レジャーや憩いの「場」として機能する。ただしフードサービスの業種や業態，メニューやサービスは多様であり，多数の店が客の来店を待っている。店を認知して実際に来店してもらい，そしてファンになってもらうためにはメディアとの関係も重要になる。ここでいうメディアとはマスコミもあれば，クチコミを誘発するソーシャルメディアもあり，さらに店舗の外観や看板などもメディアに含まれる。

　メディアはコミュニケーションを媒介する媒体であり，送り手から受け手へのメッセージ伝達手段である。かつてはメディアといえば新聞やテレビ，ラジオ，雑誌などを指したが，インターネットの普及を背景にブログやツイッター，フェイスブックなどがメディアとして成長。以前は受け手だった生活者自らが情報を発信する存在となってきた。メディアの変化はフードサービス業における広告・宣伝や販売促進活動にも大きな変革をもたらしている。

1．メディアとは

　コミュニケーションを「媒（なかだち）」する媒体をメディアと言い，メディアにはより速く，大量に，安価に，簡単に情報伝達できることが求められる。あらゆるメディアには情報の伝報手段と，感情や思想の共有手段としての働きが合わさっている。それらがうまく働けば人々を結び付けるが，うまく働かな

ければ人々を引きさきもする。メディアは，IT（情報技術）とさまざまな社会的要因が複合的に関わる中で生成されている面が強い。

マスコミュニケーション（大量の情報が一方向的に一般大衆に向けてまき散らされる現象）を仕掛ける構体をマスメディアと呼ぶ。その典型である新聞，テレビなどは高度なITを駆使する集団であり，司法，立法，行政と並ぶ第4の権力とも呼ばれる。

マスメディアは衰退していくという見方もあるが，近年はテレビの話題がツイッターで広がったり，それをまたテレビが取り上げるなどの現象が頻発したりするなど単純には言い切れない。フードサービス業を含めて多くの企業や団体はメディアを使って情報を発信しているが，電通の「日本の広告費」によると，2014年の総広告費は6兆1,522億円。マスコミ4媒体は新聞が6,057億円，雑誌2,500億円，ラジオ1,272億円，テレビ1兆9,564億円となっているのに対し，2009年に新聞を抜いたインターネットはスマートフォン（スマホ）向けが急拡大中で初めて1兆円を突破して1兆519億円となった[1]。

広告や宣伝，広報（PR・パブリシティ）活動は複数のメディアを組み合わせて目標のリーチ（到達率）やフリクエンシー（頻度）を達成する。こうした組み合わせはクロスメディアまたはメディアミックスと呼ばれ，その組み合わせを検討することをメディアプランニングと言う。メディアプランニングは広告メ

図表11－1　2014年の日本の広告費（電通調べ）

メディア	広告費	前年比伸び率
総広告費	6兆1,522億円	2.9%
（新聞）	6,057億円	▲1.8%
（雑誌）	2,500億円	0.0%
（ラジオ）	1,272億円	2.3%
（テレビ）	1兆9,564億円	2.8%
（衛星メディア関連）	1,217億円	9.6%
（インターネット）	1兆519億円	12.1%
（プロモーションメディア）	2兆1,610億円	0.8%

ッセージをターゲットに効果的・効率的に到達させるために，予算の範囲内で最適な媒体を選択し，出稿計画を練り上げていく。以前はマスコミ媒体を中心にその他の媒体をどのように組み合わせるかといった手法だったが，最近はモバイルやインターネットを中心として，消費者とのあらゆる接点をメディアと考えて組み合わせるといった方向に重きが置かれ始めている。また，メディア戦略はリーチ，フリクエンシーといった量的効果だけでなく，行動の誘引や好意のような質的効果も期待される。

2．ソーシャルメディアの台頭

　ソーシャルメディアとはITやICT（情報通信技術）を利用して，個人と個人，個人と組織，組織と組織がリアルタイム，またはリアルタイムに近い形でコミュニケーションをとり，それによって，レスポンスを交換できるメディアである。SNS（ソーシャル・ネットワーキング・サービス）と呼ばれるツイッター，フェイスブックが代表例である。
　リアルな社会の人間関係をネット上のサイバー空間に持ち込んだメディアであり，情報の伝達・配布・レスポンスが早いという特徴を持つ。また，消費者が主体的に情報を発信し，双方向にコミュニケーションができる点で，送り手から受け手へ一方通行が普通だったマスメディアと大きく異なる存在である。
　フードサービス業などの企業は，ソーシャルメディア経由で生活者の生の声を聞き，生活者間の会話に加わるだけでなく，景品提供や販売促進をしたり，メニューやサービスの改善に生かしたりしてファンを増やすことが可能になる。

3．ソーシャルメディアの利用者は食に関心が高い

　価格比較サイトを運営するカカクコムの調査によると，ツイッターやフェイスブックといったSNSで情報発信を"積極的に行っている人"と"それ以外の人"では，積極派の人が食に対するこだわりが強いという[2]。「食べログ」

ユーザー1万1,773人が回答した同調査では，SNSをあまり利用しない人に比べて，積極派の人は「自分の中で，他人に自信を持ってオススメできるレストランがある」「友人や同僚から，おいしいレストランの情報についてよく聞かれるほうだ」「急に外食の予定が入ったときも，しっかりとお店選びをするほうだ」「お店で食事をする際，出てきた料理の内容（素材や味付など）について話をするほうだ」など，食事に関する感度の高さを感じさせる項目の割合が15ポイント以上高い結果となった。

その中でも「グルメに詳しい人のブログやSNSをチェック・フォローしている」という項目では，20ポイントの差があった。SNS積極派は，自らがSNSで情報発信するだけでなく，SNS上から能動的に情報を仕入れることにも熱心であり，グルメ情報の受発信，拡散においても一定の影響をもった存在と言える。

フードサービス企業もソーシャルメディアの影響力に注目している。スターバックスコーヒージャパンは競合他社に先駆けネットのクチコミ活用に取り組んできた[3]。フェイスブックに設けたページのファン登録者は90万人を超える。期間限定商品を毎月のように出し，2014年3月期は既存店の改装に過去最高の約55億円を投じソファなどを拡充。メニューの新しさや店の雰囲気が良さをアピールし，ネット上での評判を活性化し，ストアロイヤリティやブランド力を高めることにつなげている。

ネットで十分な集客効果を出せるため，スタバの広告販促費は年13億円程度。テレビCMを多用する日本マクドナルドホールディングスの10分の1だが，マクドナルドよりも高い経営効率（売上高経常利益率など）を上げている[4]。

4．フードサービスにおける生活者の認知と行動

生活者がフードサービスを選ぶ要素（または基準）にはいくつもあり，それらが組み合わさって来店動機となる。それは主に①メニュー②店内の設備や雰囲気③接客・サービス④立地⑤価格——などである。生活者の利用したい飲食シーンと，これらの要素の優先順位が合致すれば，実際の来店につながる。よ

く「コストパフォーマンス（コスパ）」という表現を聞くが，コスパが良いという感想は，これらの要素を掛け合わせた結果の満足度合いから生まれる。

　メディアとの関係を考えれば，様々な要素を生活者に伝えるために，どうメディアを活用していくかということが課題になる。

　消費者行動の代表的な流れとして「AIDMA」がある。生活者が商品やサービスの存在を知ってから，実際にそれを購入するまでのプロセスをモデル化したもの。まず注意（Attention）し，興味（Interest）を持ち，欲求（Desire）を起こし，記憶（Memory）し，最後に行動（Action）に移して商品やサービスを購入する。注意を呼び起こす段階とは，例えばテレビCMで新メニューを目にしたり，小売業の店頭などで販売員が客に声をかけたりするという段階であり，興味を起こす段階とは，その商品の特色を強調する段階である。サービスを提供するフードサービス業にとって各段階により訴求のポイントは変わってくる。また，インターネット上の検索サイトが一般化するなか，AIDMAは「AISAS」へと変わり始めている[5]。Attention（注意）→ Interest（関心）→ Search（検索）→ Action（行動）→ Share（共有）の頭文字からきているAISASは，ネットで情報を検索，比較検討，情報を共有という消費者の行動を背景にしたモデルである。

　フードサービスを利用しようとする生活者に自分の店舗に興味・関心をもってもらっても，その生活者の頭の中には他にも行ってみようかと思う候補店が複数ある場合も多い。その比較検討の段階でネット検索することが日常化しており，この段階の行動に合わせた情報提供がフードサービス業にとって重要になる。

　認知 → 興味 → 比較検討の後，生活者から自店を選んでもらった場合もメニューや店内広告などで興味をそそり，飲食を楽しんでもらう。ソーシャルメディア時代の生活者は飲食体験をSNSで情報発信していくので，次の来店を促すサービスも不可欠である。"体験をシェア（共有）したい"という願望をかなえる方法を，個人が複数持てる時代でもあり，共有された情報は，他の生活者の比較検討の材料になる。

　つまり，AIDMAでもAISASでも，様々なメディアを使った広告・宣伝，

図表11-2　AIDMAとAISAS

Attention（注意） → Interest（関心） → Desire（欲求） → Memory（記憶） → Action（行動）

Attention（注意） → Interest（関心） → Search（検索） → Action（行動） → Share（共有）

販売促進策は，いくつかの段階を経て商品を購入すると捉えて検討されるべきである。

5．紙媒体を使った広告・販促

　フードサービス業において以前からよく使われるメディアとしては紙媒体がある。具体的にはチラシやフリーペーパー，ダイレクトメール（DM）など。クーポンを付けたり，内容を読んだり持参した客に割引サービスを行ったりすることも多いが，情報を手に取って持ち帰り，捨てられない限り保管できるといった紙媒体ならではの特徴がある。

　チラシまきやポスティングは，目を留めて読んでもらえる確率は低いものの，誰に何を伝えるかが明確であれば，ターゲットの潜在的ニーズを呼び起こすことも可能である。また，紙媒体のクーポンは回収率を測る役割と来店動機の後押しの効果がある。例えば，平日昼間の集客を狙って，近隣住宅に「お子さまと一緒にママ会ができる完全個室あります」というチラシをポスティングすれば，ママ会をしていなかった人に，認知と来店動機を生み出せるかもしれない。

　多くの掲載店があるフリーペーパーは，毎月の固定利用客がいる分，読んでもらえる確率は上がる可能性がある。コンビニエンスストアや駅など主要ポイントへの設置，企業へのオフィス配送など，生活者の手元に届くように工夫されている。外食する予定がなくても，ペラペラめくっているうちに好みの店を発見し，外食機会を生むのは，フリーペーパーならではの潜在的ニーズへのアプ

ローチである。

　DMは顧客リストの個人情報が必要となる販促ツールである。個人情報を登録してくれているということは，店を気に入っている証拠でもあるので優良顧客に近い存在であり，直接，生活者の手元に届く分，再来店などの効果も大きい。

6．インターネットを使った広告・販促

　フードサービスにとってのネット広告や販促とは，グルメサイト，ホームページ，メルマガ，ブログ，SNSなどが主なものである。紙媒体に比べると検索性と情報量の多さ，そして情報発信・取得のスピード力に特徴がある。

　ネット販促でも最も大切なのは，ページビュー（PV, リーチ数）を上げることではなく，実際の来店につなげることである。どんなにPV数が高くても，サイト内を見て離脱し来店に至らなければ意味がない。そのためには客のニーズとマッチングをする情報を幅広く掲載しておく必要がある。生活者が店選びをする際に参考にするのは文字以上に写真である。直感に響く写真や客が欲しい情報を分かりやすくすることが重要になる。

　多くの飲食店を一度に閲覧，比較検討できるグルメサイトの存在感は大きい。ウェブコンサルティング会社のアド・プロモートの2012年の調査によると，「口コミサイトを参考にしてお店に行ったり，商品を購入したりしたことがある」と回答した人は73％にのぼるという[6]。その代表格が1996年に開設された「ぐるなび」と2005年開設の「食べログ」。店舗を訪れた利用者が5つの星の数で採点し，感想や料理写真などを投稿する。投稿者の点数順で飲食店が表示される。サイト内で予約できる店舗も増えている。グルメサイトの収益源はサイト内の広告枠の販売と，飲食店や個人を対象にした有料会員の会費収入である。

　カカクコムが運営する食べログは2014年末までに国内約80万店が掲載され，クチコミは約600万件，写真は約2000万枚。2014年9月の月間利用者数は6074万人にのぼり，ページビューは14億513万人達しているという[7]。

フードサービス業は好立地に出店することが一番重要だったが，グルメサイトの誕生で裏通りでもビルの上の階でも，良い情報を提供し，高評価を得ている店には客が訪れてくれるという変化も出ている。

　数年前にブームになり，飲食店の定番メニューになった「ハイボール」（ウイスキーのソーダ割り）。きっかけはサントリーが開いたブロガーイベントが火付け役だった[8]。同社は2008年春にブロガー向けのウイスキー蒸留所見学ツアーを開催。そこでおいしいハイボールの作り方を紹介したところ，帰りのバスで「ハイボールの語源は」などと，ハイボールの話題で持ちきりになった。ブログの掲載が相次ぎ，ネット上の評判がブームにつながった。

　ただ，ソーシャルメディアはプラスの効果が期待できる一方で，サイトに批判のコメントが殺到する「炎上」の危険性もある。ブログの自作自演が問題となり，米国の小売り大手や日本のメーカーで，ブログが炎上する騒動も実際に起きている。グルメサイトにやらせの書き込みも問題になったり，記事なのか広告なのかが判別しにくいケースもあったり，ネットを利用する場合には公明正大な姿勢が求められる。

7．フードサービスの広報戦略

　広告・宣伝は企業がお金をかけて行うものであるのに対し，広報はマスメディアなどに無料で取り上げてもらうことである。内容についてはメディアの自主性が尊重されるが，数多くの人々の目に触れる点で大きな宣伝効果がある。このため大手外食チェーンでは広報担当者や広報専門セクションを置いており，日々，様々な形で情報発信を行っている。小さな店でも特徴があり，時流に乗った取り組みをしていれば「グルメ情報」を求めているテレビなどが注目し，取材に来るケースもある。

　2011年7月，サッカー女子日本代表がFIFA女子ワールドカップで優勝し，日本中がなでしこフィーバーに沸いていた頃，プロスペリティ1（東京都港区）が運営する居酒屋「北前そば　高田屋」がスポーツ新聞やテレビ番組で取り上げられた[9]。

この店では，代表チームのワールドカップ優勝と澤穂希（さわ・ほまれ）選手のMVP獲得を祝して，「澤（サワー）ほまれセット」（980円）というドリンクを期間限定で提供した。夏バテ防止のためのクエン酸を入れたサワーと日本酒「北の誉」を1杯ずつ，W杯なので合計2杯のセットにした。本大会で澤選手の得点数が「5」だったことにちなみ，販売代金から50円を自動的に東日本大震災の復興支援金として寄付することにした。

　優勝の翌日には，このセットを発売することを伝えるプレスリリースをファクスとメールで主要メディア約30社に送付。タイミングを逃さずPRしたことで，その後の報道につながり，それを見た多数のお客が来店。全店でのセットの売り上げは目標の100万円を超えたという。

　こうしたPR戦略は現代だけではない。土用の丑（うし）の日にうなぎを食べる風習を広めたのは，江戸時代に医学や蘭学，鉱物学など様々な学問に才能を発揮，エレキテル（摩擦起電器）をつくった平賀源内（1728-79）が書いた一枚のチラシ（引札）だったといわれる[10]。それまで商売不振だった知り合いのうなぎ屋から頼まれ，「土用丑の日，うなぎの日——うなぎは腎（じん）水をまし，精気を強くし，食すれば夏負けすることなし——」と書いた。

　ふつうなら真夏の暑い盛りには，あぶらっこいうなぎなど敬遠されがちだが，体力を消耗させない"スタミナ食"として推奨。いわゆる「逆転の発想」である。さらに源内は当時の俗信「土用の丑の日に，うり，うどん，梅干しなどの，"う"の字がつくものを食べると夏負けしない」を上手に利用し，マーケティングの基本を踏んでいる[11]。

8．食のブームとメディア

　チーズケーキにクレープ，紅茶キノコ，イタめしやティラミス，もつ鍋，スローフードにB級グルメなど，食の分野では様々なメニューが流行してきた。それにはメディアの影響を抜きにしては語れない。

　「暮らしの設計」や「シェフシリーズ」の編集長だったライターの畑中三応子氏は著書『ファッションフード，あります。』で，はやりの食物の元気な文

化史を紹介した[12]。流行の食べ物を「ファッションフード」と命名，ブームの起こりは1970年の大阪万博と，女性ファッション誌の「アンアン」と「ノンノ」の創刊に遡ると指摘した。ファッションフードとは「純粋に味覚を楽しむ美食行為としてではなく，流行の洋服や音楽，ポップカルチャーと同じ次元で消費される食べ物」のこと。特に2誌は「食」を味覚だけではなくストーリーとして，ビジュアルと「カクメイ的な言文一致」文体で語り尽くし，若い女性たちの目を食へと向かわせた。

大阪万博は183日間に約6,420万人が来場。「レジャーの新時代」到来を予感させた国家的イベントは「食」の分野にも大きな影響を与えた[13]。当時は国内で珍しかった米国発のファストフードを，身近な存在として日本人に印象づけた。

万博会場には国内外116のパビリオンが出展。そのうち米ロサンゼルス市などが運営主体のアメリカン・パーク館は，ロイヤル（現ロイヤルホールディングス）がステーキハウスを運営，各国レストランの中で売上高が1位となった。そこにはハンバーガーやホットドッグを提供する店が並び，ケンタッキー・フライド・チキン（KFC）の実験店もあった。

また，UCC上島珈琲のミルク入り缶コーヒーや，ベーカリー「ドンク」のフランスパンなども会場で販売され知名度を高めたという[14]。

1971年には日本マクドナルドが東京・銀座の三越に1号店を開いた[15]。当初，米国サイドからは「アメリカで成功したように，日本でも自動車で乗りつけられる郊外に店舗を」というアドバイスがあったが，社長の藤田田氏は「1号店は日本の中心・東京の，しかも銀座でなければならい」と主張した。当時の銀座は最新の輸入品が並び，世界の観光客が集まる国際エリアであり，ジーンズに長髪といった若者文化の発信源であった。

銀座通りは前年から日曜・祝日に歩行者天国が実施されており，歩きながらハンバーガーを食べる若者の姿がメディアに多く取り上げられた。これによりマクドナルドのハンバーガーはその後，瞬く間に日本中に広がっていくことになった。

また，1990年代，アイドル歌手の華原朋美さんが「つゆだくの牛丼が大好

き」とテレビ番組で発言したことで，それまで男性客が大半だった牛丼店に若い女性が増えた。これもメディアとフードサービスの関係の重要性を物語るエピソードである。

また，「ミシュランガイド」[16]など優良飲食店を紹介する出版物やテレビ番組も食のブーム演出に大きく貢献していることは言うまでもない。

では，最近の食のトレンドはどうなっているのだろうか。2014年のトレンドをグルメサイト「食べログ」に登録しているユーザーに聞いたところ，「熟成肉ブーム」(18.2%) と答えた人が最も多かった[17]。各種メディアでも頻繁に「熟成肉特集」が組まれ，ロイヤルホストや吉野家といった大手外食チェーンでも熟成肉メニューの提供が広がったことが一因のようだ。2位には「『俺の』系列レストラン」(14.3%) がランクインし，3位は「パンケーキブーム」(10.7%)，「ランチパスポート」(9.6%)，「ウイスキーブーム」(5.7%)，「ちょい飲みブーム」(5.5%) と続いた。

図表11－3　2014年の食トレンド

2014年の外食シーンにおいて話題となったメニューやトレンドで，あなたが最も気になった出来事を一つお選びください（単一回答：16,398）

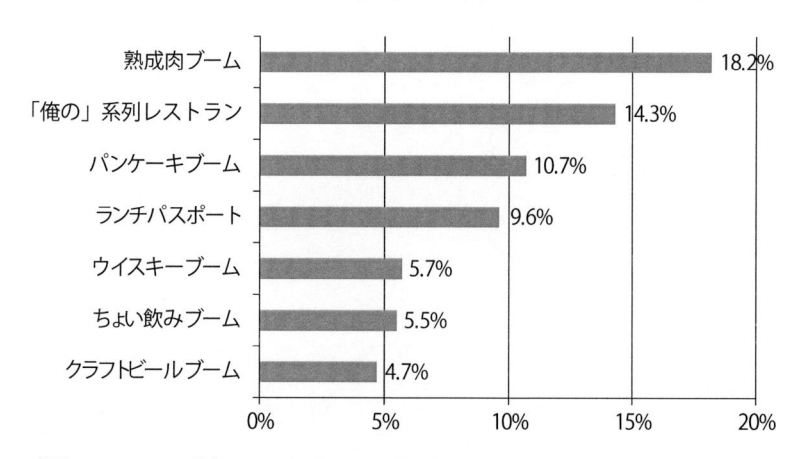

項目	割合
熟成肉ブーム	18.2%
「俺の」系列レストラン	14.3%
パンケーキブーム	10.7%
ランチパスポート	9.6%
ウイスキーブーム	5.7%
ちょい飲みブーム	5.5%
クラフトビールブーム	4.7%

（注）カカクコム「食べログ」調べ，回答上位。

9．食の安全とメディア

　産地や期限表示の偽装や輸入食品の中毒事件などが後を絶たず，生活者は食品関連企業だけでなく，「食」そのものへの不安を拡大させているのも現実である。企業が考える食の安全と消費者が感じている安全の間に食い違いもあり，それが風評被害のような形で広がる危険性も指摘されている。その食い違いを埋めるため，消費者を含めたリスクコミュニケーションを行うことはフードサービス業界にとって大切であり，メディアの役割も大きい。

　食の安全性確保のためにはフードサービス業をはじめとした食品企業が法令を順守することが第一である。その上で生活者・メーカー・卸・小売業・フードサービスといった食に関係する全ての者がお互いの理解を深めるためのコミュニケーションが必要になる。

　残留農薬，食品添加物，牛海綿状脳症（BSE）や遺伝子組み換え（GMO）の問題など，食の供給側と生活者側が科学をベースにした健全な関係を作っていかないと本当の信頼関係は築けない。リスクコミュニケーションを通じて生活者に科学的な知識を持ってもらい，事業者側では生活者の率直な意見を聞きとる努力も大切である。

　生活者の最大の情報源はメディアによる報道である。センセーショナルに報道され，いたずらに生活者の不安をあおらないように，フードサービス業界にはメディアに対しても正確な情報を把握してもらう取り組みも求められる。問題の一つは「リスク」が「危険」として認識されていることである。BSE問題についても国の補助が打ち切られた後も全ての自治体が全頭検査の継続を表明したことが，それを象徴している。

　食の信頼に関わるキーワードとして「安全・安心」がよく使われる。「安全」は科学をベースにした基準が存在する。一方，「安心」は心理的なもの。これまで発覚した食品偽装問題のなかには原材料の偽装の事例があったが，これらは安心に関わる問題である。つまり食品に関する不正は「食品の安全を揺るがす違反」と「食品の安全性とはまったく無関係の違反」の2つに分けられる。

これをきちんと分けて考えなくてはいけないが，メディアが混同している場合もある。

表示違反増加の背景には，事業者の経験主義の落とし穴がある。供給側にとって「安心」は大事な問題であり，偽装防止のためにコンプライアンス（法令順守）を十分に認識し，企業の社会的責任（CSR）を果たしつつ透明性を高める努力が必要である。

10. 結 び

フードサービスは「食」を提供するということで，生活者には大変身近な存在である。出店にかかわる設備投資負担が少ないなど，他の業種に比べて参入障壁が低いのもフードサービスの特徴である。立地条件が良いところでは競争も激しく，しかもトレンドの変化も目まぐるしい。外部の競争環境は店舗の集客力に影響する。だから，メディアを上手に活用する戦略が経営上重要であることは言うまでもない。

マスメディアからソーシャルメディアまでメディアは様々なものがあり，生活者に認識してもらうためには店自体もメディアの一つになる。看板や店舗の外観，店内の内装，メニューをはじめとした店内における情報発信の工夫は企業の腕の見せ所である。店の良さ，企業姿勢をアピールし，生活者の共感を呼ぶ，こうしたフードサービス業の取り組みに注目すると，フードサービスの別な側面が見えてくる。

【注】
1） 電通のニュースリリース（2015年2月24日）http://www.dentsu.co.jp/news/release/2015/pdf/0224.003977.pdf
2） IT Media『SNS積極派は「外食・グルメ」への関心が強い』2014年5月27日 原典はカカクコムのニュースリリース「外食費に関する意識調査結果（回答者数：11,773人）番外編」2014年5月27日 http://corporate.kakaku.com/wordpress/wp-content/uploads/2014/05/20140527.pdf
3） 日本経済新聞『会社研究：スターバックスコーヒージャパン――上陸18年，外食で利益首位へ』2014年1月24日朝刊，p.17

4）前掲
5）AISAS は 2004 年に電通の秋山隆平氏と杉山恒太郎氏が提唱した。
6）朝日新聞『Life 五話：3　食べる　投稿 1200 軒，やめられぬ』2015 年 1 月 4 日朝刊，p.39
7）前掲
8）西日本新聞『経済最前線：口コミの"本音"に価値　ヒットの陰にブログあり！広告との境界はあいまい／好奇心の扉』2010 年 1 月 6 日夕刊，p.3
9）高田屋における広報の成功事例は次を参考にした＝日経レストラン『クチコミで繁盛！　個店のための PR 術－第 1 回－時流に乗った PR こそが　最大の販促になる』2015 年 1 月号，Pp88～89，スポーツニッポン『サッカー　W 杯で祝杯「沢ほまれセット（サワー＋日本酒・北の誉）」居酒屋新メニュー登場　高田屋　ほっしゃん。のアイデア拝借』2011 年 7 月 21 日，p.16
10）日本経済新聞『けいざい今昔物語：「土用の丑の日，うなぎの日──」売るのは"粋な言葉"（けいざい今昔物語）』1993 年 7 月 25 日朝刊，p.9
11）前掲
12）畑中三応子［2013］『ファッションフード，あります。』紀伊國屋書店
13）日経 MJ（流通新聞）『創刊 5000 号特集，あの店あの場所は今…──大阪万博，ファストフード開花』2010 年 6 月 4 日，p.3
14）前掲
15）日本マクドナルド 1 号店の出店経緯については，「外食産業を創った人びと」編集委員会編［2005］『外食産業を創った人びと』商業界，朝日新聞『昭和史再訪：銀座にマクドナルド 1 号店　46 年 7 月 20 日　風景，時代とともに変化』2009 年 5 月 2 日夕刊，p.4 などを参考にした。
16）ミシュランガイドはフランスのタイヤメーカー，ミシュラン社が発行。1900 年，自動車旅行の手引書として無料で配布したのが始まりで，現在はパリ版をはじめ多くの都市版が刊行されている。
17）インターネットを使った調査で，「食べログ」に登録しているユーザー 1 万 6398 人が回答した。調査期間は 2014 年 11 月 18～21 日。カカクコムのニュースリリース（2014 年 12 月 8 日）http://corporate.kakaku.com/wordpress/wp-content/uploads/2014/12/20141208.pdf

参考文献

伊藤裕貴編著，2012，最新＜業界の常識＞よくわかる広告業界，日本実業出版社
宇井義行，2009，飲食店経営　負けないための新常識，PHP 研究所
梅谷羊次，2010，ファミレスは進化する！，商業界
梅谷羊次，2012，江頭匡に叱られて，商業界
「外食産業を創った人びと」編集委員会編，2005，外食産業を創った人びと，商業界

国友隆一，2008，最新＜業界の常識＞よくわかる外食産業，日本実業出版社
齊藤訓之，2009，図解雑学　外食業界のしくみ，ナツメ社
佐藤尚之，2008，明日の広告，アスキー・メディアワークス
情報列車，2008，外食業界がわかる，技術評論社
波田浩之，2007，広告の基本，日本実業出版社
畑中三応子，2013，ファッションフード，あります。，紀伊國屋書店
速水健朗，2013，フード左翼とフード右翼，朝日新聞出版
福井晋ほか，2013，最新外食業界の動向とカラクリがよ〜くわかる本［第2版］，秀和システム
藤竹暁編著，2012，図説　日本のメディア，NHK出版
山見博康，2009，広報・PRの基本，日本実業出版社
横川潤，2012，＜錯覚＞の外食産業，商業界
吉田文和，2012，飲食店最強店長になる「鉄板」10か条，日経BP社
吉見俊哉，2012，メディア文化論［改訂版］，有斐閣
『月刊飲食店経営』商業界，アール・アイ・シー
『月刊食堂』柴田書店
『日経レストラン』日経BP社

第12章　フードサービスの社会的責任

　社会や市場は常に変化（進化）し，企業活動のあり方に新しい価値創造を求めているが，それに適応できない企業は社会や市場から退出を余儀なくされる。企業は常にその存在価値を製品・サービス，店舗等を通じて社会や市場あるいはステークホルダーに問い，その評価を仰いでいるが，今日最も重要な評価基準ないしは指標のひとつに CSR（Corporate Social Responsibility：企業の社会的責任）がある。CSR は競争優位を得るための戦略課題の一つであり，CSR という名の価値基準（指標）を全社的努力を通じて達成できた企業がブランド力や競争力を確保することができる。CSR の領域は極めて広いため，本章ではフードサービス（以下 FS）産業にとって主要な課題となる5点を中心に議論する。

1．CSR とその領域

（1）CSR が求められる背景
　CSR は一般的に企業の社会的責任と訳されるが，古くて新しい経営課題である。わが国では 1990 年代中頃から CSR が大きな戦略課題として注目を集めている。CSR が求められる背景は多様であるが，ごく簡単に以下の5つの要因に要約できよう（中村 2003）。
　第1は NGO/NPO 対策や発展途上国における企業活動がもたらす問題である。特に海外では NGO/NPO の対策として CSR が浮上した。オランダのシェル石油の北海油田におけるプラットフォームの投棄事件やアジアの依託生産工場におけるナイキ社（Paine, 2014）の事例はよく知られる。

第2の要因は消費者行動の変化である（水尾 2000, 2003）。今日の豊かな時代の消費者は，製品の品質・性能・価格・サービスはもとより，それがもたらす環境，人権，労働環境等への配慮を強く求めるようになった。それは視点を換えれば消費者による"企業の利益獲得プロセスへの関心の高まり"といってもよかろう。

　第3の要因はIT（情報技術）の進展である。ITの進化は企業監視を容易にしかつグローバル・レベルで情報の共有化を可能とした。その結果，企業の環境破壊や人権侵害等は瞬時に世界中に知らされることとなった。ナイキ社の事例はそれを端的に表している。さらにITの進化とネットワークの広がりは，企業のSCM（サプライチェーン・マネジメント）に対する責任をも求めることとなった。いま厳しい視点で原材料の調達から配送そして販売の完結に至る全プロセスの質が問われている。

　第4は投資家の企業評価視点の変化である。SRI（Social Responsible Investments：社会的責任投資）は企業のCSRの取り組みを評価して投資することである（谷本ら 2003）。CSRに積極的に取り組んでいる企業は中長期的な投資先として適しているという認識が高まっている。

　第5は法制化への対応である（平井 2004）。たとえば，英国では2000年に年金法が改正され，年金基金はSRI評価を導入することが義務化された。ドイツおよびオーストラリアも2001年に年金法を英国と同様に改正し，フランスでは2002年に上場企業に対して社会的・環境的影響を盛り込んだ年次報告書の作成を義務化した。米国では2002年にサーベンス・オクスリー法（企業改革法）が制定され，企業会計のコンプライアンスについて厳しい規制を設けている。

　わが国でも2003年度有価証券報告書より「コーポレート・ガバナンスに関する情報」「リスクに関する情報」等の充実化に向けて改正が行われ，その後ISO（国際標準化機構）が社会的責任を負うのは企業および組織だけではないという議論を通じて策定（2010年11月）したISO26000を，JIS Z 26000「社会的責任に関する手引き」として制定した（2012年3月）。

(2) CSRの概念

1) わが国のCSR

わが国においてCSRは決して新しい概念ではない。たとえば江戸中期の儒学者で「石門心学」の祖である石田梅岩が商人の商行為の正当性を説いている（柴田ら 1972）。江戸時代から明治にかけては，近江商人が行商先との間に信用を築くために，良く知られる三方よし（売り手よし，買い手よし，世間よし）の理念を基盤にして商いで成功を収めている（日本取締役協会 2006）。「報徳思想」で知られる二宮尊徳（福住 1909）あるいは福沢諭吉も，また日本資本主義の父と呼ばれる渋沢栄一も「道徳経済合一説」を通じて企業の社会性を説いている（渋沢 2010）。

戦後は1956年の経済同友会全国大会で「経営者の自覚と実践」が決議され，1960年代〜70年代にかけて石油危機の便乗値上げや買占め等企業批判が高まる中で，（財）日本総合研究所が『企業のミニマム・リクワイアメント』（企業の社会的責任論について）と題した報告書をまとめている（日本総合研究所 1974）。

1980年代は好景気を背景にしたフィランソロピーやメセナ活動が盛んに行われ，1990年代のバブル経済崩壊後，コーポレート・ガバナンスやコンプライアンスの問題あるいは地球規模の環境問題が顕在化し，企業と社会の持続可能性（サステナビリティ）が大きなテーマとなる今日のCSR論議に至っている。

2) CSRの定義と領域

CSRの定義として例えば米国BSR (Business for Social Responsibility) では，「社会が企業に対して抱く，法的，倫理的，商業的もしくはその他の期待に対して照準を合わせ，全ての鍵となる利害関係者の要求に対してバランスよく意思決定すること」としている（Kotler & Lee 2005）。一方EUでは，「責任ある行動が持続可能なビジネスの成功につながるという認識をもち，社会や環境に関する問題意識を，その事業活動やステークホルダー（利害関係者）との関係の中に自主的に取り入れていくための概念」としている（European Commission 2002）。

CSRに対する概念規定は様々であるが，英国のサステナビリティ社が1977年に提起した「トリプル・ボトムライン」という考え方が広く受け入れられて

いる。これは企業には3つの決算書，すなわち経済的，社会的，環境的側面の収支決算書が必要であるとし，企業はこの3つの視点からその成果を問われているというものである（藤井 2005）。

今日議論されているCSRの概念をまとめると，概ね図表12－1のようにまとめられよう。CSRの活動はトリプル・ボトムラインの3要素から構成され，それは主に企業倫理を基盤にして基本的・義務的責任と，独自の目標設定による自主的・主体的責任に分けられる。前者はコンプライアンスあるいはリスク・マネジメント的CSR，後者は積極的ないしは戦略的CSRとして位置づけられる。

企業の透明性が求められる社会では，目標と成果はCSR報告書やサステナビリティ・レポート，環境・社会報告書，環境会計報告書あるいはその他年次

図表12－1　CSRの基本概念

トリプル・ボトムライン	企業			ステークホルダー
社会的／環境的	自主的・主体的責任（独自目標設定による）	環境保全／人権／消費者保護／社会支援／支援活動	積極的・戦略的CSR	情報開示／目標と成果／CSR報告書／サステナビリティ・レポート／社会・環境報告書／環境会計報告書／透明性	株主／従業員／取引先／顧客／関連団体／関係省庁／オンブズマン／地域社会
経済的	基本的・義務的責任	製品／サービス／納税／雇用／株主尊重／法令遵守／社員重視	コンプライアンス・リスクマネジメント的CSR		競争力／ブランド力
	企業倫理		コーポレート・ガバナンス	

出所：平井2004と酒井2005をもとに加筆・作成。

報告書等を通じて，情報開示という形でステークホルダーに伝える必要がある。そして企業は誰のものかという視点で，企業とステークホルダーを結びつけている活動がコーポレート・ガバナンスである。こうした一連のCSR活動は結果的にブランド力と競争力を高めることに貢献する（水尾・田中2004）。

2．FS産業とCSR活動

　時代や市場の変化は常に産業や企業に新しい使命や役割あるいは責任を求めている。それは視点を換えると，産業や企業は時代や市場の変化に合わせてその価値（創造活動）を再定義し，かつそのあり方・行動を再定義していかねばならないということを意味している。

　FS産業もその例外ではない。時代や市場の求める視点でFS産業を再定義すると図表12－2のようであるが，9つの項目の産業という言葉を"価値"という言葉に変換すると，FS産業の果たすべき役割あるいは新たな価値創造活動，つまり今日的CSRのあり方や方向性が確認できよう。

　FS産業のCSR活動領域は極めて広範囲にわたるため，本章では食の安全・安心，環境対策，労働力，高齢化社会，食育という主要な課題を確認しておこう。

図表12－2　FS産業再定義の視点

①	国民健康のインフラストラクチャ産業（国民健康管理産業）
②	安全・安心産業
③	環境保全産業（サステナビリティ産業）
④	コミュニケーション産業
⑤	エンターテイメント（楽しさ演出）産業
⑥	文化継承・創造産業
⑦	国際交流産業
⑧	食育／教育産業
⑨	市民産業
⑩	ホスピタリティーおもてなし産業

出所：江口2009／一部加筆。

図表12−3　フードサービス産業におけるCSRの活動領域

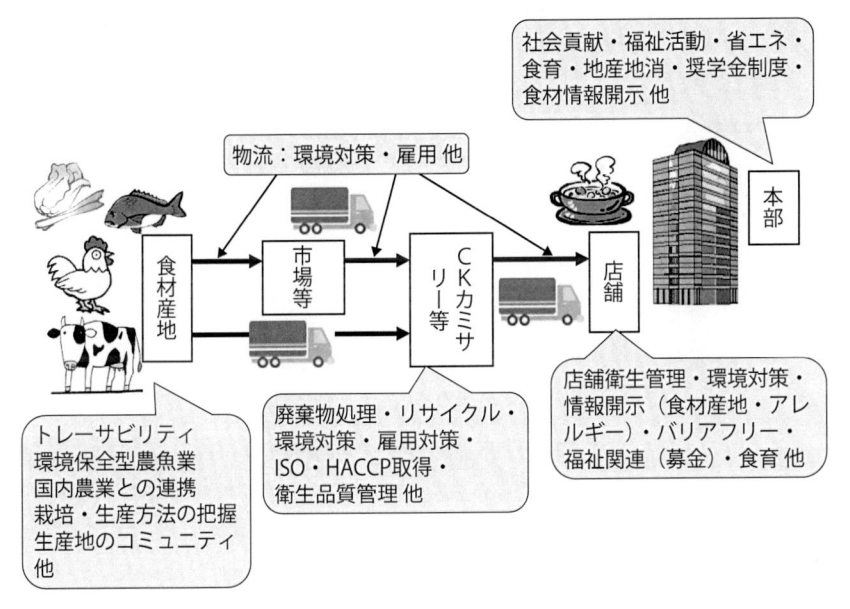

[図表：食材産地→市場等→CKカミサリー等→店舗→本部の流れを示す図]

- 本部：社会貢献・福祉活動・省エネ・食育・地産地消・奨学金制度・食材情報開示 他
- 物流：環境対策・雇用 他
- 食材産地：トレーサビリティ、環境保全型農魚業、国内農業との連携、栽培・生産方法の把握、生産地のコミュニティ 他
- CKカミサリー等：廃棄物処理・リサイクル・環境対策・雇用対策・ISO・HACCP取得・衛生品質管理 他
- 店舗：店舗衛生管理・環境対策・情報開示（食材産地・アレルギー）・バリアフリー・福祉関連（募金）・食育 他

出所：筆者作成。

（1）食の安全・安心確保

1）食の安全

　食肉偽装，鳥インフルエンザ，原産地偽装表示，異物混入等，過去に少なからぬ食に関連した問題が発生しているが，FS産業のCSR活動における最重要課題が食の安全確保による信頼性確立であることは言を待たない。まさにこのテーマはFS産業にとってはコンプライアンスそのものとなる。

　この命題を解決する手掛りとすべき指標のひとつはISO22000であろう（笹谷2013）。2003年に食品の安全性確保を目的とした食品安全基本法が制定された[1]。この基本理念の中で極めて重要な指摘事項は，フード・サプライチェーンの全領域において食品の安全確保のために必要な措置がとられなければならないということと，それらを科学的根拠に基づいて実行していこうという点である。これは基本的に食品安全マネジメントシステムの国際規格ISO22000の

概念に合致する。

　ISO22000 は 2005 年 9 月に発行された。これは肥料・飼料製造業者，農・漁業者，原材料製造業者，食品加工業者，梱包・保管・輸送業者，卸・小売業者，外食業者，清掃業者，ゴミ回収業者，洗剤メーカー，厨房機器メーカー等，食に係わる全てのプロセス（機能）の安全が確保されなければ，食の安全は確保できないという思想に基づいている。

　ISO22000 は品質管理システムである ISO9001 を基盤に HACCP[2)] を組み込んだセクター規格である。ISO22000 の主要要求項目は多岐にわたるが，その内容を要約すれば HACCP を基盤にした食品安全マネジメントシステムで，5S（整理・整頓・清掃・清潔・躾），ヒヤリ・ハット，PRP（前提条件プログラム）/OPPR（衛生管理活動基準），CCP（危害対策），CSR で構成されているといえる。

　企業活動における透明性が強く求められ，食品安全基本法にある国民の健康保護を進んで実践するためにも，また企業の安全確保に対する徹底した姿勢を社会に証明するためにも ISO22000 の導入は CSR を果たすうえで大きな意味をもつ。

　トレーサビリティも食の安全のテーマでは重要な要素である。トレーサビリティは CSR の主要な要素である企業活動の透明性を実現し，また QOP (Quality of Process ＝プロセスの質) を証明するためにも必要である。CSR ではアカウンタビリティ，つまり正確かつ明快に説明できる能力と仕組みが求められる。

　FS 産業が社会の信用を得るためには，コンプライアンスはもとより，万が一問題が発生した時にもトレーサビィリティが機能するシステムを確立しておくことが必要である。その意味で ISO22000 はトレーサビリティに対して適切な行動をとるための不可欠なシステムといえる。

　食材の安全確保を求めて，また近年生活者の安全安心・健康指向を背景に多くの企業が産地への"川上行動"を積極的に展開している。これは FS 産業にとっては素材の品質管理と安定確保のみならず製品の差別化戦略に結びき，また主体的戦略をとりたいと思っている生産者に対する安定供給の確保や消費地情報の提供あるいは地産地消等を通じた生産者（地）支援活動にもなる。

2) 食の安心確保

　安全は科学の問題で理論的な証明は可能であるが，安心は感情・感覚・イメージという情緒的要素が多く，たとえ安全が論理的に証明できても安心を得られるとは限らない。安心確保で必要なことは人々とのコミュニケーションであり，そのためには人々の理解と納得が得られる視点で積極的な情報開示・発信をしていくことであろう。

　現代消費の特徴のひとつに"情報消費"がある。これはその製品に関するコンセプトから素材・開発・製造・デザイン等々あらゆる情報を理解・確認することで製品価値を評価し，購入あるいは消費するという消費行動である。FS産業においても栽培方法や食材の特徴あるいは料理方法などの物語を含めた製品・サービスに関する情報消費は進展していくだろうが，それがゆえに正確・適切・迅速かつ魅力的な情報提供が不可欠となろう。

　リスク・マネジメントも安心確保のためには必要な活動である。食に関する不祥事は往々にして大きな社会問題（事故から事件）となる可能性がある。食材等の品質・衛生管理のあり方はもとより内部体制の見直し，コンプライアンスの徹底など，食の安全・安心とリスク・マネジメントについての徹底は不可欠である。

　不安・不信感は主に企業の対応やアカウンタビリティ（迅速・適切な情報発信・開示等）によって決まることが少なくないが，安心確保のためにはリスクを起こりうる所与の条件とし，その対応策を制度（システム）的に確立しておくことが必要となる。そのためには①トップをリスク・マネジメントのリーダーとする，②リスク・マネジメント・チームと連絡情報ルートの確立，③風通しの良い情報環境，④迅速・適切な初期対応，⑤積極的な情報開示，⑥社会や消費者視点の重視等が必要であろう。問題発生時における企業の迅速にして適切な対応姿勢は安心確保の必須条件である（安田 2007）。

　生産地との連携による安全への取り組み姿勢を消費者に見せることも安心確保の有効な方法のひとつである。2005 年に「外食における原産地表示に関するガイド」が制定された（農林水産省 HP）。その骨子は外食事業者は自主的に原産地表示に取り組み，店舗で提供する原材料の原産地情報を通じて外食の信

頼性を確保していこうとするものである。

　FS産業でこれらの情報が求められる理由のひとつはJAS法の改正である。改正法によってスーパーなどの小売店では全ての生鮮食品および一部の加工食品への原産地表示が義務づけられ，消費者はそれを見ながら買い物をしている。これに対してFS産業にはJAS法に基づく品質表示基準の表示義務の必要がないことを知らない消費者が多く，同じ食べ物でありながらスーパーのように原産地表示がないことに不信感を抱く傾向にある。

　こうした流れを背景に，CSRと顧客満足を目指して原産地表示に積極的に取り組む企業が出ている。そうした企業は消費者から信頼を得るための安全・安心という"商品力"を強化するために，産地や生産者と接点をもつことにより，FS産業が顧客と生産者を結ぶ絆の場づくり，つまり物理的なフード・サプライチェーンのみならず，心（信頼）のサプライチェーンづくりに貢献しているという認識をもっている。

　産地・生産者表示は，顔の見える生産者とともに食材の管理に係わり，その品質を従業員が理解・納得して顧客に伝達していくという，生産者・従業員・顧客の信頼のバリューチェーン（価値連鎖）の証とすべきであろう。

（2）環境対策

　わが国で1998年に「京都議定書」の目標を達成するための「地球温暖化対策推進法」が公布され，2005年4月に「京都議定書目標達成計画」が閣議で決定された。同議定書は店舗・オフィス等の業務施設に対して環境対策での自主的な行動計画の実施を求めている。

　環境問題に対してFS産業では，物流センター（セントラルキッチン（CK）／カミサリーを含む），配送，店舗等のサプライチェーン全体における包括的取り組みが重要課題となる。たとえば物流センターでは排水処理，廃棄物処理の充実および交通安全講習，分別・リサイクル等，物流センターを運営するための周辺環境整備への配慮・努力が求められる。店舗に関する環境の取り組みとしては，廃棄物処理，排水，臭いあるいは騒音がある。

　物流センター，配送，店舗における環境対策は省エネ法，食品リサイクル法，

容器リサイクル法を遵守する具体的施策であるが，CSRの一環としてまた企業の環境への取り組み姿勢・努力を理解してもらうためにも，より積極的な環境報告書やサステナビリティ・レポートの発信が求められる。

　FS産業が環境対策として取り組むべき領域のひとつにリサイクルがある。2000年に「循環型社会基本法」が制定され，そのひとつとして食品リサイクル法が2001年5月に施行された。同法は製造や流通，FS産業等において発生した食品廃棄物を減少させるとともに，飼料や肥料等の原材料（資源）として有効に再生利用することを目的とした法律である。

　食品小売業やFS産業のリサイクル率が低いといわれるが，それは多店舗で少量廃棄かつ異物混入のために作業が煩雑であったり，事業系一般廃棄物は市町村ごとの許可制のため，同じチェーン店でも地区が異なれば同じトラックでゴミを収集ができないというような問題があるためである（西尾1999）。

　地球規模の食糧問題と直結する温暖化対策はFS産業にとってもCSRの一環として取り組むべき重要課題のひとつであり，全社的かつ組織的な主体性をもった行動計画を作成することが肝要である。省エネ，リサイクルを含めて環境対策は実行可能な領域から着実に実践することが求められるが，計画実施においては少なくとも次の作業項目が必要である。第1は行動計画策定理由や目的意識の全社的共有化。第2は全社的関係部署の参加の必要性。第3は現状把握と分析・直接排出と間接排出の算定とその分析。第4はわが国の目標や京都議定書全体目標などの指標に従った削減目標の設定。第5は継続的かつ定期的な達成度評価と見直し。第6は環境報告書等を通じた活動状況の社内外への公表（宮腰2006）。

　環境への積極的な取り組みをまとめた環境報告書やサステナビリティ・レポートを定期的に発行しているFS産業が少なからず出てきた。FS産業界では早くから高い意識をもって環境対策を実践し，環境報告書を出している(株)モスフードサービスの環境報告書の内容をみてみると，その対象領域の広さとCSRとしての重要性が確認できる（モスフードサービスHP）。

(3) 労働力確保と人材

1) 人材確保

　厚生労働省の平成24・25・26年度「上半期雇用動向調査結果の概況」によると，宿泊業・飲食サービス業における産業別入職率・離職率状況は，24年度が入職率14.4%に対して離職率13.6%，25年度は入職率17.6%に対して離職率16.7%，26年度は入職率23.0%に対して離職率15.5%だった（厚生労働省2012，2013，2014）。飲食店・宿泊業は入職率も高いが離職率も高いという，極めて人材の流動性が多い業界である。

　FS産業は他の産業に比べて従業員に占めるパートタイマーやアルバイトの比率が90%前後と非常に高く，多くの労働力を短時間労働者に依存している。労働力不足は従業員一人当たりの負荷を大きくし，接客サービスや料理提供時間などのサービスの劣化を招き，結果的に顧客離れを誘発するだけでなく，新店舗の開店においても成長戦略の足かせとなる。

　企業のCSRのひとつに雇用創造があるが，FS産業はその機会を常に用意してはいるものの離職率が高い。FS産業が今後社会や人々の期待に応えていくためには，質の高い意欲に富んだ人材を確保していく必要があり，そのためには離職率を低減するような方策を実践することが肝要である。

2) 魅力あるFS産業づくり

　ではなぜ入職率が高いにもかかわらず，離職率が高いのであろうか[3]。多くの若者がFS産業で働いた経験があるはずであり，そこでパートやアルバイトという名の"有給のインターンシップ"を経験しているのであれば，FS産業の魅力を十分学習・経験し就職先として選ぶはずであるが，実態はその逆のようである。若者が就職したい企業のブランドランキングをみても，上位100位にFS産業は1社も入っていない（文化放送キャリアパートナーズ2014）。ということは，FS産業に魅力がないかあるいは働くに値する価値が見出せないということであり，それは端的にいえば従業員価値を創出していないということである。

　では魅力ある産業になるためにはどのような従業員価値を提供すべきなのであろうか。以下主に3点ふれておこう。

①就職のしやすさ：人々が働く場所として魅力を感じたり，価値を見出す条件には経済・社会・文化的価値などさまざまであろうが，その中のひとつに就職のしやすさがある。学歴の枠を大卒以外の高卒，専門校卒，留学生へ広げたり，年齢枠を広げて中高年を採用したり，採用時期を通年にしたり，性別を問わないあるいはパートやアルバイトからの正社員登用の機会があるなどがこれにあたる。パートやアルバイトにとっては近隣で就業の機会が得られるという距離的要因も就職のしやすさに入るだろう。

②働きやすさ：働きやすさを実現する要素には職能資格基準や職能給制度等明確で納得できる人事制度から，職場環境，労働条件，企業文化等々数多くあるが，パート比率の高いFS産業においては特にパートやアルバイトからの視点が重要となる。そのひとつに，パートやアルバイトは若者に限ったことではなく，主婦や学生あるいはフリーターといわれる人々など働きたいあるいは働ける時に働ける仕事を求めている人が少なくないため，柔軟性に富んだ就労システムが求められる。職場環境としては，自動化やロボット化，省力化や情報化といったハード面と，企業文化や人間関係あるいは子育て支援といった制度を含めたソフト面がある。

③働きがい：収入には経済的収入と精神的収入がある。働く人の意欲や目的によってその優先順位は異なる。たとえば成長意欲のある人にはその職場で何が学べるのか，どのように成長できるのか，どのような資格が得られるのか等の明確なキャリア・プログラムの構築や提供が必要となろう。また仕事を通じて社員が企業と社会にどのような貢献ができるかを明確に確認できるシステムも必要である。パートやアルバイトにとっては正社員登用への条件整備も働きがいのひとつとなる。

　働く意欲をもった人は仕事に対する意欲も高い。FS産業には独立を志す人は少なくないが，たとえば大庄グループは店舗展開にあたって，入社後営業実務経験5年以上または調理長経験3年以上の社員に独立できる独立制度を導入したが，これは社員が企業家精神を発揮する重要な機会を提供している。多様な労働価値が求められる時代には働きがいを支援する多様なシステムが求められている。

3）憧れられる産業の創造

　魅力ある産業とは，ごく端的に憧れの産業といえよう。かつてファミリーレストランに代表される多くの新業態が続々と登場した時代には，多くの若者が目を輝かせて自分の未来を託すべくFS産業の門をたたいた。FS産業に限らずどのような産業も未来の担い手である若者から憧れをもたれないと成長の保証はない。憧れられる産業になるためには，成長力があり業界のイメージリーダーとなりえるような企業あるいは業態が出てくるとか，魅力ある労働条件や環境整備等々の問題を解決していく必要がある。労働条件や時給が少々悪くても，学びたいものや自分の成長が望める業界であれば若者は集まるであろうし，そうすればたとえ少子化が進んでも若者の労働力は確保できよう。

　少子化で現在以上に人手が少なくなれば若い人材に依存するばかりではなく，女性やシニア労働力を有効活用すべきである。FS産業はこの領域においては他のどの業界よりも先駆的な取り組み姿勢を示すべきであろう。もともとFS産業は"ヒューマン・インダストリー"を標榜してきたが，真のヒューマン・インダストリーといわれるためには，人材の管理・活用・教育に卓越した産業になる必要がある。つまり人材を鍛え，育成し，生きがいに満ちた人材があふれる"人財の産業"と呼ばれるようになる必要がある。

　これはFS産業にとっては極めて重要なCSR活動となろう。これまでFS産業は欧米から経営の諸技術を学び，かつ導入することで産業としての位置づけを確保すべく努力してきた。それは経営の生産性の追求・実現といえようが，これからのFS産業に求められる生産性は働く人の"心の生産性"の実現であろう。それはFS産業に新たな視点による従業員価値創造が求められていることを意味する。

（4）高齢化社会への対応

　わが国は急速に高齢化社会に突入している。CSRを通じたFS産業の高齢化社会への適応として以下のような点が求められる。

1）快適性：第1はバリヤフリーで使い勝手のよい快適な店舗の開発である。五官の衰えが避けられないシニアに，見やすいメニューや適切な明るさをもっ

た照明，通りやすい通路や座り心地のよい椅子等々，シニア指向（仕様）の使い勝手のよい店舗が求められる。

2）商品・メニュー開発：お子様ランチはあるがシニアランチはあまり聞いたことがない。シニアは少量，多種，低カロリーあるいはそれぞれの健康状況に応じた食事を求める。美味しさは当然のことながら，こうしたシニア対応の商品・メニュー開発は同時にその店の独自性をも作り出すことになる。

3）サービス宅配：シニア世帯の中には，外食したくても外に出ることのできない家庭や家庭内療養を続けている家庭，家に居ながらにして"外食"を希望する家庭，あるいは安全な食材を使っている店から安全で新鮮な食材を配送してもらい，それを自宅で料理し安全な食生活を送りたいと望む家庭など多様なニーズが台頭しつつある。食材や食事のシニア向けRMR（レストラン・ミール・リプレイスメント）はすでに行われているが，FS産業は外食はもとより家庭内の食事にもいかに貢献できるかを検討しなければならない。

4）共食：シニアと子供が一緒にテーブルを囲む食事は"共食"と呼ばれる。女性の社会進出あるいはそれぞれの家族が多忙なスケジュールを抱えているためにすれ違いがもたらす家庭内単身化傾向，それによる個食・孤食化等々が進んでいる。かつてファミリーレストランは家族の食生活やライフスタイルだけでなく，コミュニケーションのあり方にも影響を与えた。もともとコミュニケーション・ビジネスとしての特質を有しているFS産業が，シニアと子供だけでなく三世代のコミュニケーションも含めた新たな視点による共食の場を創造することは大きな社会的価値創造に結びつく。

5）職場としてのFS産業：仕事を通じて社会における自分の存在価値を確認できることは，健康を維持しつつ充実した人生を全うする上で重要な意味をもつ。わが国でもシニア活用を導入するFS産業が出てきたが，米国では小売業世界一のウォルマートやホームデポが以前からシニアの有効活用を行っている。

　ウォルマートの場合店の近くのリタイアした人をグリーターとして店の入り口に配置している。グリーターはシニアの来店客とすぐに顔なじみになり，企業と顧客にとってフレンドリーな関係を構築していく。そうした顧客との接点

はシニア・グリーターにとっては働きがいや生きがいとなる一方，こうしたフレンドリーなコミュニケーションのあり方は店にとっては地域密着型戦略の一つになる。

(5) 食育とFS産業
1) 食育基本法
　食育がFS産業の社会的責任あるいは社会貢献領域として注目されている。もともと食育という言葉は，陸軍薬剤監だった石塚左玄が「化学的食養長寿論」で「体育智育才育は即ち食育なり」という言葉で表し，提唱した（石塚1896）。また村井弦斎も「食道楽 第3冊 秋の巻」の中で食育を説いた（村井1903）。現在使われている食育は，BSE問題や産地偽装等の食に関する問題が起こり，また子供の食生活に関する問題意識を前提に2002年に自民党の政務調査会に食育調査会が設置され，2003年に当時の小泉純一郎総理大臣が施政方針演説に取り上げたことで一般的に問題意識が喚起され，2005年6月成立の食育基本法でその意味が社会的に認識された（内閣府HP 2015）。

2) 食育とFS産業の役割
　一般的に食育の対象は主に子供だが，子供を取り巻く食環境は近年劇的に変化している。例えば日本スポーツ振興センターの調査によると，一人で食べる孤食の児童生徒は平成19年度調査と比較すると，朝食は小学校全体で11.4 → 15.3％，中学校全体で30.4 → 33.7％と増加している（日本スポーツ振興センターHP 2015）。

　成長著しい子供が朝食を抜いたり偏食すると，精神的な不安定の誘引，肥満や糖尿病等成人病の原因となる。子供（一般の成人も含めて）の食生活の問題は深刻化しており，子供の食生活をどう改善するかは少子化社会という時代の流れを待たずして，解決すべき大きな社会問題である。

　食育の対象となる領域は大別すると5つに整理できよう。第1は栄養，健康，食生活習慣などの食の効能・効果で，これには栄養バランス，生活習慣病予防，規則的な食事などが含まれる。第2は食の安全・安心で，この中には農薬，食

品添加物，産地名の表示，トレーサビリティなどのテーマが含まれる。第3は食の由来・文化に関する領域で，地域ごとの食文化や食習慣，地域性の重視，地産地消，旬産旬消などがある。第4は食と地球・環境問題であり，フードサイクル，フードマイルズ，省資源など，食と環境と地球を連携したテーマである。第5はその他食を通じた教育で，これには食事の作法，正しい配膳の仕方，躾，調理，味覚等のテーマがある。

　FS産業は食の経験価値産業である。食育におけるFS産業の役割を考えた場合，食を楽しむ体験を提供する中で食育を実践すること，つまり日常の業務活動の現場で食育を実践することがFS産業固有の食育活動となろう。食育の一般的対象者は子供となっているが，本来食育の対象は生涯を通じて必要とされるものであり，子供と同様に食育の必要性は親，独身者，ビジネスマン・OL，シニア等々全ての世代にいえることである。FS産業はそれぞれの業態によって客層が異なるため，業態特性や地域特性などを前提にして，食を楽しむ体験（経験価値）をベースに多様な食育活動が可能となる。

3）FS産業の食育活動における留意点

　FS産業が食を楽しむ体験をベースに食育活動を展開するに際して，特に留意すべき事柄が6つある。その第1は食事の楽しみ方の教育である。楽しさと元気は積極的な暮らしを営む"インフラストラクチャ"といえるが，楽しく食事をするためにはどのような知識や情報が必要かを教える必要があるだろう。外食に求められることは美味しさ，雰囲気，新しい料理との出会い，簡便さ，家族団らん，豊富なメニュー，良いサービス等々極めて多様であるが，食事の楽しさ（経験価値）こそはもっともFS産業が強調すべき事柄のひとつである。

　第2は正しい情報とストーリー性のある情報の提供である。健康に関心の高いといわれる40代以上の年齢層への調査で，カロリーのとり過ぎと答えた人の8割がどのくらいとり過ぎているかわかっていなかったという報告があるが，それは視点を変えると，たとえメニューにカロリー表示があってもその意味が伝わっていないということを意味しよう（高城ら2007）。次にストーリー性のある情報とは，メニューに使われている食材や産地の特徴等，受け手の立場

に立ってストーリー性をもたせかつ魅力的に提供することが求められる。

　第3はリスク・リテラシーである。提供すべき正しい情報の中に安全と安心の教育やリスク・マネジメントの教育がある。日本の教育にはリスク・マネジメントに関する教育が乏しい。たとえば食品添加物や残留農薬は基準値以内でも不安を感じる人は少なくない。またたとえ不安を感じない人でも基準値を超えたとたんに危険だと思う人が少なくない。これは賞味期間を1日でも超えるともう食べられないと考える人が多いことと似ている。

　安全とは科学的には量と作用の関係である。食品は基準値を少々超えても安全域にあるように定義されている（唐木2000）。専門家は化学物質が少し入っても量が少なければ安全と理論的に考えるが、一般消費者は化学物質が少し入っただけでも危険だと情緒的に考える。この視点の違いは教育にある。リスクに対する教育を食育の中に組み込んでいかないと、永遠に安全・安心の問題は解決されないであろう。

　第4は体験型食育の展開である。これに関しては多くのFS産業が実践している。たとえば簡単な店内見学、料理実習から当日の見学だけでなく事前の研修を行い、工場見学においては仕入れから物流まで各担当者が講義し、最長コースは工場見学2日間と店舗体験2日間の合計4日間というケースもある（青木2007）。自然環境とのつながりを体感できるコミュニティを開設し、環境への取り組み、文化的な試み、美味しく安全な食の提案などを含めた多面的食育活動を展開している企業もある。

　多くの体験型食育はグループ活動で行われるが、五感を使った体験学習は今日の子供たちに欠落しているコミュニケーションの大切さ、生活技術（手を使った作業。作法、マナー等も含まれる）の重要さ、作業終了後の達成感、またそれらを通じたモノの大切さに対する感謝・感動・喜び・楽しさという"心の世界"に大きなインパクトを与えている。これは今まさに社会が求めている最も重要な課題のひとつであり、それに積極的に貢献することは極めて大きな社会的責任を果たすことになる。

　第5は食育を通じた環境教育である。産地あるいは店舗における食材を取り扱う体験を通じて、有限な資源や自然、環境の大切さあるいは日本の食料自給

率，フードマイルズ，フードサイクル等を通じたグローバルな視点の教育は不可欠である。

　第6はネットワークである。米国のファストフードを代表するウェンディーズは米国栄養士会の協力を得て，ファストフードをどのように普段の生活に取り入れたらよいかや健康的なメニューの選び方などをインターネットやパンフレットで紹介しているが，こうした栄養士，食育支援関連組織や団体，大学，ボランティア組織や市民団体など，連携できる組織とネットワークを構築することによってFS産業が中核となった食育活動の展開が望まれる（Wendy's HP 2015）。

　第7は食育の対象者である。現在求められている食育は子供にとどまることなく，主婦，独身者，ビジネスマンやOL，シニアなどあらゆる世代を対象に行われるべきであろう。特にその中で子供に多大な影響を与えるにもかかわらず，時間や仕事の都合でこうした活動に参加できない主婦や両親，メタボリック症候群のビジネスマン・OLあるいは子育て支援のための食育，シニアのための食育への取り組みが重要となろう。

4）食育活動の取り組みへの視点

　CSR全体にもいえることであるが，利潤活動を基盤としている企業にとって，食育は時間・空間・人・金銭的等，同じCSRといっても省エネ対応のようにコスト削減というような直接的に見える利益があるわけではない。見えるのは大変な労力と費用発生であり，それが大きな負担となっている場合が少なくない。その意味では食育を健全な形で継続していくためには，事業と融合するビジネス・モデルの開発をしたりあるいはコーズ・リレーテッド・マーケティングのような，消費者利益と企業利益を同時に結びつけていく方向も模索する必要があろう（Pringle & Thompson 2001）。

　食育を通じて企業と接点をもつ人々は，その企業の考え方や現状を知ることになる。その意味では，食育活動は一方で見込み客の創造という未来へのコスト（それは投資といえよう）ととらえることができるし，他方食育では企業の多くの側面を消費者に開示することになるため，ある意味では消費者による"社外監査"ということになるかもしれない。

（6）CSR と CSV

　企業と社会の関わりについて，CSR を超えた新たな概念として CSV（Creating Shared Value）が提起されている。CSR の実践において多くの企業は，社会の利益と企業の利益はトレードオフの関係にあると理解する傾向にある。このジレンマを克服するための概念として，社会問題を事業戦略と一体のものとして扱い，社会にとっての価値と企業にとっての価値を両立させて，社会と企業の共通価値を創造するという考え方が CSV である。

　CSV は M. ポータが 2006 年の戦略的 CSR の概念を進化させて，M. クレマーとともに 2011 年に提起した概念であるが，その基本的視点は新たな資本主義社会のあり方に対する概念提起である（Porter & Kramer 2011）。食関連の企業でネスレやダノンの様に CSV を展開している企業は少なくない。例えばダノンはグラミン銀行と合弁企業グラミン・ダノンフーズを設立した。同社は小さなヨーグルトの製造工場を沢山作り，地域社会と協力して運営している。ミルクの仕入れは地元の酪農家から，流通は地元の女性を「グラミン・ダノン・レディー」として採用し，ヨーグルトを販売する店と住民を結ぶ。酪農家はグラミン銀行から小口融資を受ける。工場が稼動しビジネスが軌道にのるとコミュニティが潤う。同社は金銭的利益より社会的便益を最大にするように設計された会社であり，こうした企業はソーシャル・ビジネスとよばれる。

　ソーシャル・ビジネスは自社の中核的な事業を通じて，貧困，衛生，教育，栄養など社会的課題に対して，一時的な寄付やボランティアではなく，ビジネスとして継続的に取り組んで解決をしていくというものである。FS 産業もこうした新たな流れに積極的にチャレンジしていくことが求められる。

3．まとめ

　CSR は今日の企業にとって経営そのものあるいは戦略そのものである。CSR を義務履行的課題として認識するかあるいは新たな価値創造のための戦略指標として認識するか。FS 産業の未来はすべからくその認識のあり方と行動にかかっている。なぜなら認識は常に戦略行動の原点だからである。

【注】
1) 第1は国民の健康保護が最も重要であるという基本認識，第2は食品供給工程の各段階においての必要な措置，第3は国際的動向および国民の意見に配慮しつつ科学的知見に基づくことである。
2) HACCP（Hazard Analysis and Critical Control Point）は米国で開発された食品衛生上の危害発生を予防するシステム。HACCPの基本概念は，製品製造プロセスで起こる危害を事前に調査し，製造プロセスで品質管理を怠ることによって製品が不良品になってしまうポイント（CCP = Critical Control Point）で管理項目を設定し，そこを重点的に管理することを目的にしたシステムである。
3) アルバイトの定着率の関する直近の報告に以下がある。服部勝人・河木智規・伊藤公佑・楠野恭巳，2014，フードサービス業界における人財確保と定着率の向上，日本フードサービス学会年報，日本フードサービス学会，pp.166-173

参考文献

青木利雄，2007，我が社の食育への取り組み（上）〜全国各地のブロック協議会より〜 事例1. 株式会社 サトレストランシステムズ，JFジェフマンスリー 7月号，日本フードサービス協会，pp.8-9

石塚左玄，1896，化学的食養長寿論，博文館，p.276

江口泰広，2009，フードサービス産業とCSR：その戦略的意味の一考察，日本フードサービス学会年報，第14号，pp.6-42

唐木英明監修，2000，暮らしのなかの死に至る毒物・毒虫60，講談社

笹谷秀光，2013，CSR新時代の競争戦略 ISO26000活用術，日本評論社

柴田實編，1972，石田梅岩全集上巻，清文堂出版，pp.83-87

渋沢栄一著，守屋淳翻訳，2010，現代語訳 論語と算盤，ちくま新書

酒井剛，2005，資生堂のCSR経営とブランディング 〜資生堂らしさを生かしてブランド価値を高める〜，BUSINESS RESEARCH，5月号，一般社団法人企業研究会，pp.54-61

高城孝助・橋本玲子・平林千春，2007，フードサービスと食教育〜食情報の氾濫の中で人々の適切な食行動をどう誘導していくか，日本フードサービス学会年報，第12号，日本フードサービス学会，pp.125-134

東京財団CSR研究プロジェクト，2014，CSR白書2014 統合を目指すCSR その現状と課題，東京財団

谷本寛治，2014，日本企業のCSR経営，千倉書房

谷本寛治編，2003，SRI 社会的責任投資入門—市場が企業に迫る新たな規律，日本経済新聞社

中村瑞穂，2003，企業倫理と企業統治—国際比較—，文眞堂

日本取締役協会編，2006，江戸に学ぶ企業倫理，生産性出版

(財)日本総合研究所，1974，企業のミニマム・リクヮイァメント（企業の社会的責任論について，(財)日本総合研究所

西尾チヅル，1999，エコロジカル・マーケティングの構図―環境共生の戦略と実践，有斐閣

平井良介，2004，リコーにおける企業の社会的責任の推進 グループ・グローバルにCSRを展開，BUSINESS RESEACH，3月号，一般社団法人企業研究会，pp.20-28

福住正兄，1909，報徳教祖 二宮翁夜話 第14版

藤井敏彦，2005，ヨーロッパのCSRと日本CSR―何が違い，何を学ぶか，日科技連出版社

水尾順一・田中宏司，2004，CSRマネジメント：ステークホルダーとの共生と企業の社会的責任，生産性出版

水尾順一，2003，セルフ・ガバナンスの経営倫理，千倉書房

水尾順一，2000，マーケティング倫理 人間・社会・環境との共生，中央経済社

宮腰智裕，2006，特集 外食産業と環境問題 事例発表：当社の環境問題への取り組みについて，JFジェフマンスリー，5月号，日本フードサービス協会，pp.7-9

村井弦斎，1903，食道楽 増補註釈 第3冊 秋の巻 第二百五十二 食育論，報知社，pp.242-243

安田隆之，2007，広報セミナー概要報告 食のリスクマネジメントと企業の広報対応 事例2 外食企業のマスコミ対応 製品回収の事例より，JFジェフマンスリー，10月号，日本フードサービス協会，pp.10-11

European Commission. (2001). Promoting a European Framework for Corporate Social Responsibility: Green Paper, http://ec.europa.eu/employment_social/socdial/csr/greenpaper_en.pdf. (2015-1-9)

Kotler, P. and Lee, N., 2005, Corporate Social Responsibility: Doing the Most Good for Your Company and Your Cause, Wiley, New York., 恩藏直人ら訳，2007，社会的責任のマーケティング―「事業の成功」と「CSR」を両立する，東洋経済新報社

Paine, Lynn S., 2014, Sustainability in the Boardroom: Lessons from Nike' Playbook, *Harvard Business Review*, July-August, pp. 87-94

Paine, L., 2003, Value Shift: Why Companies Must Merge Social and Financial Imperatives to Achieve Superior Performance, McGraw-Hill, New York., 鈴木主税ら訳，2004，バリューシフト 企業倫理の新時代，毎日新聞社，p.140

Pringle, H. & Thompson, M., 2001, Brand Spirit: How Cause Related Marketing Builds Brands, Wiley, New York

Porter, M. E., & Kramer, M. R., 2011, Creating Shared Value: How to Reinvent Capitalism and Unleash a Wave of Innovation and Growth, *Harvard Business Review*, January-February, pp.62-77

農林水産省総合食料局食品産業振興課外食産業室HP，外食における原産地等の表示に関する検討会，http://www.matt.go.jp/j/study/gaisyoku/（2015-4-18）

モスフードサービス社会・環境活動,http://www.mos.co.jp/company/social_activity/（2015-4-19）
平成 26 年上半期雇用動向調査結果の概況,厚生労働省 HP,http://www.mhlw.go.jp/toukei/itiran/roudou/koyou/doukou/15-1/dl/gaikyou.pdf,（2015-4-18）
　平成 25 年上半期雇用動向調査結果の概況,厚生労働省 HP,http://www.mhlw.go.jp/toukei/itiran/roudou/koyou/doukou/14-1/dl/gaikyou.pdf,（2015-4-18）
　平成 24 年上半期雇用動向調査結果の概況,厚生労働省 HP,http://www.mhlw.go.jp/toukei/itiran/roudou/koyou/doukou/13-1/dl/gaikyou.pdf,（2015-4-18）
文化放送キャリアパートナーズ（2014）,2015 年入社希望者就職ブランドランキング調査速報（前半）,文化放送 HP,http://www.careerpartners.co.jp/sjk/rank_w15.html（2015-1-9）
内閣府,共生社会政策：食育推進　http://www8.cao.go.jp/syokuiku/,（2015-4-18）
独立行政法人日本スポーツ振興センター,平成 22 年度 児童生徒の食生活等実態調査報告書（食生活実態調査編）,http://www.jpnsport.go.jp/anzen/anzen_school/tyosakekka/tabid/1490/Default.aspx,（2015-4-18）
Wendy's, Wendy's Nutrition http://www.wendys.com/en-us/nutrition-info（2015-4-19）

第4部

21世紀のフードサービス像を求めて

第13章　フードサービスと6次産業化

1．問題の背景と課題

　「6次産業化」という造語はここ数年で一般化した名詞であるが，明確な定義はなく多義的なものである。1次産業と2次，3次産業を一体的に行う主体（出自）と2次・3次産業の内容（食分野だけかエネルギーとか工業的なものも含むか）によって狭義，広義のとらえ方があるが，筆者は，1次，2次，3次産業，消費者というたての流れではなく，消費者を基盤とした円形の循環（食分野の融合）ととらえるのが適当と考える。このような融合の取組により，多様な視点と知見が集積され，より魅力ある商品の作り込みが可能となる。
　特にフードサービス事業者が主導する6次産業化はマーケットインの発想が重視され，国内外の消費者に強い訴求力を持つ商品となることが期待される。

2．6次産業化とは

（1）提唱者

　そもそも6次産業化とは何であろうか。この用語を使用する者や場面に応じてだいぶ意味内容が異なっているように思われるので最初に整理したい。
　「6次産業化」という単語は，1990年代半ばに今村奈良臣東京大学名誉教授が提唱したのが最初といわれている。
　当時の同氏の講演録[1]には，「農業の6次産業化の創造は，分かりやすく言えば，これまで農業は農業生産過程のみを担当するようにされてきて，二次産

業的な部分である農産物加工や食品加工，あるいは肥料生産などは食品製造企業や肥料メーカーに取り込まれ，さらに三次産業的部分である農産物の流通や農業にかかわる情報やサービスなども，卸売・小売業や情報サービス企業に取り込まれている。それらを農業の分野に可能なかぎり取り戻そうではないか。」と述べられている。この当時は 1 ＋ 2 ＋ 3 ＝ 6 次産業であったが，後に「農業がゼロになったら，いくら 2 次産業，3 次産業を強化しても答えはゼロになるということを強調するため，かけ算にしたと発言している」[2]。

このように，農業者が行う加工・流通活動をとらえて 6 次産業が提唱（本稿では「狭義の 6 次産業化」という。）され，市町村主導，農協主導，農業改良普及員主導といった形で各地で実践的な取組みが行われていた。

（2）6 次産業化法案への道筋

各地で加工品の製造や産直所の運営が盛んになり，成功事例も見られるようになったものの，農林漁業者の多くは生鮮品の出荷が主たる収入源であり，減少傾向に歯止めがかからない。

他方，食の外部化の進展により，食料消費の形態は生鮮から加工・調理食品に移行し，これらの需要が今までもこれからも確実に高まる。家計調査によれば，1990 年には生鮮計 51.4％，調理食品と飲料の計 11.6％だったものが，2010 年にはそれぞれ 44.1％，17.9％となっている。さらに地域経済の活性化の観点からも食品関連産業が注目されることとなった。食品関連産業は全国どこでも起業が可能な雇用吸収能力の高い（現在でも雇用者の 1 割以上が従事）産業であるからだ。

生産者と加工・流通事業者をつなぐ予算事業としては，生産者団体による加工や産直所の整備は古くから行われていたが，2005 年からは食農連携事業や食料産業クラスターという形で食品産業側からのアプローチを支援する事業が開始されている。これらの事業は，地域内に存在する食材，人材，技術その他新事業，新商品創出のための資源を効率的に結びつけることによるイノベーションを期待するものであり，思想的には農商工連携の先駆けである。

法制的には，農産物に限ったものではないが，地域の資源（地域特産物と相当

図表 13 － 1　品目別食料支出割合の将来推計

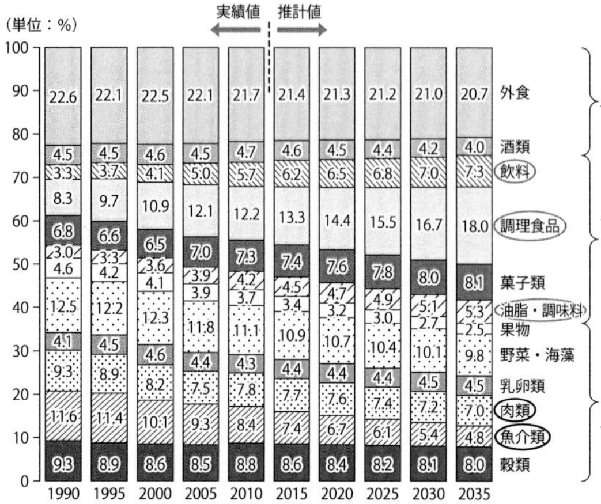

支出項目	細項目
外食	一般外食，学校給食
酒類	
飲料	茶類，コーヒー・ココア，他の飲料
調理食品	主食的調理食品，他の調理食品
菓子類	
油脂・調味料	油脂，調味料
果物	生鮮果物，果物加工品
野菜・海藻	生鮮野菜，乾物・海藻，大豆加工品，他の野菜・海藻加工品
乳卵類	牛乳，乳製品，卵
肉類	生鮮肉，加工肉
魚介類	生鮮魚介，塩干魚介，魚肉調整品，他の魚介加工品
穀類	米，パン，めん類，他の穀類

資料：農林水産政策研究所（2014. 6 月）。
注：1．2010 年までは，家計調査，全国消費実態調査等より計算した実績値で，2015 年以降は推計値。
　　2．2010 年価格による実質値の割合。

程度認識されている農林水産物，鉱工業品（その技術を含む），文化財，自然景観，温泉その他の地域の観光資源として相当程度認識されているもの）の有効活用を支援する「中小企業による地域資源を活用した事業活動の促進に関する法律（地域資源活用促進法）」が 2007 年に制定された。この法律は，中小企業施策の中に地域活性化を取り込んだものであるが，実体的には，都道府県が策定する約 1 万 4000 の基本構想のうち，農林水産物は約 4000 となっており，6 次産業化支援の先駆的な法律ということができる（経済産業省専管）。

この流れを更に進めて対象を農林水産物に限ったものとして 2008 年の「中小企業者と農林漁業者との連携による事業活動の促進に関する法律（農商工連携法）」が経済産業省と農林水産省の共管法として制定された。この法律は，農林漁業者と商工業者がそれぞれの経営資源，ノウハウ等を持ち寄って，新商品・サービスの開発を行う取組を支援し，地域活性化を目指すものである。

しかしながら，これら 2 法は（1）で述べた狭義の 6 次産業化とは主体すなわち，利益の帰属の点を重要なポイントと考えるか否かでニュアンスが異なっ

ている。すなわち狭義の6次産業化では「農業者が主体となって取組み，その利益を帰属させる」ことが主眼であるのに対して，農商工連携などでは，この点へのこだわりはなく，農業者と中小企業者双方の利益と地域への雇用などによる貢献が目標とされている。また地域資源法と農商工連携法は中小企業施策の一環（地域活性化型）として提起されたことも注記すべき事項であろう。

その後，6次産業化が脚光を浴びたのは，2008〜9年にかけての民主党の政策提言である。「農山漁村を六次産業化（生産・加工・流通までを一体的に担う）し，活性化する」(2009年民主党マニフェスト)，「六次産業化：農林漁業者・農山漁村と2次産業者・3次産業者との融合・連携による新たな業態の創出など。」(民主党政策集 INDEX 2009)との記述が盛りこまれているが，産業政策か地域政策か，誰が何をするのか不明確なままであった。

これらの流れを受けて6次産業化の考え方を明確にしたのは，2010年の「地域資源を活用した農林漁業者等による新事業の創出等及び地域の農林水産物の利用促進に関する法律」である。

同法においては，前文で「一次産業としての農林漁業と二次産業としての製造業，三次としての小売業等の事業との総合的かつ一体的な推進を図り，地域資源を活用した新たな付加価値を生み出す六次産業化の取組」とされるとともに，第2条の基本理念において「農業者，林業者及び漁業者の所得の確保を通じて持続的な農林漁業の生産活動を可能とし，地域経済の活力をもたらすとともに，エネルギー源としての利用その他の農林水産物等の新たな需要の開拓等により‥」と明記されている。また支援の対象となる「農林漁業及び関連事業の総合化」とは，「農林漁業者等による新事業の創出等を図るため，単独または共同の事業として農林水産物等の生産及びその加工又は販売を一体的に行う事業活動であって，農林水産物等の価値を高め，又はその新たな価値を生み出すことを目指したもの」と定義されている。

本法の特徴は，①地域の資源として，エネルギー源として利用可能な資源も活用の客体としたこと（広義の6次産業化）②本法の支援する6次産業化の活動主体が「農林漁業者等」に限定され，地域や地域を超えた多様な者の連携ではなく，政策推進の主眼が農林漁業者の所得の向上・経営発展であることが明確

図表13−2 6次産業化とは

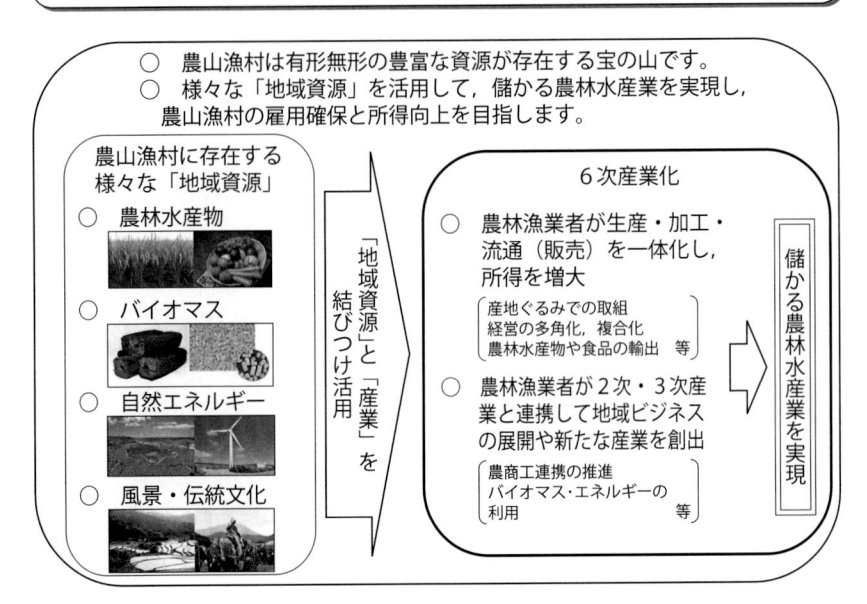

- 農山漁村は有形無形の豊富な資源が存在する宝の山です。
- 様々な「地域資源」を活用して，儲かる農林水産業を実現し，農山漁村の雇用確保と所得向上を目指します。

農山漁村に存在する様々な「地域資源」
- 農林水産物
- バイオマス
- 自然エネルギー
- 風景・伝統文化

「地域資源」と「産業」を結びつけ活用

6次産業化
- 農林漁業者が生産・加工・流通（販売）を一体化し，所得を増大
  - 産地ぐるみでの取組
  - 経営の多角化，複合化
  - 農林水産物や食品の輸出　等
- 農林漁業者が2次・3次産業と連携して地域ビジネスの展開や新たな産業を創出
  - 農商工連携の推進
  - バイオマス・エネルギーの利用　等

儲かる農林水産業を実現

資料：農林水産省。

にされたことにある。

図表13−2は農林水産省が使用している6次産業化の内容を示す絵図であるが，今村教授が打ち出した6次産業化よりは客体が増加しており，広義の6次産業化といってもよい内容である。しかしながら，本法の6次産業化の活動主体が1次産業者とされたことから，2次，3次産業の方々が主導するダイナミックな動きが施策に取り入れがたくなったきらいがある。

産業分類を超えた融合は何も1次産業から発するものではない。契約取引，契約栽培，企業の農業参入，PB（プライベート・ブランド商品）の生産・製造といった形での実需者である2次，3次産業側からのアプローチによる連携も同時に加速している。両者の知見が相まって付加価値を創造していくと見るべきであろう。

食市場は，人口と経済成長が市場規模を決定づける要素であるが，世界規模の成長と日本市場は異なる状況にある。「厚い中間所得層が段階的に上昇して

いく」市場状況の再来は見込めない。消費者は分化し，氾濫する情報の中で突然流行して売上が伸びたり，廃れたりと消費行動の不透明感はますばかりである。加えて人々の食に関する関心は低下傾向であり，支出も減少している。このような状況下にあっては，消費者に接する機会をできるだけ増やし，特徴をアピールして需要を獲得しようとすることは当然の行動原理であろう。業態の垣根を云々している余裕はない。

消費者にとっても様々な知見が結集されてよりよい商品やサービスが産み出されることは喜ばしいことであろう。

3．食分野の連携・融合

食分野の連携・融合に関しては，1次産品の生産を起点に加工，流通するに従って価値が高まることすなわち付加価値を向上させていくというバリューチェーンを基軸にした考え方がある。

(1) バリューチェーンの構築の視点からの分析

農林水産省の資料では1次産業者を起点に6次産業化をバリューチェーンの結合密度に応じて分類している。①市場取引型，②契約型，③農商工連携型，④6次産業化型，⑤6次産業化ファンド活用型である。

① 市場取引型は市場取引による大量物流である。国内流通全体に占める市場取引の割合は減少してきているものの，ここ10年間は低下が鈍化（青果60％，果実70％，水産物では55％）しており，依然として物流のメーンストリームということができる。

国内外から集荷して，卸業者の目利き機能を活用して分配することが市場の主要な機能であり，生産者にとっても，実需者とっても重要な社会インフラである。生産者にとって，自分で売り手を探さなくとも受託拒否がない市場に出荷して販売，代金決済というシステムは省力化が図られるし，実需者にとっても市場に出向けば豊富な品揃えの中から適正価格で選択できるので便利である。

図表13－3　バリューチェーンの構築による農林水産物の付加価値向上

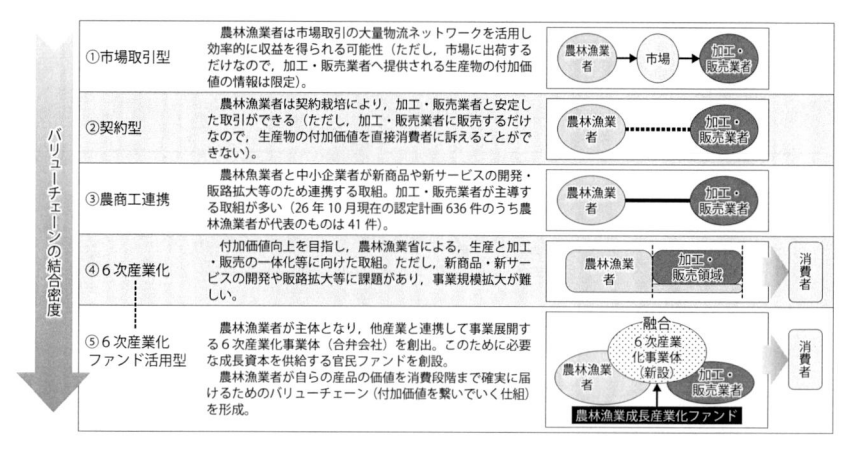

バリューチェーンの結合密度		内容	図
	①市場取引型	農林漁業者は市場取引の大量物流ネットワークを活用し効率的に収益を得られる可能性（ただし，市場に出荷するだけなので，加工・販売業者へ提供される生産物の付加価値の情報は限定）。	農林漁業者 → 市場 → 加工・販売業者
	②契約型	農林漁業者は契約栽培により，加工・販売業者と安定した取引ができる（ただし，加工・販売業者に販売するだけなので，生産物の付加価値を直接消費者に訴えることができない）。	農林漁業者 --- 加工・販売業者
	③農商工連携	農林魚業者と中小企業者が新商品や新サービスの開発・販路拡大等のため連携する取組。加工・販売業者が主導する取組が多い（26年10月現在の認定計画636件のうち農林漁業者が代表のものは41件）。	農林漁業者 — 加工・販売業者
	④6次産業化	付加価値向上を目指し，農林漁業者による，生産と加工・販売の一体化等に向けた取組。ただし，新商品・新サービスの開発や販路拡大等に課題があり，事業規模拡大が難しい。	農林漁業者 ─ 加工・販売領域 → 消費者
	⑤6次産業化ファンド活用型	農林漁業者が主体となり，他産業と連携して事業展開する6次産業化事業体（合弁会社）を創出。このために必要な成長資本を供給する官民ファンドを創設。農林漁業者が自らの産品の価値を消費段階まで確実に届けるためのバリューチェーン（付加価値を繋いでいく仕組）を形成。	融合　6次産業化事業体（新設）　農林漁業者　加工・販売業者　農林漁業成長産業化ファンド → 消費者

資料：農林水産省。

　第三者である専門家の仲卸，卸業者の目利き評価による値決めは，効率的な流通や適正な価格の形成という観点からは重要な要素であるものの，生産者と実需者の直接的な交流や情報は途切れてしまう難点がある。また豊凶や気候により価格の振れ幅が大きいため，安定供給を欲する実需者には不都合な場合もある。またこの場合のバリューは，第三者（競り）によって付加され，かつ入荷量によって価格が大きく変動するため，偶然性が高く必ずしも生産行程の努力を反映した付加価値にならない難点がある。このため市場での一定取引を維持しつつ，特色ある商品をその他の手法で直接的に売買しようという関係が構築されることになる。

② 契約型は，生産者と実需者が契約により直接取引を行う形態であり，現在では広く行われている。フードサービスの事業者にとっては，特徴ある食材を安定的あるいは独占的に入手して，その旨を強調した商品や料理を供給できるというメリットがあり，生産者にとっても安定的な売り先確保につながる。契約栽培関係の初期においては，生産物の引き取りのみの場合も多いが，信頼関係が構築されるに従って，品質や供給の安定を図ったり，より消費者の好みに沿った生産への誘導を行うために，フードサービス事

業者が生産や飼育方法を指導したり，依頼するケースに発展することがほとんどである。フードサービス事業者は，「○○産」とか「▲農場」のと謳った，特色のあるメニューやサービスの提供が可能となる。

この場合には，取引の規格，価格は両者の交渉によって決められることになる。

③ 農商工連携型は農林漁業者と中小企業者が新商品や新サービスの開発，販路拡大等を連携する取組である。「餅は餅屋」ということわざがあるように，加工や新サービスは，農林漁業者が直接やるよりは専門家に素材を任せて商品化した方が結果として成功する確率が高い場合も多い。商工業者にとっても地域の資源を協働で発見し，それぞれの専門分野を活かして商品化することは魅力ある活動である。たとえば，サツマイモ（果実でも野菜でも素材は何でもよい）を素材に，飲料，菓子，デザート，酒，総菜，ドレッシング，外食のメニューをそれぞれ考案し，飲食店，土産屋で販売するといった動きであり，観光客誘致と町おこしにつながっている。これ以外にも別の分野での技術を農林水産物の加工に活用する（肉を軟らかくする酵素をミカンの薄皮を溶かす技術に，工場の殺菌技術をシラス殺菌になど）事例もみられ，1次産業者だけの知恵からはなかなか展開ができないイノベーションと裾野の広がり（地域の多様な関係者が参加した一体的な取組み，広範な販路の確保）が農商工連携の成果をみることができる。

さらに，連携の役割分担においても，4割の農林漁業者が加工販売，商品開発に参画しており，ノウハウを吸収して自らの6次産業化のステップアップ活用している事例もある。また，地域的にも愛知県，東京都といった商工業地帯発の取組みが多いのが特徴である。

しかしながら，商品開発の新規性が要請されるため，製品の完成度が高ければ高いほど原料としての農林水産物の調達量はそれほど多くならず，1次産業者の利益増進に結びつかなかったこと，ゆるやかな連携で，責任や利益・損益の分担が不明確である場合には，良好な関係が維持できずに連携が解消された場合も見られたことは，農商工連携の限界ともいうことができる。

図表13－4　農商工連携の現状

農商工等連携促進法に基づく農商工等連携事業計画の概要（平成27年2月2日現在）

(1) 地域別の認定状況

地域	連携事業計画の認定件数	うち農畜産物関係	うち林産物関係	うち水産物関係
北海道	47	36	4	7
東北	61	52	1	8
関東	140	117	5	18
北陸	53	40	5	8
東海	87	72	5	10
近畿	77	68	3	6
中国四国	98	67	7	24
九州	71	56	6	9
沖縄	20	13	1	6
合計	654	521	37	96

（注）合計654件のうち、農林漁業者が主体となっている取組は43件（7%）である。

(4) 事業計画で活用される農林水産資源

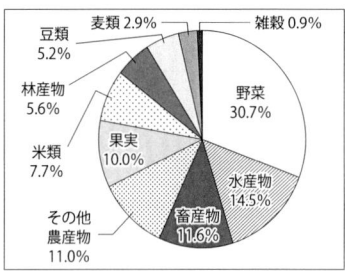

- 野菜 30.7%
- 水産物 14.5%
- 畜産物 11.6%
- その他農産物 11.0%
- 果実 10.0%
- 米類 7.7%
- 林産物 5.6%
- 豆類 5.2%
- 麦類 2.9%
- 雑穀 0.9%

(2) 認定件数の多い都道府県（件）

第1位	愛知県	51
第2位	北海道	47
第3位	岐阜県	23
第4位	東京都	22
第4位	静岡県	22

(3) 認定事業の累計（件）

	計
①規格外や低未利用品の有効活用	107
②生産履歴の明確化や減農薬栽培等による付加価値向上	49
③新たな作目や品種の特徴を活かした需要拡大	141
④新規用途開拓による地域農林水産物の需要拡大、ブランド向上	305
⑤ITなどの新技術を活用した生産や販売の実現	30
⑥観光とのタイアップによる販路の拡大	14
⑦海外への輸出による販路の拡大	8
合計	654

資料：農林水産省。

④　広義の6次産業化

　広義の6次産業化は、付加価値向上を目指し、農林漁業者による、生産と加工・販売の一体化等に向けた取組である。1次産業者の取組として2次産業、3次産業だけ、2次と3次双方といういくつかの組み合わせがあり、その中から持てる資源を最大限に活かす手法を選択することが肝要である。持てる資源を最大限に活かすという経営判断がどこまで貫徹できるかが鍵となる。資源以上の急激な多角化は結果として経営困難状況に陥ることが多い。また、生産者から経営者へ、ものつくりから物売りへの思想の転換を意識的に行わないとどちらもうまくいかない（1次産品の品質も劣化し、加工品も中途半端になること）というジレンマになりがちである。

　図表13－5の販路別分類にみるように、多様な業態への拡大が想定される

が，事業分野や領域によってリスクが大きく異なる。

特に加工事業では小規模の場合は直売で十分であり，そのための人材確保も不要であろうが，ある程度の規模となると，販路開拓のノウハウや品質管理の技術を持った人材の確保が必要となる。

また3次産業は2次産業に比べると比較的撤退が容易であるが，メニュー開発やハード（レストランの内装，調度品，什器など）ソフト（給仕のサービスのタイミング，盛りつけなど）のサービスなど1次，2次産業とは次元の異なる能力，あえて喩えれば「ばけさせる」力とでもいうべき能力が必要となる。

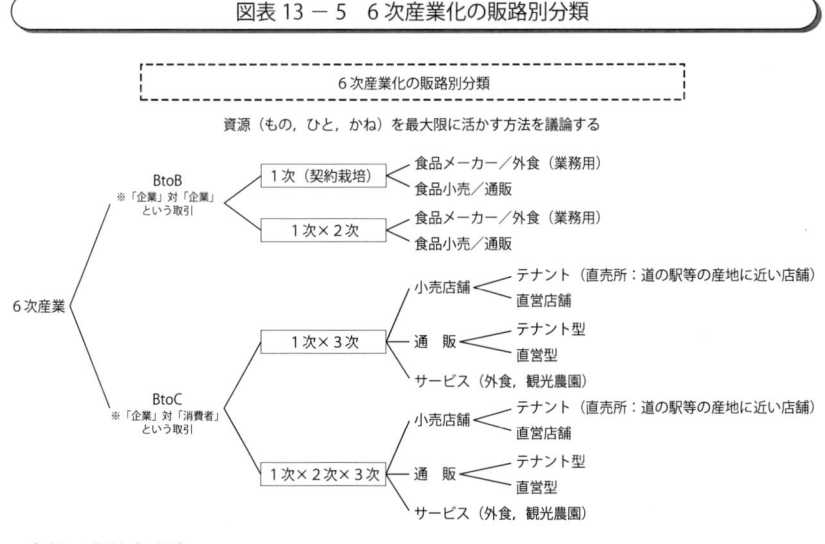

図表13－5　6次産業化の販路別分類

```
6次産業化の販路別分類
資源（もの，ひと，かね）を最大限に活かす方法を議論する

6次産業
├─ BtoB （「企業」対「企業」という取引）
│   ├─ 1次（契約栽培）── 食品メーカー／外食（業務用）
│   │                      食品小売／通販
│   └─ 1次×2次 ──────── 食品メーカー／外食（業務用）
│                          食品小売／通販
└─ BtoC （「企業」対「消費者」という取引）
    ├─ 1次×3次
    │   ├─ 小売店舗 ── テナント（直売所：道の駅等の産地に近い店舗）
    │   │              直営店舗
    │   ├─ 通販 ───── テナント型
    │   │              直営型
    │   └─ サービス（外食，観光農園）
    └─ 1次×2次×3次
        ├─ 小売店舗 ── テナント（直売所：道の駅等の産地に近い店舗）
        │              直営店舗
        ├─ 通販 ───── テナント型
        │              直営型
        └─ サービス（外食，観光農園）
```

資料：農林水産省。

広義の6次産業化は6次産業化法案の認定を受けると各種の支援が受けられる。全国で1,900件以上の計画が認定されており，加工（2次産業）と直売（3次産業）が3分の2を占めている。素材では野菜と果樹で5割になっている。

図表13－6　6次総合化事業計画の認定状況

(1) 地域別の認定件数

地域	総合化事業計画の認定件数	うち農畜産物関係	うち林産物関係	うち水産物関係	研究開発・成果利用事業計画の認定件数
北海道	110	102	5	3	1
東北	300	279	8	13	5
関東	313	282	14	17	12
北陸	97	92	1	4	1
東海	169	145	13	11	0
近畿	343	314	12	17	2
中国四国	201	158	9	34	3
九州	332	277	22	33	3
沖縄	54	49	1	4	0
合計	1,919	1,698	85	136	27

(4) 総合化事業計画の対象農林水産物の割合

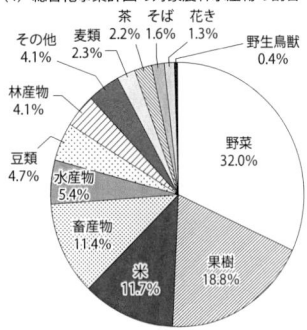

- その他 4.1%
- 茶 2.2%
- そば 1.6%
- 花き 1.3%
- 麦類 2.3%
- 野生鳥獣 0.4%
- 林産物 4.1%
- 豆類 4.7%
- 水産物 5.4%
- 畜産物 11.4%
- 米 11.7%
- 果樹 18.8%
- 野菜 32.0%

※複数の農林水産物を対象としている総合化事業計画については全てをカウント。

(2) 総合化事業計画の認定件数の多かった都道府県（件数）

第1位	北海道	110
第2位	兵庫県	90
第3位	長野県	82
第4位	熊本県	74
第5位	宮崎県	72

(3) 総合化事業計画の事業内容の割合（%）

加工	21.2
直売	2.7
輸出	0.4
レストラン	0.1
加工・直売	68.1
加工・直売・レストラン	6.0
加工・直売・輸出	1.5

資料：農林水産省。

⑤　6次産業化ファンド活用型

　広義の6次産業化では，資源（もの，ひと，かね）に限界があり，ダイナミックな展開が図りがたい場合が多い。また，農商工連携ではゆるやかな連携ゆえの不安定さが否めない。

　このような課題を克服するために，農林漁業者が主体となり，他産業と連携して合弁会社を立ち上げて6次産業を実践することが有効な手段となりうる。このような合弁会社を支援するための官民ファンド（農林漁業成長化ファンド）がある。

　この場合の連携する他産業には制限がない。食関係の産業でもよいし，物流やIT企業も可能である。技術やノウハウを提供してともに合弁会社の成長のために働き，利得共有するいわば運命共同体を形成する仕組みである。

　出資対象となる事業体は，農林漁業者からの①出資②現物出資③分社化によ

り設立され，パートナー企業は①出資②現物出資を選択できる。更にサブファンドからの経営支援も受けられる。

現在認定を受けているのは58件であり，この中には外食事業者をパートナーとしている事例も見られ，今後の積極的な事業展開が期待される。

図表13－7　ファンドを活用した戦略的な提携

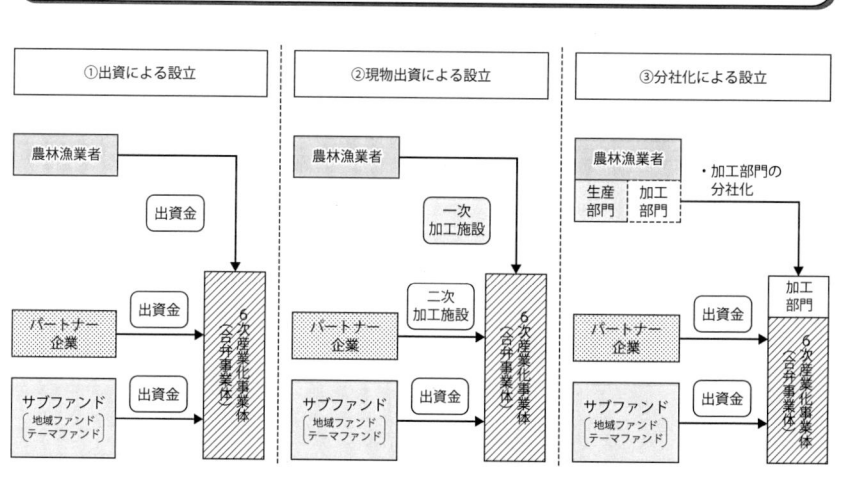

4．フードサービスが主導する6次産業化へ
―3次産業と1次，2次産業の連携から融合へ

　食分野の連携・融合の中核は，当然ながら事業者ではなく消費者であるべきである。人口減少，市場縮小下の成熟市場では従来に増して「買い手市場」になる。消費者の簡便化や健康志向，1人世帯の増加，高齢化といった社会構造の変化に沿った商品開発が成功の鍵である。フードサービスは消費者に一番近い産業であり，消費者を熟知し，データも豊富である。他方1次産業者は素材の作り方のプロ，2次産業者は加工のプロである。どの分野の事業者も競争激化の中，単体の事業分野では生き残れない。フードサービス事業者が，農業生産を行い，加工品を製造販売するのが当たり前の時代である。

図表13－8　消費者を基盤とした食分野の融合へ

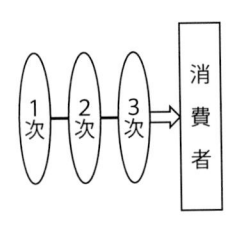

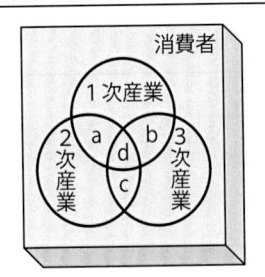

資料：筆者作成。

　こう考えると，従来の縦のバリューチェーンではなく，消費者を基盤としたそれぞれの産業の和集合が力を生み出すと考えるべきではなかろうか（図表13－8）。
　1次，2次，3次産業の融合を図示したが，重なりの集合でも，どちらから入り込むかによって活動を表す言葉が異なり，あたかも別の事象のような印象を受ける。aの集合で1次→2次は農産加工（6次産業化），2次→1次はメーカーの農林水産業への参入，bの集合で1次→3次は直売所，食堂への参入（6次産業化），3次→1次は，外食や小売りの農林水産業への参入，cの集合で2次→3次は直売店，レストランの経営（6次産業化），3次→2次は小売りのPB（プライベート・ブランド）の内製化，外食の加工品生産販売などである。
　しかしながら，出自はともあれ消費者の視点でみれば，実際に行われている活動はそれぞれの集合内では同じである。たとえばbの集合でみれば，1次産業者が経営する食堂も外食には代わりはないし，3次産業者の行う農業は農業であり，生産された大根は誰が栽培しても大根である。それぞれの業をに課されている規制も遵守しなければならない。
　つまり，食分野の融合はそれぞれの領域内でのプレーヤーを増やすことに他ならず，競争の激化を意味する。持てる資源が異なるプレーヤーが参戦することになるので，創発による創造が期待される。加工用の大きなキャベツやタマネギ，イチゴ生産などはその好例である。他方懸念されるのが縮小する国内市

場の奪い合いにならないかということである。これを回避するためには，消費者の需要に徹底的に寄り添う（消費者起点），輸出や海外展開も含めたグローバルな市場を相手にしていく覚悟（グローバル視点）が必要である。

他方1次産業のように後継者不足の産業は，資本や技術，人の流入をもたらし，耕作放棄地の再耕や革新的な生産方法の導入など活性化効果が期待されるので，社会経済的にみても有益な取組である。

2009年の農地法改正により，リース方式での株式会社の参入が可能となった。これを契機にこの5年間程度で1,400近くの法人が参入している。年平均では350社にのぼり，1日に1社新規参入している計算となる。

参入の業務形態の食品関連産業とその他卸売・小売業を合わせると31％を占め，フードサービスとの融合が進展していることがうかがわれる。営農作物別では，野菜・果樹で50％を超える。小規模でも取り組みやすいこと，販売や加工がしやすいことが背景にある。同じ野菜でも1次産業の場合，手間暇をかけて選別して出荷する，規格外は低い値段での加工品用か廃棄ということになるが，フードサービス事業者であれば多様な活用が可能である。規格外でも見栄えが悪くとも，カットしたり，煮たりすれば問題がなく，余すところなく活用することができる。多種多量でなくとも自社農園の野菜使用というセールスが可能となる。

図表13-9　一般法人の農業参入の動向

○改正農地法施行後の参入法人の形態別・営農作物別内訳

業務形態別

- その他（サービス業他） 286法人（21%）
- 医療・福祉・教育（医療・社会福祉・学校法人） 53法人（4%）
- 特定非営利活動（NPO法人） 160法人（12%）
- その他卸売・小売業 69法人（5%）
- 製造業 62法人（4%）
- 食品関連産業 366法人（26%）
- 農業・畜産業 224法人（16%）
- 建設業 172法人（12%）

参入法人（1,392法人）

	改正農地法施行前 (H15.4～H21.12)	改正農地法施行後 (H21.12～H25.12)	差
参入法人数	436	1,392	956
株式会社	250	858	608
1年当たり平均参入数	65	348	283

資料：農林水産省。

現在では主な大手，中堅小売業者は，自社農園や自社牧場を有して，常設の売り場を設定できる量を確保しており，売り場の品揃えの多様化とともに，社員教育の場としても意義があるとのことだ。

　外食も1次産業との融合を兼ねてから模索してきた。日本フードサービス協会が行っている産地見学会は出会いと相互理解増進の場として有効に機能している。契約栽培の縁から始まり，実際の農園経営に結びつく例も多く，地域の雇用や活性化に貢献している。

　それ以上に財産となるのが互いの立場と実情の理解が深まることである。定時定量，規格がそろった商品を納入することがなぜ必要か，他方天候の影響を排除できない1次産業においてはいくら努力しても困難なこともある。ならば双方が譲歩できないか。

　細かい規格が本当にどこまで必要なのか双方で議論し，簡素化する，端境期には一定量を冷凍で確保する，その分調理法を工夫する，生産者は仲間を集めて納入量に欠品が出ないようにする，3次事業者は納入量を季節ごとに前もって生産者に連絡し，生産者はそれに見合った作付け体型を考案するなど双方が利益になる形で歩み寄れる余地はいくらでもある。

　このような対話の過程が，従来の商取引を前提とする縦の流れから「消費者を基盤とした円環の流れ」へ思考を転換する第一歩となる。この対話をリードするのは消費者を熟知しているフードサービスが担っていくべきではないかというのが筆者の主張である。

　全般的に商品の品質が向上し，際だった差違が見いだしがたくなっている状況においてはマーケティングの良否が売り上げを左右する。だからこそ1次産業者や2次産業者が有するプロダクトアウトの発想とフードサービス事業者が有するマーケットインの発想の融合が力を持ってくる。フードサービス事業者が主導する6次産業化がこれからの日本のみならず世界の食生活を一層ゆたかにしていく原動力となる。

　生産者とフードサービス事業者では持てる資源と着眼点が異なるところが多い。「おいしさ」や「品質」は共通であろうが，生産者は，生産してから消費するまでの物流（一次加工の程度，温度帯，荷姿，賞味期限）や，消費者が手にと

って（飲食店で注文して）もらう工夫（訴求すべき価値，パッケージのデザイン，容器の開けやすさ），購買してから食べ切るまでに重要と考える視点（量目，他商材と組み合わせた調理のイメージ）などについてあまり注意を払わないかもしれない。

　他方，消費者に近いフードサービス事業者は，農畜産物の季節や飼育方法による微妙な差違や同様に品質を有する産品を一定量生産し続けることの難しさにはあまり知見がないかもしれない。

　フードサービス事業者が主導する6次産業化は，商品の加工・流通・販売に「多様な視点」を持ち込み，消費者のニーズを重視するマーケットインの発想で魅力を発掘して，作り上げていく協働の取組にほかならない。作り上げる過程でフードサービス事業者も1次産品の生産行程に対する理解や愛着が深まり，それがセールスの工夫や熱心さにも反映する。ストーリー性がある高付加価値化の循環ができあがる。

　要約すれば，「消費者を基盤とした円環の流れ」によって循環するのは，経済的ものばかりではなく，「思いやり」「思い入れ」といった「こころ」もということができよう。

　このような過程で作られた「心のこもった」商品は日本のみならず，世界の消費者（インバウンドの観光客を含む）のこころをつかむに違いない。

【注】
1）今村奈良臣，1996，第六次産業の創造を　21世紀農業を花形産業にしよう，月刊地域づくり
2）今村奈良臣，2006，やまがた6次産業人材創生シンポジウム，Future SIGHT

第14章　フードサービスの日米比較
―フードサービスとレストラン

　アメリカは歴史的に食文化では国際的な評価が高いとは言い難い国だった。
　しかしある意味でそれゆえにいち早くフードサービス業が産業化し，今なおその市場規模や産業化の指標となりうる寡占化傾向は他国の追随を許さない。
　日本のフードサービス業は1960年代の後半からアメリカを手本としてスタートし，料理・サービス・店舗・経営管理の標準化に基づいたチェーン化によってめざましい成長を遂げた。しかしながら日本のフードサービス業の市場規模は1997年をピークとして漸減し，現在は下げ止まりともいうべき状況にある。
　一方でニューヨークのレストランがミシュランによって高く評価されるなど，アメリカのいわゆるレストラン業界―いわば食文化的な側面―も世界的な評価が上昇しつつある。また東京はミシュランによってもっとも多くの三ツ星が与えられた都市であり，両国の代表的な都市であるニューヨークと東京は近年，メディアによってレストランや料理人という存在がクローズアップされ，一般的な認知や評価が高まってきたという経緯で興味深い近似を見せる。いわゆるレストラン業界における史的展開と現状の比較も，フードサービス全体図の理解にあたって示唆するものが多いと思われる。
　本節ではまず産業的な側面において日本のフードサービスがアメリカを手本にして成長してきた歴史的な経緯を整理し，次に文化的な側面において日米のレストラン―主として両国の代表的都市といえるニューヨークと東京―についてその史的展開と現状を整理し，その近似性について述べていくものである。

1. アメリカにおけるフードサービス産業の誕生

　アメリカにおけるフードサービス業の発祥は他のあらゆる国々と似て，まずは「外食するしかない」という必要に迫られた状況と対応した存在，すなわち主として商用や肉体労働のため普段の食事場所である家庭を離れ，飲食をする場所—港町や金鉱，炭鉱の宿屋（inn）または居酒屋（tavern, saloon）としてであった[1]。

　やがて富の蓄積に伴って富裕層が顕示的な消費を行う社交場として，高級ホテルの大型レストランやナイトクラブ，フランス流のレストランが，ボストンやニューヨークなどの繁華街に現れる。また東欧ユダヤ系，イタリア系，中国系などの移民が糊口をしのぐ手段として，主要都市の下町でレストランや総菜店を開き，地元密着型の存在として定着していく。

　一般的なアメリカ国民が外食になじむようになるのは1950年代以降になるが，その萌芽はすでに1930年代のカリフォルニアで見られた[2]。当時のカリフォルニアではモータリゼーションが進行してハイウエイ沿いに巨大な市場が生まれていた。フードサービスではカーホップ（ウエイトレス）の給仕するドライブインが，ベビーブーマー世代にあたるティーンエイジャー客の人気を博した。1940年代にはビッグボーイ，デイリークィーン，ホワイトキャッスルといったカーホップを雇うドライブインが全米各地に店舗を広げていった。

　1937年には2人の兄弟がこの市場に参入，カリフォルニア州パサデナに小さな店を開いた。店は繁盛したもののティーンエイジャーのたまり場として客層が著しく限定され，またカーホップの人件費や食器の破損などのコスト高といった問題があらわになった。2人は経営方針の徹底的な点検と改善に着手。スピードと低価格と多売を基本とし，小売業で見られるようになっていたセルフサービスの導入を検討した。

　1948年，20人いたカーホップを解雇し，メニュー数は25種から9種まで絞りこみ，調理場もスピード化と大量生産に備えて改良し，流れ作業を可能にするとともにオーダー前に製造できるように設計した。新しいシステムで経営コ

ストを17％引き下げて低価格化に踏み切り，カーホップがいなくなってティーンエイジャーのたまり場という悪印象も消えた結果，新しい客がやってきた。

「新しく幅広い客層——それは家族連れだった。（所得の向上した）労働者階級の人々が子供を連れて食事に行けるレストランが初めて登場した」。

フードサービス産業化の歴史は，まさにこの2人——マクドナルド兄弟——によってその第一頁が記されたのであった。

1955年の夏には，兄弟にミルクセーキのミキサーを卸していたセールスマン，レイ・クロックが，その驚くべき繁盛ぶり（通常は1店舗につきミキサーは1個か2個のところ，マクドナルドでは10個使われていた）の実情を調べるためマクドナルドを訪れ，その年のうちにナショナル・フランチャイズ・エージェントとしての契約を締結。1956年には4年先行していたケンタッキー・フライドチキンを追う形でフランチャイズ経営の全国展開に乗り出している。

フードサービスの産業化においてフランチャイズシステムが果たした役割はきわめて大きい。フランチャイズシステムによってフランチャイザー（フランチャイズを与える親会社）の限られた資本投下における営業活動の拡大を可能にした一方，フランチャイジー（フランチャイズが与えられる個々の経営者）は経験や経営上の知識が少なくてもビジネスに参入できるようになったのである。そしてフランチャイザーは原材料の一括購入，現場での調理工程簡便化などの大量生産方式を開発し，生産性を大幅に引き上げるノウハウの確立に成功していく。このようにして新しいファストフードチェーンは従来の生業的なレストランと一線を画し，近代的な経営手法と技術を基礎とした近代的な産業として徐々に姿を現してきた。

また1955年にオープンしたディズニーランドもこの時代のフードサービスに少なからぬインパクトを与えていた。ディズニーランドでは1時間あたり8,000人の来客に対応しなければならず，ファストフードシステムの導入が必要不可欠だった。そのためキッチン機器メーカーはより効率的でスピーディーな器具の開発を迫られたのである。

ベビーブーマーの若者達はフードサービスチェーンの顧客としては表舞台から姿を消していったが，彼らの「新しい経験に対するやむことのない渇望」は

他の世代にも広がっていき，この時代のこういう流れの中で，ファストフードを始めとするフードサービス産業も活気に満ち，絶え間ない変化を続けたのだと「R&I」誌は指摘している。

　ハンバーガーショップを中心としたファストフードを販売する店舗がフードサービス産業の中で確立した業態として，公的にも認識されるようになったのは1960年代の半ば以降のことであった。フードサービス各社は店舗展開の激しい競争に耐えていくためにも多額の資金の必要に迫られ，またウォールストリートも業界の成長性に目をつけ始めていた。1965年の4月にはマクドナルドがニューヨーク証券取引所に上場し，ケンタッキー・フライドチキンの株式は翌年1966年に公開されて90ドルという当時としては破格の高値をつけている。マクドナルドは1967年に初めて全国向けのテレビ広告を放送し，全米児童の96％がドナルド・マクドナルドの名前を知るに至った。

2．フードサービス産業の日本上陸

　日本の業界では一般に1970年を「外食元年」と称している。同年は大阪万国博覧会が行われた年で，日本の国際化を内外にアピールするかのように前年の1969年には第二次資本自由化が発効している。

　日本は明治維新以来，経済的な植民地支配や国内産業の保護のため外国資本の上陸に対して警戒を続けてきた。しかしIMFやOECDの加盟で諸外国からの資本自由化の要求が強まり，①1967年7月 ②1969年年3月 ③1970年9月 ④1971年8月 ⑤1973年5月という5段階で，国内産業に比較的打撃の少ないと思われる部門から段階的に自由化の措置がとられた。

　1969年の第二次資本自由化で飲食業における外資との提携が100％自由化し，日本ではフードサービスの起業ラッシュがスタートした（図表14 - 1）[3]。

　日本の主だったチェーン企業の大半は1970〜1972年の間に創業され，1970年が「外食元年」と言われるのもゆえなしとはしない。

　外資提携の先駆けというべきはダスキンで，1970年1月にアメリカのミスタードーナツと技術提携に関する仮調印を行った。当時ダスキンは創業して僅

図表 14 − 1　大手チェーンの1号店オープン一覧

1970年	すかいらーく（東京都府中市）
	小僧寿司（高知県高知市）
	ケンタッキー・フライドチキン（愛知県名古屋市）
1971年	ミスタードーナツ（大阪府箕面市）
	マクドナルド（東京都中央区）
	ロイヤルホスト（福岡県福岡市）
1972年	モスバーガー（東京都板橋区）
	ロッテリア（4店舗同時オープン）
※参考 1974年	デニーズ（横浜市上大岡）

か7年の化学雑巾ビジネスで、外資系ブランドとの提携ではむしろ非外食企業が率先して契約を締結した。海外の外食チェーンと組めば、商品構成、店舗、オペレーションを一つのパッケージとして導入できるため、外食ビジネスの経験のない企業の関心を惹いた。

1970年の大阪万国博会場のアメリカ館ではロイヤルがケンタッキー・フライドチキンの運営を手がけ、その華々しい成功は広く経済界の注目を集めた。同年5月には出すインがミスタードーナツの国内フランチャイズ権を正式に護得し、6月には食品商社の東食がイギリスのウインピーと合弁で東食ウインピーを設立（出資比率は東食51％、英国ウインピー49％）。7月には三菱商事がアメリカ・ケンタッキー・フライド・チキンとの折半出資で日本ケンタッキー・フライドチキン（日本KFC）を設立。名古屋市近郊の名西ショッピングセンターの駐車場に1号店を出店（7月）、ウインピーの1号店は大阪心斎橋にオープンした。同年7月にはレストラン西武がアメリカのダンキンドーナツと業務提携を結び、ミスタードーナツに次ぐドーナツチェーン上陸の第二弾となった。

日本においてマクドナルドとケンタッキー・フライドチキンの一号店は見事に明暗を分けた。ケンタッキー・フライドチキンの立地がアメリカの常套的な戦略に則って郊外のショッピングセンターだったのに対して、日本マクドナル

ドの藤田田社長は日本における最高価立地でもある銀座四丁目交差点（三越1階）にこだわった。アメリカでは大衆をターゲットとしたコンビニエンスフードとはいえ、日本ではまず舶来のお洒落な食べ物として認知される、あるいは認知されるべきという考えに基づいていた。ケンタッキー・フライドチキンの一号店が程なく撤退を余儀なくされたのに対して、マクドナルドの一号店は全国的な反響を巻き起こした。前年の1970年からスタートした歩行者天国でハンバーガーを歩きながら食べる、長髪にジーンズの若者達という絵は時代を象徴するにふさわしく、その放送は莫大な広告費に相当したものと思われる。

マクドナルドはバブル崩壊を契機として低価格路線へと大きく舵を切ったが、今なおアメリカンブランドとしての好イメージが保たれている。アメリカにおける第2位のチェーンであるバーガーキングや上位企業のウエンディーズが日本で成功できないでいる事実は、アメリカのマクドナルドがきずきあげたブランド力やオペレーションシステムがあるにせよ、初動における藤田の見識の正しさやその後の対応の巧さの証左といえよう。

逆にいえばアメリカの巨大チェーンやコンセプトといえども実際に日本で成功したケースは数えるほどしかないのが現実である。数少ない例であるケンタッキー・フライドチキンやスターバックスの成功は、おそらく大河原毅や角田有二などカリスマと目される経営者の存在やプロフェッショナルなオペレーション管理がなければ叶わなかった。その意味で長年わが国フードサービス業界の王座に君臨してきたマクドナルドといえども絶対に安泰とはいえず、経営判断を誤ればそこから転落しかねない危険性をはらむのである。

国内資本を見てもすかいらーくはアメリカ視察を契機として誕生し、ロイヤルの創業者・江頭匡一はアメリカのハワード・ジョンソンに範をとった。モスフードサービスの創業者・櫻田慧は終生アメリカのフードサービス産業を畏敬してやまなかった。

日本ではアメリカ以上にテーブルサービスレストランが勢いを持った。すかいらーく、ロイヤル、デニーズがファミリーレストラン御三家と称されるなど、ファストフードに勝るとも劣らぬ規模と注目度を誇ったが、それは創業者の個人的事情と切り離せない。すかいらーくは前身が東京郊外の食料品店で「いつ

も新鮮，いつも親切」をスローガンとしていたため，1960年代後半のアメリカ視察でファストフードに注目したものの，社風や土地勘といった要素でテーブルサービスレストランの開業に踏み切った。ロイヤルの創業者・江頭匡一はすでに福岡でレストラン業を成功させており，フードサービスを産業化させたいという悲願のもとテーブルサービスレストランのチェーン化を進めたのは自然な流れだったと思われる。

江頭の思いの裏に1970年当時の「水商売」と別称されるような飲食業に対する社会的認知の低さがあったのは疑いない。そしてフードサービス企業の創業者達はスーパーマーケット業界の創業者達—ダイエー（中内功）やジャスコ（岡田卓也）—と同じく，戦争経験や貧困をバネとして起業したケースが多い。

グリーンハウスの田沼文蔵は24歳で学徒出陣し復員後29歳で大学を卒業。その後慶應義塾大学予科で食堂を開業し，インドシナ戦線で散った若い戦友達の魂に報いるため，「差し当たって学生に食べる苦労はさせない，食については自分が責任を持つ」の一心で食堂を充実させた。後に大企業の幹部となった卒業生達は田沼のため社員食堂の受注をし，グリーンハウスの成長を支えた。吉野家の松田瑞穂も戦争から復員し，大学を卒業したものの生活は苦しく，戦禍のため屋台営業していた牛丼屋を継いだ。「せっかく苦学して法科を卒業したのに……」という大学の友人らの松田に寄せる同情が，結果としてチェーン化への強いモチベーションとなった[4]。

ロイヤルは1978年にフードサービス企業として初めて上場（福岡証券取引所）を果たし，後に同社の社長となる今井教文は次のように証言している。「あのときは社員一同，本当に驚きました。そして胸を張りました。われわれが入社した頃，江頭ファウンダーは外食業を産業化したいという願いを込めて，『フードサービスインダストリー』という言葉をさかんに唱えていた。それが本当に実現したんだ，という言いようのない驚きでした[5]」。

1970年の外食元年前後からスタートした企業群が，アメリカのマクドナルドを祖とするチェーンシステムに基づいて急拡大を進め，1990年代には30兆円に迫る国内有数の産業規模を持つに至った。アメリカと似た社会経済的背景—郊外化，モータリゼーション，女性の社会進出，可処分所得の増加など—を

持ち，チェーン化の先例を参考にできたのは事実である。しかし創業者達や彼らを支えた若い社員達の使命感ともいうべき高い目標意識がなければ，劇的ともいえるフードサービスの産業化はなかったのではないか。

3．業態コンセプトの日米比較

　すでに述べたとおりアメリカのフードサービス業はその創始からファストフードによって牽引され，1970年代に至っても売上高ベストテンの上位は同業態によって占められていた。ベストテンの下位にかろうじてコーヒーショップまたはファミリーダイニングなどと称されるフルサービスレストランのビッグボーイズ，デニーズ，サンボーズが顔を覗かせているが，これは日本では長年ファミリーレストラン御三家が大きな存在感を示していたのと好対照をなす。日本のベストテンにおける他の上位企業も寿司や牛丼，居酒屋といった和食系であることを考えれば，アメリカに倣いながらも日本市場に適応して独自の進化を遂げていった企業が勝ち残ったと考えられる。

　日米とも大まかにいえばファストフードとファミリーダイニングが1980年代にいたるまで業界の顔であったが，アメリカでは1980年代に入ってディナーハウス（ファミリーダイニングに比べ，メニューをイタリア料理，シーフード料理のように専門化し，主としてディナー需要に対応したワンランク上のレストラン），1990年代に入ってファストカジュアル（店内調理を基本とし，パンや具材などの選択幅が豊富で，デザイン的なファッション性や，調理工程を見せる仕掛けなどエンターテイメント性もそなえた，ファストフードの進化形）という新たな業態の台頭を見た。

　また1990年代は中食にあたるHMR（Home Meal Replacement 内食代行）やMS（Meal Solution 食事問題の解決）がファストフード業態またはスーパーマーケット内の一部門として飛躍的な成長を遂げ，ディナーレストランに含まれるテーマレストランの興隆ぶりも大いに業界を賑わせた。その一方でコンフォート（ほっとする）フードがあらためて脚光を浴び，コーヒーのスターバックスやステーキのアウトバックといったブランドが空前のブレイクを果たしている。

その草創期からアメリカに範を求めた日本のフードサービス各社は当然のこととアメリカの動向を注視してきたが，ディナーハウスやファストカジュアルの導入は一筋縄ではいかなかった。ディナーハウスはファミリーレストランに代わる一大業態として期待され，日本の大手フードサービス企業との提携によってTGIフライデイズやアウトバックなどの大チェーンが上陸したが，当初に予想されたような成功は収められずにいる。また企業再生ビジネスを手がけるリヴァンプはアメリカのヒットコンセプトであるクリスピークリーム，コールドストーン・クリーマリー，バーガーキングの上陸を手がけ，大きな反響を巻き起こしはしたが大チェーンに育つまでには至っていない。
　しかしながら2010年頃に日本で話題をさらったコンセプトにはアメリカのディナーハウスやファストカジュアルの翻案とも思えるような要素がうかがえる。
　たとえば「ステーキのけん」はステーキとサラダバーという画期的なスタイルで成功したが，これはディナーハウスとビュッフェ（または選択肢の豊富さ）というすでにアメリカでブレイクしていたコンセプトの巧みな融合とも考えられる。また讃岐うどんの「丸亀製麺」は調理工程を見せるエンターテイメント性や，天ぷらなどを選べる選択肢の豊富さという点で，日本的なファストカジュアルに擬せられないだろうか。選択肢の豊富さや調理工程を見せるエンターテイメント性という意味では，ディナーハウスとファストカジュアルの中間的なポジションとも見うけられる。そしてうどんや寿司は紛れもなく日本人のコンフォートフードである点も看過できない。
　HMRやMSについてはいわゆるデパ地下の総菜店でアメリカ流の展開が見られるが，何よりもコンビニエンスストアを筆頭とする小売業によってその数兆円規模の市場が奪われてしまったのは業界として遺憾というほかない。

4．レストランの発祥と日本上陸

　次にチェーン企業を離れ，いわゆるレストランの史的展開を比較していく。世界的に見てもレストランの歴史は決して古いものとはいえず，18世紀末

のフランス革命で失職した王侯貴族のお抱え料理人が，パリで自分の店を開いたのが起源とされる。しかし19世紀のパリで最も評判をとったレストランはイタリア大通りの「カフェ・アングレ（イギリス風カフェ）」とされ，フランス料理をレストランの始祖としてよいか一定の疑問が残る。また17世紀末にはロンドンでコーヒーとチョコレートを出す軽食店が人気を呼び，程なく「対岸」のボストンやニューヨークに飛び火している。

　すなわちいわゆるレストランとはそれまでの宿屋や居酒屋，軽食店といった原初的形態が，旧お抱え料理人らの手で洗練され，産業革命による富の集積を背景として欧米で発展したものと思われる。アメリカにおいてはすでに1783年，ジョージ・ワシントンが会食した場所としても知られる「フラウンゼズ・タヴァーン（ニューヨーク）」の創業を見ているなど，大陸と新大陸の時差は驚くほど少なかった。しかしながらもともと禁欲的な清教徒が拓いた国ゆえ，長年レストランは顕示的消費や社交の舞台として政治家や資本家などの利用に限られていた。1896年に料理研究家のファニー・ファーマーは「料理はフランスが世界一。この事実は否定できない」と書いたが，レストランが一般国民の関心事になるにはその後およそ70年という時間が必要だった。

　一方，日本での欧米式レストラン文化の輸入は明治維新以降のことで，その窓口はもっぱら東京の帝国ホテルや横浜のホテルニューグランドなどのホテルだった。帝国ホテルでは大倉喜八郎（後のホテルオークラ創業者）がポケットマネーで料理人をパリに送り，フランス料理を体系化したエスコフィエのレシピを学ばせている。

　特筆すべきはサリー・ワイルの功績である。彼は1927年の横浜ホテルニューグランド創業に当たって初代総料理長としてパリから招かれ，20年の長きに渡ってその任にあった。本場の料理を伝えるワイルを慕い，数多くの俊英が彼の下で働き，その後のフランス料理界をリードしていった。馬場久（「日活国際ホテル」），入江茂（「横浜ホテルニューグランド」）を始め，小野正吉（後のホテルオークラ総料理長），木沢武男（後のプリンスホテルグループ総料理長）らがいた。戦後は母国スイスに居を定めたが，修業で渡欧する日本人料理人のため，労働証明書の確保や受け入れ先の手配などの労をとっている。

個人でヨーロッパへ渡った先駆けは志度藤雄だった。昭和初期に貨客船に料理見習いとして乗りこみ，停泊先のロンドンで脱走。水夫などで生計を立て，密航状態のまま13年間フランスに滞在した。最後は当時のイギリス大使・吉田茂が大使を務める日本大使館で働き，帰国後は吉田のお抱え料理人や有名店のシェフを歴任。高度経済成長下の日本にフランス料理を広める立役者となった。

　革島宏男（「ピエモンテ」）のキャリアのスタートも洋上だった。戦後コックとして外国船で働き，西洋料理全般の技術を習得。その人柄と力量に白羽の矢が立ち，当時としては最高級の威容を誇った「レストラン麻布」のシェフに抜擢される。三島由紀夫ら各界著名人の愛顧を得る一方，勝又登（箱根「オー・ミラドー」）や剣持恒男（「ホテルオークラ」総料理長）らの弟子を育てた。

　1960年代初頭はホテルオークラやホテルニューオータニなど大型高級ホテルの創業が相次ぎ，西洋料理のレベルは飛躍的に向上する。1964年の東京オリンピックの選手村食堂では，当時最高レベルの料理人として有力ホテルの総料理長が顔を揃えた。総料理長はサリーの愛弟子・馬場久，副総料理長は入江茂（前述），福原潔（「東京第一ホテル」），村上信夫（「帝国ホテル」）だった。彼らは日本全国から集められた300人の料理人を束ね，各国の選手団にその料理を提供し，日本の高い調理技術と食材調達能力を知らしめた。

　1966年には（株）ソニー創業者・盛田昭夫の肝煎りで日本初の本格的フランス料理店「マキシム」がオープン。（株）ロイヤル創業者・江頭匡一は「花の木」を福岡中州に開いた（1972年）。1974年には後にマキシムと双璧と称される「レカン」がオープン。ワイルの協力で渡欧した後，「花の木」の料理長を務めた井上旭が初代シェフに就任した。「花の木」は井上の他，北島素幸（「北島亭」）ら実力派料理人を輩出している。

　イタリア料理では1960年代前半，本田政明が国立エナルク・ホテル学校に留学して在学中に最優秀賞を獲得。1970年の大阪万国博覧会ではイタリア政府の派遣でイタリア館の副料理長を務めている。1978年には渋谷に「カプリチョーザ」を開き，本場風のスパゲティで話題を巻き起こした。その後1985年に（株）WDIとフランチャイズ契約を結び，カプリチョーザは他店舗展開に

乗り出すが，本多は1988年に44歳の若さで他界している。また吉川敏明（「カピトリーノ」1965年に渡伊）や片岡護（「アルポルト」同1968年）も1960年代のイタリアで修業。帰国後は日本のイタリア料理界を牽引した。

街場のレストランではイタリア料理店の草分け「キャンティ」がオープン（1960年）。オーナーの川添浩史・梶子夫妻は豊富な海外経験と幅広い人脈を持ち，同店は国内外の著名人のサロンとして人気を集めた。後に看板メニューとなったバジリコは，自宅の庭で育てた生バジルを用い，日本人の嗜好に合うよう大葉やパセリを混ぜたスパゲティ。食材輸入など夢想さえできなかった時代ゆえの知恵の産物といえた。

5．レストランの大衆化とシェフのスター化

いわゆるレストラン業界において日米ともに大きな変化が起きたのは1970年代のことであった。国民全体の所得が上昇する中で可処分所得も増大，テーブルサービスレストランの急拡大もあって外食が急激に身近となっていく時代だった。

フランスでは1970年代前半からヌーヴェル・キュイジーヌの流れが起き，その洗礼を受けたのがアリス・ウォーターズ（「シェ・パニス」），ミカエル・マッカーシー（「ミカエル」），ウォルフガング・パック（「スパゴ」）などいわばスターシェフの草分けともいうべき料理人達だった。中でもパックはレーガン大統領がホストとなったサミットでフランス料理風のアメリカ料理を供して評判を呼び，新アメリカ料理として一世を風靡した。

パリの「マキシム」でウォルフガング・パックと修業をともにしたのが熊谷喜八（「キハチ」），石鍋裕（「クイーンアリス」）で，彼らもまた伝統的なフランス料理に縛られない料理や旺盛なビジネス展開で注目を集め，フランス修業組としてはやや後輩となる三国清三（「オテル・ド・ミクニ」）らと，日本の元祖スターシェフとして業界を牽引していった。

日米ともに好景気を迎えた1980年代はいずれもグルメブームに沸き，アメリカではニューヨーク，日本では東京がその表舞台となった。好景気やメディ

アの喧伝で一般国民のレストランに対する関心も高まった結果，有名シェフ達はおのずとスター化していった。

ニューヨークはジャン・ジョルジュ・ボングリヒテン（「ジャン・ジョルジュ」），デビット・ブーレイ（「ブーレイ」），ダニエール・ブールドゥ（「ダニエル」）などの今なお彼の地を代表するスターシェフ達がデビューを果たした。東京では1986年に斎須政雄の「コート・ドール」と田代和久の「ラ・ブランシュ」がオープン。彼らは熊谷，石鍋，三国らとは一線を画し，ビジネスとは離れたオーナー・シェフ系レストランの道筋を開いた。

イタリアンファッションの流行なども追い風として，イタリア料理の人気が高まった点でもニューヨークと東京は共通していた。ニューヨークはインテリアのファッション性を重視した高級店（「パリオ」「レミ」「トラットリア・デラルテ」など）が急増。

東京でも1985年にオープンキッチンスタイルの斬新なインテリアで人気を博した「バスタ・パスタ」がオープン。初代料理長は山田宏巳（「リストランテ・ヒロ」）で，濱崎龍一（「リストランテ濱崎」）や植竹隆政（「カノビアーノ」）などの有名料理人を輩出。日高良実（「アクア・パッツァ」）や片岡護（「アルポルト」）らと業界をリードしていった。

バブル経済の崩壊は外食業界に深刻な打撃を与えたが，いわゆるグルメブームはむしろ加熱の一途を辿った。それを支えたのは日米とも経営面の工夫，また後述するテレビのグルメ番組や雑誌，ガイドブック，インターネットなどメディアの影響力と思われる。

1990年代の初頭は深刻な不況突入に伴い，カジュアル化またはリーズナブル化，すなわち脱フォーマル化が顕著化した。従来のレストランは接待や記念日などハレ需要に対応していたが，低価格・低コストを前提とした方向性が強まる。

また食材調達と調理工程の合理化のため，アラカルトを廃してコースメニュー一本に絞り込むプリフィクス形式のレストランが急増。ニューヨークではブロードウェイミュージカルなどの観劇前（後）に供する「プリ（アフター）シアター・プリフィクス」や「ブランチ・プリフィクス」が定番化し，フランス

料理の名店でもプリフィクスの導入が相次いだ。

　ことに日本では和食や宴会料理でおまかせ，お仕着せ方式がすでに浸透し，個人主義の強い西洋と比べてアラカルトに対する固執も薄いため，都心部の新しいレストランのメニューではむしろプリフィクスが主流化した。1997年には落合努のイタリア料理店「ラ・ベットラ」と木下和彦のフランス料理店「レストラン・キノシタ」が3,800円のディナーコースでセンセーションを巻き起こし，予約至難の人気店となるとともに，プリフィクスがメニューづくりの基本となる流れを決定づけた。

6．レストラン業界におけるメディアの影響力

　メディアにおいて一般国民にもっともわかりやすい影響力を持ったのはテレビに相違ない。料理番組は幅広い視聴者に訴求しつつ低予算で済むため，日本では景気後退に入ってむしろその数は増える一方だった。ことに料理人をクローズアップした「料理の鉄人（1993年10月10日〜1999年9月24日）」の成功は，業界の認知を上げる上で多大の貢献を果たした。同番組は1993年に放送が開始されたニューヨークベースの「フードネットワーク」チャンネルにおいて，「アイアンシェフ」の番組名で放映されて幅広い人気を獲得。同チャンネルは後にアメリカ版料理の鉄人ともいうべき類似のコンテスト番組を制作・放映し，ボビー・フレイ，マリオ・バタリなどのスターシェフを起用して成功させている。1990年代以降はこうしたコンテストを中心としたグルメ番組が，日米とも多くのスターシェフの培養器となっていった。

　なお日本では雑誌がグルメ情報のメディアとして独特の発展を遂げている。その嚆矢というべきはいわゆるアンノン族だった[6]。名前の由来は女子大生や若いOLを読者層とした雑誌『an・an（アンアン・1970年創刊）』と『non-no』（ノンノ・1971年創刊）』で，主として旅行の特集記事で人気を博していた。紹介された観光地（京都，軽井沢，中山道妻籠宿など）では両誌を手にした若い女性達（アンノン族）の姿が増え，新たな社会現象として注目を集めた。それまでの日本では若い女性だけの観光は珍しく，もっぱら企業の慰安旅行（熱海，鬼怒川，別

府などの温泉地），新婚旅行（伊豆箱根，南紀，宮崎など），年配客の神社や寺院参拝（伊勢，四国など），家族の海水浴等に限られていた。

　しかしアンノン族はそうした社会的・経済的な制度的枠組と離れ，「個人的な享楽」を旅行の主たる目的としていたため，おのずと「食」がクローズアップされた。

　それまでの日本では食の「楽と楽（『楽』しさや『楽』をすること＝簡便性）」は表だって明言されず，むしろ快楽よりも禁欲，省力よりも手間暇かける方がよしとされた。たとえば既存の女性誌では洋服といえば裁縫の記事で占められたが，両誌はちょうど出回り始めた既製服を集めて撮影し，購買情報を添えて掲載するスタイルをとった。両誌やそれを追随した雑誌は「カタログ型情報誌」と呼ばれ，食にしても従来の主流であった家庭料理の献立が廃され，いわば商品告知的な情報提供に特化していった。

　このような価値観の変化には1970年代に台頭したフェミニズムの影響も看過しえない。たとえば当時の女性団体は「私作る人，ボク食べる人（1975）」というラーメンのCMを放送中止に追いやっている。

　アンノン族はレストラン業界を活性化する役割をさえ果たしている。たとえば『民芸お食事処・美濃吉』の「粟田御前（京風弁当の元祖）」は『an・an』『non・no』で紹介され，京風弁当は日本料理界で未曾有のブームとなった。今や京風弁当は京都観光の定番と目されているが，両誌はその影の立役者と他ならない。

　しかしHanako族（1988年創刊『Hanako』に由来）と比べれば，アンノン族はその露払いでしかなかった。バブル経済へと突入していく中，活字メディア主導の「グルメブーム」はいよいよ本格化の時代を迎える。Hanakoは街単位でのレストラン紹介の他，しばしば目玉企画として大々的なスイーツ特集を組み，ティラミスやナタデココ，クレームブリュレなどの大ヒット商品を世に送り出した。

　また料理や飲食店に関する漫画が多いことも日本ならでは現象といえ，その草分けともいえる「美味しんぼ」は「究極」のフレーズで1986年度「新語・流行語大賞」1986年新語部門金賞を獲得している。

レストランを専門のプロが批評するスタイルとしてはフランスのガイドブック「ミシュラン」が名高いが，1980年代はニューヨークタイムスのレストラン評，ミミ・シェラトンやゲイル・グリーンなど専門家の評論も一定の権威を持っていた。日本では「東京いい店うまい店（文藝春秋）」が1967年創刊という歴史を持ち，1980年代は山本益博が「東京味のグランプリ」「グルマン（見田盛夫との共著）」で，レストランを星の数で評価づけした上，忌憚ない批評を加えている。

ニューヨークでは1981年から細々と市販されていた「ザガット」が，1986年の「ニューヨーク」誌の紹介記事を契機として一気に7万部のベストセラーと化した。1990年代にはその範囲を全米のみならず世界の主要都市へと拡大していき，少なくともアメリカにおいては人気と信頼度で他の追随を許さぬレストラン情報メディアとなった。同書は一般の読者がレストランに対して行った点数付けを単純平均して掲載するという，いわばアメリカ的に純粋な民主主義的手法を貫き，コメントでも一切の妥協を排した点に特色がある。

1999年には東京版を出版。初年度は大きな反響を呼び起こしたが，ニューヨークと比較して網羅すべき地理的ジャンル的範囲が桁違いに広いなどの課題を抱え，いまだ本国ほどの影響力は持ちえないでいる。

ミシュランは2005年に北米初となるニューヨーク版，2007年にアジア初となる東京版を刊行。それぞれ高い評価が与えられたものの二都市の反応は好対照といえ，フランス中心主義への嫌悪感が根強く，依然としてザガット贔屓のニューヨークに対し，東京では世界の全都市で最大規模の売上部数が達成され，わずかの期間で類書を寄せつけぬ権威を持つに至った。

一方でインターネットが果たす役割は日米とも年ごとに重要性を増し，レストラン情報専門サイトや専門家，愛好家のブログに止まらず，フェイスブックやツイッター，ラインなどのいわゆる口コミ情報が実際のレストラン選択において大きな役割を果たしている。ザガットも2011年にYahoo!によって買収されて以降，紙媒体よりもPCやスマートフォンでの利用に重心がシフトしつつある。

7. おわりに

　このようにメディアが目覚ましい発展を遂げる中，現在のレストラン業界はやや修辞的にいえばポストモダン的状況にあるとはいえまいか。単なる権威や富の象徴であった，西洋的近代的な高級レストランは限界を迎え，フュージョンを含むエスニック趣味，オーガニックに代表される健康志向，スペインのフェラン・アドリア（『エルブジ』）が一時代を築いた実験性等々が脚光を浴びた。そうしたレストランの利用はライフスタイルやテイストの記号を消費するという意味で優れてポストモダン的といえ，このような流れの中で日本食のブームは止まるところを知らぬかに見える。アメリカのザガット，ミシュランでもその上位は日本食レストランで占められ，ラーメン店や定食店の前にアメリカ人客が長蛇の列をなす光景はついひと昔前でさえ空想されえなかったものである。

　こうした流れをうけてフードサービス企業の海外進出も増えたが，今後はフードサービス企業といわゆるレストランとを問わず，メディアの発達による消費者知識の増大との直面という大きな課題を抱えざるをえない。情報と技術の発達でコンセプトの迅速な模倣が可能となった一方，氾濫するレストラン情報の中で常に新しいものを欲する消費者が増えつつある。

　今なお日本食さらには日本に対しての好イメージは一部マニアの主導によるもので，「クールジャパン」といったイメージ先行の展開に終始していては，一過性のブームに終わってしまう危険なしとしない。フードサービス，レストラン全体に議論を広げて考えても，いたずらに流行を追わず，容易には追随されがたい「本物の価値（＝その店ならではの，しかも普遍性ある価値）」を持った店舗こそが国内外の尊敬を勝ち得，長期的に生き残れるのではあるまいか。

【注】
1 ）　Mariani, J., 1991, America Eats Out, William Morrow and Company, INC., p.15
2 ）　増田正尚，1988，アメリカ経済社会の発展と外食産業，季刊外食産業研究，外食産業総合研究所，第 7 巻 2 号 p.13 ※なお，アメリカにおけるフードサービス草創期

のデータについては主として本文献を参照した。
3） 横川潤，2012，＜錯覚＞の外食産業，商業界，p.106
4） 「外食産業を創った人びと」編集委員会編，2005，外食産業を創った人びと，商業界，p.66，pp.54-56
5） 「外食産業を創った人びと」pp.45-46
6） 村上紀子，マスメディアと食，講座 食の文化 第五巻 食の情報化，石毛直道監修，pp.288-291

参考文献

Mariani, J., 1991, America Eats Out, William Morrow and Company, INC
「外食産業を創った人びと」編集委員会編，2005，外食産業を創った人びと，商業界
（財）外食産業総合調査研究センター編，1992，日本の食文化と外食産業，ビジネス社
神山典士，2005，初代総料理長 サリー・ワイル，講談社
佐竹力総，2011，三百年企業 美濃吉と京都商法の教え，商業界
茂木信太郎編，1999，フードサービス10の戦略，商業界
横川潤，1997，ニューヨーク「食」の世界首都を行く，日経BP

第15章　フードサービスの日欧比較

　一口にヨーロッパといっても，欧州連合（EU）に加盟している28ヵ国だけをとっても5億人を超えており，国や地域により気質や文化の違いが見られる。この節では，ヨーロッパでフードサービス市場規模の大きい5ヵ国を取り上げ日本と比較し，その後イギリス，フランス，イタリアの3ヵ国についてフードサービス市場の特徴を見てみる。先進国では食の簡便化が起きているが，ヨーロッパの北と南では違いが見られる。日本はチェーン化の進展では北に似ており，フードサービス店の多さという点では南に似ている。またヨーロッパにおけるファストフードの浸透とスローフード運動の流れや代表的企業についても触れる。

1．市場規模

　2013年の消費者を対象とするフードサービス市場規模はユーロモニターによると，全世界で2兆6,334.7億ドルになる[1]。上位3か国では中国が5,108.3億ドルで1位であり，アメリカが4,924.9億ドルで2位，それに続くのが日本の2,147.4億ドルである。4位以下はブラジル，イタリア，インド，スペインになる。2012年の順位はアメリカ，中国，日本，ブラジル，スペイン，イタリア，インドであったから，中国，インドのような新興国が伸びていることがわかる。地区のまとまりでみるとアジア太平洋地域で1兆760.7億ドル，西欧が5,353.9億ドル，北アメリカが5,442.8億ドルとなり，この3地域で合計2兆1,557.4億ドルと全世界市場の8割を超えている。なおヨーロッパでも東欧は，

全体で 616.2 億ドル，人口最大規模のウクライナ（4,523 万人）が 54.9 億ドル，ポーランド（3,821 万人）で 95.9 億ドル，ルーマニア（2,168 万人）が 45.9 億ドル程度であり本格的成長はこれからになる。

（1）6ヵ国比較

　ヨーロッパにおいてフードサービス市場（2013 年）が大きい国を順に見ると，イタリア 1,001.5 億ドル，スペイン 959.6 億ドル，イギリス 868.8 億ドル，フランス 627.2 億ドル，ドイツ 519.6 億ドルであり，この 5 ヵ国合計で西欧の市場の 74％を占めている。それら 5 ヵ国と日本のフードサービス関連の数字を比較してみたのが図表 15 − 1 になる。

　図表 15 − 1 からヨーロッパと言っても北と南では，明らかな違いを見て取ることができる。100 万人あたりフードサービス店数は，イギリス，フランス，ドイツは 2,500 店前後であるのに対し，南側の国にあたるイタリア，スペインはほぼ 2 倍ないしそれ以上の店数が存在している。日本もスペインほどではないが，店舗数が多い国になる。

　次にフードサービス市場規模を，人口で割った値（一人当たりフードサービス販売額）をみると，ドイツが 635 ドルと少ない。フランスは 1,000 ドル前後であり，イギリスはドイツの 2 倍程度の規模となっている。これに対しイタリアは 1,640 ドル，スペインは 2,054 ドルとドイツの 3 倍以上であり，2013 年では一人当たりフードサービス販売額が世界一になる。（なおスペインは 2008 年では 2,590 ドルであったがリーマンショック後の経済危機を反映しここ数年は減少してきている）このフードサービス販売額には，観光客の消費も含むため，居住している人々のみの消費ではないが，図表 15 − 1 の数値からは南欧（地中海沿岸諸国）の人々は数多くあるカフェやレストランに頻繁にでかけ食事を摂っているが，ドイツでは外食に出かける頻度が比較的少ないことが予想される。

　日本の一人当たりフードサービス販売額は，2013 年ではスペイン，オーストラリア，オーストリア，ニュージーランド，香港に次ぎ 6 位であり，図表 15 − 1 の中では 2 位になる。

　また GNI とフードサービス市場規模の割合（フードサービス市場規模／ GNI ×

図表 15 − 1　6ヵ国のフードサービス市場（2013 年）

	イギリス	フランス	ドイツ	イタリア	スペイン	日本
一人当たり GNI（ドル）	39,140	42,250	46,100	34,400	29,180	46,140
一人当たり FS 販売額	1,359.9	983.1	635.0	1,640.6	2,054.7	1,686.3
GNI 対 FS	3.5	2.3	1.4	4.8	7.0	3.7
エンゲル係数	12.9	16.5	13.9	17.0	17.0	16.3
100 万人あたり FS 店数	2,553	2,371	2,393	4,898	6,250	5,797

出所：世界銀行：一人当たり GNI は 2013 年，ユーロモニター：エンゲル係数は食品とアルコールなど飲み物支出の合計と家計支出から計算 2012 年，一人当たり FS 販売額，100 万人あたり FS 店数は 2013 年。

100）を比較した数値からも北と南の違いをみることができる。北側ではイギリスは 3.5 であるがドイツは 1.4 程度と低い。これに対しスペインはイギリスの倍近い 7.0 であり，イタリアも 5 に近い。さらにエンゲル係数もイタリアとスペインは 17.0 と高く，フランスと日本もそれに近く，食を重視していると言える。このような外食に対する北と南の違いの原因としては，食そのものに対する考え方や自然環境がかかわっている。

(2) ヨーロッパ　北と南の違い

　南 (2003) が指摘するように南欧は食が生活文化の中で重要な位置を占め，多様な食材を利用した高度な料理文化や美食が発達している。その背景として南欧は地中海性気候のもとで様々な野菜，果物の栽培がおこなわれ，海に面した地域では魚介類が豊富に取れる。これに対しアルプス以北の地域は野菜や果実類が比較的乏しい。文化的にも南の諸地域はカトリックが支配的で，食事を楽しむことが文化として継承されてきている。これとは逆に北はプロテスタントで禁欲主義がまさり，食事を楽しむ精神が乏しい[2]。

　中世ヨーロッパ史研究家のマッシモ・モンタナーリ (1999) はステレオ・タイプであるとしながらも 16，17 世紀の旅行記や書物に，南の人々は小食で，食事は質素，大地が生み出すもの，野菜を好むのに対し，北の人々は大食で，肉を好むことという二つのヨーロッパがあったことを明らかにしている[3]。し

かしそのような違いも「食のシステムの脱局地化」がおこり，工業化の進んだ世界の食のモデルやシステムが広く普及し，画一化がおきていることも指摘している[4]。

またアルコールについても，ワイン文明とウィスキー文明の違いがみられる。Pブリザール（1982）によると，前者はヨーロッパ南部，南西部，中央西部に位置するラテン系の国々（フランス，イタリア，スペイン，ポルトガル，ギリシャなど）であり，後者はイギリス，オランダ，スカンジナビア諸国，アメリカ，日本などになる。ワイン文明の国ではお酒を飲みながら食事をし，食べたり飲んだりするのが大好きであり，「食べることと飲むことが一つの芸術として，他に類をみない洗練されたレベルに到達している」。またグルメとはワイン文明の国に特有の現象であるとも記されている[5]。これに対しウィスキー文明ではアルコールは食事の前か後に飲むものでしかない。さらに同書でイタリア人のG.Gポンピリオは北ヨーロッパの国々の料理は一見バラエティに富んでいるようだが，よく見ると栄養を満たすだけの料理に過ぎない，アルコールについてもただ酔うことだけを目的にしているような味であるとしている[6]。

代表的な見方をあげたが，このように長い時間を経て各地の食文化が形成され，いまだに北と南の違いが多く残っていると言えよう。

（3）チェーン店割合と業態構成

市場全体の中でチェーン店の販売額割合を見ると図表15－2のようで，日本はチェーン化の程度が進んでいる。ヨーロッパでは，イギリスは37％，次にフランス，ドイツが30％弱であるのに対し，南の国では10％に満たない。すでに多くの研究者により小売り分野では，ヨーロッパの北側は小売り集中度が高く，南側はまだまだ零細店が存在していることが明らかにされているが，フードサービスについても小売ほどの集中度ではないが同じような傾向が見られている[7]。販売額を代用する指数として，代表的なチェーンの店舗数をみてみよう。マクドナルドの店舗数は2013年では，ドイツ1,468店，フランス1,298店，イギリス1,222店のように1,000店を超えているのに対し，イタリアは480店であるしスペインも461店と500店に満たない。レストラン店数

図表 15 - 2　チェーンの販売額割合と業態別店舗割合（2013 年）

	イギリス	フランス	ドイツ	イタリア	スペイン	日本
チェン店販売額割合	37.1	27.8	28.0	7.2	7.0	42.6
店舗数	163,098	151,279	195,834	299,053	291,885	738,154
宅配	12.3	1.5	3.0	5.9	0.4	6.2
カフェ・バー	35.6	28.1	27.5	51.2	75.3	44.6
レストラン	19.7	56.7	44.3	35.9	21.9	37.8
ファストフード	23.1	10.0	19.1	3.9	1.7	9.7
カフェテリア	1.8	0.6	0.8	0.4	0.1	1.1
外商, キオスク	7.4	3.2	5.3	2.7	0.6	0.5

出所：ユーロモニター。

　では世界一（2014/10/28 アクセス：107 か国 42,873 店）のサブウェイはイギリスで 1,792 店，ドイツ 593 店，フランス 511 店であるのに，スペイン 51 店，イタリア 12 店であり，南欧とイギリス，ドイツ，フランスでは一桁以上の違いをみせている。

　さらに 6 ヵ国の業態別店舗数割合（図表 15 - 2）を比較すると各国の特徴が表れている。イギリスは宅配が多いこととファストフードの店が他国に比べ多い。フランスはレストラン発祥の国であり，レストランだけで 50％を超えている。ドイツはレストランが 45％位と多いがファストフード店も 20％近く存在する。イタリアもカフェ・バーが 50％を超えるほど多くあり，レストランも多く，この二つの業態で 90％近いのに，ファストフードの店は 4％に満たない。スペインは店舗の 3／4 がカフェ・バーであり，イギリスの 2 倍，フランス，ドイツの 2.7 倍もあるが，ファストフードは 6 ヵ国の中で最も少ない。日本はカフェ・バーが多い点ではイタリアやスペインに似ている。

　表には掲載していないが，販売額の構成比は当然店舗数とほぼ同じ傾向を示している。各国の特徴を描くとイギリスはレストラン 30.2％，カフェ・バー 27.2％，ファストフードが 26.8％と三者がほぼ拮抗している。フランスはレストランが 58.9％と半分以上で，ファストフード 20.8，カフェ・バー 14.1％となっている。ドイツはレストランが 41.9％と 50％を切っている。ファストフー

ドは 28.4％と 5 か国の中では最大の構成比になり，カフェ・バー 18.1％と続く。イタリアはレストランが 57.7％で，次にカフェ・バー 22.0％になる。スペインはカフェ・バーだけで 65.5％とフードサービスの主役をカフェ・バーが占めているのが，他の国と大きく違っている。レストランは 28.5％，ファフトフードは 4.2％のみである。日本はレストランが 46.6％，カフェ・バーが 22.3％，ファストフード 19.6％の順であり，宅配も 10.4％と高い点も特徴となっている。

　以上のように食やフードサービスに関連する数値をみると，日本はラテン系の国々のようにフードサービス店舗数も多く，業態もバリエーションに富み，食への支出が多い。しかし，チェーン店による経営については，イギリスより進んでおり，食を楽しむ南の国々とシステム化を求める北の国々の両側面を持っていると言える。

2．イギリスの外食産業

（1）食の市場

　エンゲル係数の低下は先進国共通に見られる現象である。イギリスについて国立統計局（ONS）による家計の長期データでみると，食品への支出が 1950 年代後半は 30％を超えていたものが，2013 年では 15％までに低下している。

　食に関するデータとしては，毎年環境・食料・農村地域省（Defra）が報告書を出している。2013 年では，総人口は約 6,400 万人であり，消費者の飲食，外食への支出は 1,960 億ポンドになる。内訳をみると家計の飲食への支出は 1,120 億ポンドで外食への支出は 840 億ポンドになる。

　前者の家計での飲食へ販売する小売店の付加価値は 2,770 億ポンド，従業員は 112.8 万人，店舗数は 85,720 になっている。2008 年には食品小売店は 99,134 店であったから，食品小売店舗数は年々減少してきている。これに対して外食業による付加価値は 2,670 億ポンド，従業員は 144.1 万人，店舗数は 437,581 店であり，付加価値はほぼ同じ，従業員数は小売より多く，店舗数は食品小売りの約 5 倍の数になっている。外食店舗は 2008 年には 377,362 店であったから，小売りと違って飲食店は増えてきている。

（2）業態からみる外食

次に，調査範囲は異なるため数値が環境・食料・農村地域省発表の値（店舗数，販売額など）と違っているが，Horizons for success（民間の市場調査会社）による 2012 年の外食を業態で分けた値を見ると，総店舗数は 258,630 店でホテルとパブが各々 4.5 万店で合計すると全体の 35％を占めている。さらに教育施設，病院，ファストフードなどが各々 3 万強あり，合計で 10 万店近くになる。

販売額割合ではファストフード（Horizons の分類ではファストフード，コーヒー店，持ち帰りが入っている）が 25.5％最大であり，店舗数もレストランを上回っている。店舗数全体を同じ調査会社により時系列でみると 1995 年は 268,559 店が 2000 年には 262,332 店になり 2004 年では 262,948 店となっており，ここ 20 年近くほぼ安定した状態が続いている。

次に主な業態について見てみよう。

A　ファストフード

ファストフードとしては，ハンバーガー，ピザ，チキン，フィシュ＆チップスやエスニック料理（特にインド料理，中華）などがある。イギリスの伝統的なファストフードであるフィッシュ＆チップスは，ヒラメやカレイなど魚のフライとフライドポテトが一緒になったもので，19 世紀中ごろから食べられてきている伝統食である。川北（2006）によると，フィッシュ＆チップスは，第 1 次大戦中からイギリスの国民的「料理」として特に重要になり，1970, 80 年代のロンドンでは庶民がフィッシュ＆チップスを夕食のために持ち帰る（イギリスでは take-away と呼ぶ）のが日常の光景であった[8]。ハンバーガーのファストフードは 1950 年代にウィンピーが始めている。アメリカ型のファストフードとして 1965 年に KFC が，そして 1974 年にマクドナルドが始め，急速に拡大していった。その後ファストフードの種類も増加しているが，最近では，首位の座を中華料理の持ち帰りに譲っている。

図表 15－2 の分類ではファストフードと分類されている中に，サンドイッチやコーヒー店も含まれるが，最近急速に伸びてきている。

またファストフードでは持ち帰りが多いのがイギリス特徴であるが，これは税金の影響が考えられる。イギリスは EC（現在の EU）に加入したのが 1973

年であり，その時付加価値税を導入した。このときの税率は10%であり，一時は8%に下げたものの1980年に15%となり，1991年から17.5%になっている。その後2008年の金融危機に対応するために一時的に15%に引き下げられたが2010年には17.5%に戻り，2011年からは20%となっている。この付加価値税がかからないものがある。それは食料品，書籍，子供用衣料や電車などの公共の乗り物や障害者の薬や備品など基本的な生活必需品である。外食も持ち帰りの場合は「食品」になり，付加価値税はゼロとなる。このため持ち帰り食品への需要が拡大したと言われている。中華料理も容器に入れて持ち帰るというように，調理済み食品の数が急速に増大していった。

しかしながらイギリスの付加価値税は複雑で，ハンバーガーのような温かいものは，持ち帰っても課税されるし，サンドイッチ等も宅配になると付加価値税が加算される。基本的に温かい持ち帰り品や宅配には付加価値税が付くという規定になっている。日本食に関してみると最近では持ち帰りのすし専門も成功しており，スーパーマーケットでも持ち帰りのすしのコーナーが設置されていることが多い。なおEC加入による食への影響としては南欧の野菜や果物がイギリスに入るようになり食卓のメニューの種類が増えたと言われる。

B　レストラン

イギリスで，ポピュラーな料理はフレンチ，イタリアン，インド料理，中華料理である。レストランは独立商が多いが，最近は買収合併で集中度が高くなってきている。レストランの原型はフランス料理店であり，イギリスでは19世紀はじめに生まれている。1890年から1910年の間にイタリア，スペイン，ドイツ，ユダヤや中国料理のレストランができている。ロンドンには第1次大戦の前からインド料理店は存在したが，1960年代インドからの移民が増えさらに増加した。また中国人は19世紀末に船員や港湾労働者としてやってきており，やがて外食産業で働き始めており，インド料理，中華料理ともに歴史は古い。

1960年代はビストロ型やエスニックのレストランも増え，レジャーとして外食が捕らえられるようになる。1979年にサッチャー政権が誕生し，規制緩和と民営化で「小さな政府」を目指し，その後の政権でも市場開放・参入自由

化という開放政策（1986年ロンドン証券取引所の参加資格を外資に開放：金融ビッグバン）が続き，経済が活性化してきた。やがてロンドンが世界の金融センターの一つとなり，雇用や人口の流入を生み，それらの人々が利用するレストランも増加してきている。

　1990年代にはレストランブームが起こり，中流階級や若年層を中心に「モダン・ブリティッシュ・キュイジーヌ」と呼ばれ，イギリス料理またはフランス料理をベースに世界各国の料理の技術や素材を加え洗練させた料理が人気を呼んでいる。1990年代後半からはレストランの店数がわずかではあるが増加してきている。

　長い間ほんの一握りの上流階級を相手にした美食の店がある一方，手頃な値段ではあるがまずい料理の店が大半というのがイギリスのレストラン業界であったが，近年はランチが10数ポンドから20ポンド前後，ディナーでも20ポンド代から30ポンド代で美味しく，質の高い料理を出す店が増えてきている。

C　パブ

　パブは親しみやすい雰囲気で飲食ができる場所であり，日本の居酒屋，ファミリーレストラン，スナックのようなものとして庶民に親しまれてきた。一時はイギリスの人口約6,000万人に対して67,800軒（1982年，英国ビール・パブ協会調査）存在し，ほぼ1,000人に1軒もあったが現在は大幅に店舗数を減らし4.5万軒になっている。

　パブの変容を描くと，1960年代後半までは男性客，それも労働者階級が中心でアルコールを出す店が多かった。その後1970年代後半にかけ若者も対象となり，やがて食べ物や飲み物も充実し女性も顧客として取り込んだのが1970年代半ばから1990年頃であり，それ以降はファミリーや年配者も来店できる店も増え，ガストロパブと呼ばれるほど料理にこだわる店も出てきた[9]。

　しかし最近の店舗数の減少は，スーパーが安価のアルコール飲料を販売するなど競争が厳しくなったこと，アルコールへの増税に伴う飲料の値上げや2007年の禁煙法（飲食店等公共屋内施設は禁煙）などが原因と言われる[10]。

D　業務用給食

　イギリスでは戦時の食料管理政策で多くの事業所に食堂の設置を義務づけ

た。それらが栄養摂取の向上に役立ち，地域や職場での給食の提供が行われてきたが，ヨーロッパでは，社員食堂など事業所給食受託事業（コントラクト・フードサービス）の大手による集中化が激しい。アラマーク（アメリカ），コンパス・グループ（イギリス），ソデクソ（フランス）が世界3大給食会社と呼ばれていが，コンパス・グループは空港，駅，病院，道路サービスエリア，会社，学校での給食サービスや売店サービスを行っている。さらにレストランやファストフードチェーンも経営している。

3．フランス

（1）食の市場

食費に対する家計支出割合の減少はフランスでも見られている。国立統計経済研究所（INSEE）によると1960年は28.6％であったものが1970年21.8％に1980年には17.3％，1990年は15.4％，2000年は13.5％，2005年には13.1％へと低下している。

2013年について家計消費（La consommation des ménages se stabilise en 2013）では食料・非アルコール飲料への支出は10.2％で1527億ユーロ，アルコール飲料・タバコへの支出が2.7％で398億ユーロ，ホテル・カフェ・レストランへは4.9％で734億ユーロとなっている。家計消費の面からはホテルを含んではいるが，食全体への支出2,659億ユーロの27.6％がフードサービス関連へ支出されている。

（2）業態から見る外食

GIRA（フランスの民間コンサルティング会社）による2013年のデータでは，フードサービス店舗数全体では32.2万店であり，レストランが半分以上であり，なかでも独立商による店が全体の40％以上を占めている。売り上げもレストランで半分を超えているが，独立商による割合は1／3程度に減少している。また教育機関や病院などの集団給食が店数，販売額ともに20％ほどであり，さらに食事提供回数では40％近くであり存在感を示している。

GIRA は客単価による価格帯で市場を6タイプにわけている[11]。低価格帯（10ユーロまで）が2013年における全体の市場の44％，大衆価格帯（11〜15ユーロ）が17％，中間価格帯（16〜20ユーロ）が15％，そして高級価格帯（21〜30ユーロ）が10％，豪華価格帯（31〜50ユーロ），最高級価格帯（50ユーロ以上）がおのおのが7％になっている。低価格帯はファストフード（アメリカ系，フランス系）やカフェテリアなどであり，一人で利用する場合が多い。大衆価格帯は，ファストフード，カフェテリアに加え，テーブルを利用しての食事が入ってくる。一人や少人数の食事が中心になる。中間価格帯はテーブルでの食事であり，テーマレストランや軽食を提供する伝統的店での食事が該当する。カップル，少人数，家族での利用が中心になる。高級価格帯，豪華価格帯，最高級価格帯になるにつれ日常性を離れ，グルメ向けやフェスティバル（祭典）性という性格がでてくる。

　次に主な業態の特徴をみてみよう。

A　ファストフード

　フランスにおいては，立ち食いスタンドが昔はファストフードの役割を果たしていた。現代的な意味での始まりとしては，1961年パリにウィンピーが開店しハンバーガー，チーズバーガーなどを販売したものが，最初であるが，その店は1969年には閉店している。ファストフードという概念が浸透するには，1960年代は早すぎたという結果になっている。

　マクドナルドが国際化を始めるのは1970年代に入ってからであり，ヨーロッパでは1971年8月オランダ，11月ドイツに，そして翌年6月にフランスに進出している。1970年代には他のハンバーガーのチェーンも多く生まれた。今でもマクドナルドの対抗勢力と存在するクイックは1980年エクサンプロバンスにフランス1号店を出している。パリへの進出はクイックが1982年，マクドナルドが1984年であるから，ウィンピーの進出から，ほぼ20年経過して後の，1980年代にファストフードの成長が本格化した。

　フランスにおいてファストフードはアメリカ式のハンバーグだけでなく，パン・軽食サンドイッチ，クロックムッシュー，クロックマダム，オムレツ，サラダなどフランスのファストフードを販売するチェーンも多い。フランス生ま

れのファストフードとしてはヴィエノワズリー（viennoiseries）のチェーンが売り上げランキングの上位に多い。ヴィエノワズリーは，「ウィーン風の」という意味であり19世紀ウィーンからフランスにきた職人が紹介したのがはじまりとされ，今では，クロワッサンやデニッシュ，ブリオッシュなど，卵や牛乳，砂糖が入ったパンの総称となっている。ヴィエノワズリーも1970年代半ばからチェーン化し今では，駅構内，学生街，ショッピングセンター，観光地など至る所で見ることが出来る。これらの店舗数は多いが，店舗面積は小さい。GIRAの調査では2013年でアングロサクソン系のファストフード店は1,863店あり，56.8億ユーロの売り上げであるが，フランス系のファストフード店は2,710店で15.4億ユーロにとどまっている。

　ファストフード的な側面をもつテーマレストランとして，最近伸びてきているのがスターバックスやスシショップである。それらの価格帯は，低価格や大衆価格帯が中心になる。

B　カフェテリア

　カフェテリアは，店内に入りトレイ，フォークなどを取った後，メインは，肉や魚のスタンドで，その他はサラダバー，デザートバー，前菜のバーなどのスタンドから選び会計を済ませ食事をするセルフサービス方式になる。カジノとフランチが2大勢力であり，ショッピングセンター内のフードコートなど，一人でも気軽に利用でき，時間もかからないことから伸びている。先の6分類では低価格帯になる。

C　レストラン

　フランスのレストランの起源や歴史については多くの書籍がでている。JPプーラン，Eネランク（2005）や北山（2014）によると，通説では，フランス革命（1789-99）前後貴族に雇われていた料理人が職を失い，町に出て店を構え，これがレストランとして発展したと言われる。またレストランの発展には，1776年にギルド制が廃止されたことも関連している。ギルドの下では販売する商品にギルドごとの制限があり，飲食物を自由に提供することはできなかった。しかし廃止後は，どんな種類の料理でも客に出せるようになり，現在言うレストランが1782年に登場している[12]。

さらに，それ以前の1674年にパリに最初のカフェができている。カフェではコーヒー，紅茶，チョコレートや菓子，果物，ソルベ（シャーベット）などが出されていた。上流階級は17世紀後半に食後にコーヒーを飲む習慣ができていたと言われる。17世紀はイタリア・ルネサンスの影響も見られ食事は社交も兼ねていた。

その他にもブラッセリーが1870年からの普仏戦争を契機にアルザス＝ロレーヌ地方からパリに移住した人々が始められている。もともとはパリ在住のドイツ人向けであった。

このように19世紀には市民社会にレストランが根付いていくとともに，エスコフィエ（1846-1935）のような料理人も生まれ，高級レストランや庶民的なレストランが増大していく。レストランガイドとして有名な「ミシュラン」は1900年に創刊されている。

第2次大戦後の1945～1975年は「栄光の30年間」と呼ばれ，フランスの経済成長率も高く，消費者の購買力も上がった時期である。1960年代には小売りでハイパーマーケットがうまれている。

1970年代になると，それまでの味わい深く食べごたえのある，逆に言うと重く胃にもたれる料理から，食材の持つ本来の味を大切にした繊細で軽いヌーベル・キュイジーヌが好まれるようになっていく。そして地方料理の食材の活用やムニュ「デギュスタション」として小さなポーションで多くの料理を出す方式も増えていく。また1980年代はフランスのシェフが世界各地を巡り，ヌーベル・キュイジーヌを伝えるとともに，他の食文化の影響も受けていく。また逆にエスニックな料理がフランス内に入り，近年食の国際化が進展してきている。

D　業務用給食

ヨーロッパにおいては，事業所給食受託事業（コントラクト・フードサービス）において集中度が高いことは，既にイギリスのコンパスグループについての記述で指摘した。フランスの大手としてはソデクソ（sodexho）やエリオール（elior）が有名である。ソデクソは1966年マルセイユで創業し，やがてプロバンス，ボルドー，パリというように国内を開拓し，ベルギー，イタリア，中東，

アフリカなど海外へも展開していく。業務の内容は多岐にわたり，社員給食，病院給食，清掃，室内整備，建物の維持管理，補助スタッフの管理などを行っている。

(3) 食文化の保存

1989年ベルリンの壁崩壊以後グローバル化が加速し，人や資本の移動の増加とともに食のグローバル化も進んできた。その結果食の工業化，チェーンの増加で味が標準化，同質化してくる。食事も簡素化し，朝食，昼食，夕食の間にスナックを食べるなど食の無秩序と呼ばれる現象が生まれてきている。

そのような変化に対し，食文化を見直し，味覚を啓蒙する活動も活発化している。1989年には，食文化の普及のための事業を展開する国の機関「フランス国立食文化評議会（CNAC）」が設立され，近年日本でも話題になった食育に力をいれている。CNACは，様々な取り組みを行っているが，その一つには味覚週間（Semaine du Goût）の支援があり，現在に至るまで毎年10月の第3週は全国で様々なイベントが催されている。

さらに近年では2010年にはフランス人の美食（Le repas gastronomique des Francais）がユネスコの無形文化遺産に登録されている。2011年から登録をきっかけとして，毎年9月の末に美食の祭典が各地で開催されている。この他にも2010年に始まった「Tous au Restaurant」（トゥス・オ・レストラン，皆でレストランへ行こうの意）も，フランスの楽しい美食祭りとして人気を誇る食のイベントで，多くの一般客やレストランに絶大の支持を受けている。昔からフランスではワインやチーズに見られるAOC（原産地統制呼称）のような地理的表示にこだわり，Terroir（土地，生育環境）を大事にしてきており，美食文化を保護する取り組みが積極的に行われてきている。

4．イタリア

(1) 食の市場

食料品小売と外食について店数，販売額を2000年から2013年までユーロ

モニターのデータで比較してみよう。食料品小売数は 2000 年では 260,210 店が 2010 年位は 278,351 店まで増えたが 2013 年 265,018 店と，この 10 数年で大きな変動は見られない。しかしフードサービス店は 2000 年に 250,415 店と食料品小売店の 96％程度であったが，毎年増え続け，2003 年には食料品小売店数を上回り，2009 年では，317,077 店まで増え食料品小売の 1.14 倍になった。2013 年では 299,053 店と少し減ってきているものの食料品小売店より多い。同じ期間の販売額構成比をみると，食品小売りの 60％程度がフードサービスの販売額であり大きな変化は見られない。

(2) 業態構成

イタリアの飲食業態で欠かせない店が BAR (バール) である。飲食店総数の半分以上を 2003 年においても，また 2013 年でも占めている。イタリアのどんな小さな村に行ってもバールがある。様々なバールがあるが，共通しているのはカウンターがありエスプレッソコーヒーが出ること。朝はエスプレッソを楽しむ喫茶店，昼はパニーノ (イタリア風のサンドイッチ) などを食し，夜は軽く一杯ひっかける居酒屋にもなる言わば「軽食喫茶店」かつ「村の寄合場」であり，コンビニエンスストア代わりに食品なども置いてあり，イタリアのフードサービスを語る際には欠かせない店である。

バールに詳しい林 (1997) によると，バールは所轄市役所に申請し営業許可を得るが，ライセンスには次のような種類がある。(A) 調理を許された店。アルコールのほか，新鮮な牛乳などの販売も可能 (B) 調理は出来ないが，調理済みの食品を温めて提供できる店 (C) B 同様調理は許されず，特別な施設 (ディスコ，ナイトクラブなど) においてのみ提供できる店などである。また併売できる商品による分類としては，バール・タバッキ (タバコや切手，印紙も販売)，バール・パスティッチェリーア (ケーキ，菓子類など販売)，バール・ジェラテリーア (アイスクリームの販売)，バール・エノテーカ (ワイン，アルコール類の販売)，ホテル・バー (ホテル内のバール) などがある[13]。なおユーロモニターの調査によりカフェ・バーにおけるチェーン店数をみると 2012 年では 159,973 店のうち 2,233 店のみで，圧倒的に独立商が多いことがわかる。

（3）ファストフードとスローフード

　ファストフードに対抗し，ゆったり食事を楽しむのがスローフードであり，この運動はイタリアのピエモント州の小さな町「ブラ」で始まっている。きっかけは，1986年にマクドナルドのイタリア1号店がローマで開業したことである。1970年代から地域の食文化を守る活動を行っていたアルチゴーラという組織が中心となり，食の画一化に反対するスローフード運動を起こした。この運動は大量生産・大量消費のアンチテーゼとして，昔ながらの製法，食材，地域性，風土などに根ざした伝統的手作り食品を見直し，再評価することである。1986年にかたつむりをロゴに使用するスローフード協会が立ち上げられてから支部も増え，現在では世界150以上の国に存在し，総会員数は約10万人に達する。単なるグルメとは違い，「環境に配慮した食文化の運動」である点が特徴である。

　しかしファストフード店も，全くないわけではなくネオ・レストレーション誌（2012年5月号）によると，レストラン売り上げランキング1位はマクドナルドで9.7億ユーロ（432店），2位がアウトグリルで7.2億ユーロ（596店），3位がシェフエクスプレス3.3億ユーロ（307店）になる。同年のイギリスのマクドナルドは46.6億ユーロ（1,200店）であり，ほぼ同じ人口ではあるが，売り上げは5倍近い差があり，食に対する感覚，選好の違いが見て取れる。

5．ヨーロッパの大企業

　第2節で見たようにアメリカはファストフードネーションとも言われるが，販売額のトップ10を比較するとヨーロッパの大きな特徴がみられる。

　図表15－3下側のアメリカはファストフード中心であり，それにカジュアルレストラン，カフェで上位を占めている。しかし上側のヨーロッパでは業務用フードサービス企業の力が強い。ヨーロッパでのトップを見ると，1位のマクドナルドは世界119ヵ国，35,429店，ヨーロッパでは39ヵ国に進出しており7,602店存在する。5位と6位もファストフードで，アメリカからきており，ヨーロッパでの進出国数も多い。ファストフードでも10位のイギリス発は，

図表 15 − 3　欧米トップ 10

ヨーロッパ

順位		主要業態	販売額 (百万ユーロ)	出身国	ヨーロッパ 進出国数
1	マクドナルド	ファストフード	19,489	アメリカ	39
2	ソデクソ	コントラクト事業	7,113	フランス	29
3	コンパス・グループ	コントラクト事業	6,650	イギリス	22
4	エリオール	コントラクト事業	5,017	フランス	13
5	ヤム！	ファストフード	3,420	アメリカ	32
6	バーガーキング	ファストフード	3,000	アメリカ	27
7	ミッチェル＆バトラー	パブ	2,229	イギリス	2
8	アウトグリル・グループ	交通施設	1,907	イタリア	17
9	SSP	交通施設	1,788	イギリス	18
10	ウィットブレッド	ファストフード	1,570	イギリス	16
	10 社合計		52,183		

アメリカ

順位		販売額 (百万ユーロ)
1	マクドナルド	35,856
2	サブウェイ	12,221
3	スターバックス	11,864
4	バーガーキング	8,501
5	ウェンディーズ	8,354
6	タコベル	7,800
7	ダンキンドーナツ	6,742
8	ピザハット	5,700
9	チック・フィラ	4,988
10	アップルビーズ	4,517
	10 社合計	106,543

出所：フードサービス　ヨーロッパ＆ミドルイースト　2014 年 6 号。

進出国数はアメリカ発より少ない。2位から4位は事業所給食受託事業（コントラクト・フードサービス）になる。ソデクソは全世界では18.4百万ユーロ，コンパス・グループは全世界で17.5百万ポンドなど巨大であり，両社ともにヨーロッパだけでも20ヵ国以上に出ており進出国数も多い。

　フードサービス　ヨーロッパ＆ミドルイースト誌（2014年第6号）調査のトップ99社の原産国はアメリカが8社であるが99社合計販売額の33.6％を占め，次にイギリスが23社で24.1％，フランスが17社で20.0％，イタリアが6社で4.9％などとなっており，チェーン化，システム化はアングロサクソン系が秀でているようである。フードサービスに大きな興味を持たないドイツとフードサービス市場は大きいもののチェーン化・システム化には興味をもたないスペインの企業は存在感が薄い。組織を作り，きちんとルールを守らないとチェーン化は難しい。ヨーロッパの南に住む人々は，ルールや時間を厳守するという気質とは無縁なのかもしれない[14]。なお99社の業態を見るとファストフードが31社で販売額の42.9％，業務用が18社で27.4％，交通施設が12社で9.7％，レストランが23社で9.1％，その他15社で10.9％となっている。

6．まとめ

　2010年ユネスコの無形文化遺産に料理関係では4つが登録された。そのうちの2つは，フランスの美食術と地中海料理（スペイン，ギリシャ，イタリア，モロッコ）である。ヨーロッパでは，それほど価値のある料理を過去に生んできている。フランス生まれのレストランは世界に広がっているし，近年グローバル化が著しいスターバックスはイタリアのバールが模範となっている。さらにフランスやスペインで修業したシェフが世界一と評価されるレストランをデンマークで営業している。楽しく語らい食を楽しむというラテン文化が形を少し変えグローバル化してきている。画一的な文明を生む側面もあるが，グローバル化がフードサービス分野でも多くの消費者の選択肢を増やし文化の融合による新しい食を創造する面も忘れてならないだろう。

【注】
1) ユーロモニターのデータは消費者対象のフードサービスが調査対象であるのに対し、各国の政府統計や他の民間調査機関のデータは事業所や学校給食を含むものもあるため、同じ年のデータであっても数値が異なることがある。
2) 南, 2003, pp.22-23
3) マッシモ・モンタナーリ（山辺, 木戸訳）, 1999, p.180
4) マッシモ・モンタナーリ（山辺, 木戸訳）, 1999, pp.254-258
5) P ブリザール他, pp.28-30, ブリザールは日本をウィスキー文明に入れているが、飽戸（1992）は天ぷらやお刺身を食べながらお酒を飲むワイン文明的側面もあるとしている。
6) P ブリザール他, p.116
7) 小売り集中度をハーフィンダール・ハーシュマン指数（HHI）でみると、北欧諸国は2,500を超えている。イギリスは1,800、フランス、ドイツが1,600であるが、スペインは500未満である。相原, 2014, pp.15-16
8) 川北, 2006, pp.173-182
9) D Foskert, V Ceserani, 2007, p.20
10) 日本貿易振興機構, 2011, p.21, この調査報告書は、食品小売りや外食市場の近年の動向を分かり易くまとめている。
11) 相原, 2010, pp.86-88ではGIRAの2008年調査結果を紹介している。
12) JPプーラン、Eネランク（山内秀文訳）, 2005, pp.66-69
13) 林, 1997, pp.95-104
14) 相原修「広告アゴラ アートとサイエンス そして情報発信」（日経広告研究所272号, 2012年12月／2013年1月号）においても、北と南の違いを別の指標を用いて論じた。

参考文献

相原修, 2010, フードサービス, 田中, 白石, 相原, 河野編, フランスの流通・都市・文化, 中央経済社

相原修, 2014, ミール・ソリューション──食提供業の構造変化, 商学集志, 第84巻第1号

飽戸弘, 1992, 食文化の国際比較, 日本経済出版社

日本貿易振興機構, 2011, 平成22年度英国における日本食品市場調査, 2011年3月

北山晴一, 2014, 世界の食文化 フランス, 農山漁村文化協会

川北稔, 2006, 世界の食文化 イギリス, 農山漁村文化協会

南直人, 2003, 世界の食文化 ドイツ, 農山漁村文化協会

マッシモ・モンタナーリ（山辺, 木戸訳）, 1999, ヨーロッパの食文化, 平凡社

林茂, 1997, イタリアのBARを楽しむ, 三田出版会

ブリザール P 他,1982,比較文化の眼,TBS ブリタニカ
プーラン,JP,E ネランク（山内秀文訳),2005,プロのためのフランス料理の歴史,学習研究社
Foskert, D, V Ceserani, 2007, The Theory of Catering 11th Edition, Hodder Arnold

索　引

A-Z

A/Bテスト	123
AIDMA	199
AISAS	199
CCP	216
CSR	210
CSV	228
HACCP	168, 216
Hanako族	264
HMR	257, 258
ISO	191, 211
――― 22000	215
JAS法	218
JIS Z 26000	211
MS	257, 258
OPPR	216
POS	111
PRP	216
PSM	82
QOP	216
RF1	45
RMR	223
SCM	211
SNS（ソーシャル・ネットワーキング・サービス）	197
SRI	211
STP	76
Traceability	168

ア

アカウンタビリティ	216, 217
アメリカ・ケンタッキー・フライド・チキン	254
アレルギー表示	165
安心	217
安全	217, 226
――・安心	153, 206
アンノン族	263, 264
居酒屋	17
意志決定支援	114
（一財）日本惣菜協会	24
一般法人の農業参入	247
遺伝子組み換え（GMO）	206
―――食品（Genetically Modified Organisms）	155
イニシャル・ランニングコスト	56
インサイト分析	74
インスタント食品	20
インターナル・マーケティング	72, 87
インタラクティブ・マーケティング	87
インターンシップ	220
ウィスキー文明	271
ウォンツ	72
エクスターナル・マーケティング	87
大阪万国博覧会	11
オーガニック	266
オゾン層	185
オープンデータ	120
俺のイタリアン	102
卸売市場	133
―――経由率	135
―――法	133

カ

外食元年	253
外食産業統計資料集	47
回転率	58
家計調査	47
かけ算の経営	20
可視化	114
カジュアル割烹	61
ガスト	93
価値形成	77
価値実現	77
価値伝達	77
価値の多因子性	33
価値表示	77
カテゴライゼーション	81
カフェテリア方式	21
カレーライス	6
川上行動	216
環境報告書	219
環境問題	178
完全競争（自由競争）産業	29
企業価値	145
企業の社会的責任	207

企業文化	145
偽装表示	104
ギッフェン財	80
機能的価値	86
基本価値	86
キャッシュフロー	56
キャラクター	100
牛海綿状脳症（BSE）	206
────牛	155
牛鍋屋	6
給与管理	113
共益性実現のマーケティング	72
協業	66
競合	75
共食	223
業態開発	132
業態価値	67
業態別店舗数割合	272
業態枠	62
京都議定書	218
クチコミ	195
クラウド	116
くら寿司	102
クラフトビール	63
グリーンハウス	256
グルメサイト	201
グローバル視点	247
経験価値	72
────産業	225
経済産業省の商業統計表	24
ケンタッキー・フライドチキン	20, 252〜255
広義の6次産業化	242
工業統計	47
高原価率ビジネス	57
広告	196
公平な評価	69
神戸コロッケ	45
広報（PR・パブリシティ）	196
5S	216
顧客価値	77, 145
顧客コスト	77
顧客満足	79
顧客ロイヤルティ	132
孤食	224
コストパフォーマンス（コスパ）	57, 199
コーズ・リレーテッド・マーケティング	227
小僧寿司チェーン	43
コーポレート・ガバナンス	211, 214
コミュニケーション	68, 77
ゴー・ミヨ	105
コンビニエンスストア	258
コンフォートフード	257, 258
コンプライアンス	207, 212, 215

サ

ザガット	265, 266
────サーベイ	106
サステナビリティ	212
────・レポート	219
サービス・ブランド	102
サービス・マーケティング	72
サーベンス・オクスリー法	211
サリー・ワイル	259
産業化	20
産業別入職率・離職率状況	220
3C分析	72
三方よし	212
ジェローム・マッカーシー	77
自己の経営資源	75
自己表現価値	86
自社	75
支出の痛み	80
市場	75
────外流通	135
事前評価の不能性	33
シフト管理	113
資本の自由化	12
習慣型選択行動	85
従業員価値	222
熟成肉	60
酒税法改正	64
出退勤管理	113
受容価格範囲	82
需要の不安定性	33
省エネルギー	178
商業統計	10, 47
情緒的価値	86
消費者起点	247
消費者費用	130
商標制度	96
商品価値	67
情報共有	146
情報消費	217
食育	224
食と農の連携	142
食の外部化	136
食品安全基本法	215
食品衛生管理者	103
食品表示法	164
ジングル	100
人工知能	124
人材育成	68
深層心理	87
シンボルマーク	100
水質汚濁	186
すかいらーく	91, 255

スケールメリット	57	適正価格	60
すし屋	3	デニーズ	255
須田町食堂	10	デパ地下	44
スターバックス	98, 255, 257	店内飲食（イートイン）	22
ステークホルダー	212	天ぷら	3
ストーリー	65	店舗開発	113
──性	225	店舗間知覚差異	87
スローガン	100	店舗管理	113
スローフード	283	東急フードショー	45
生産と消費の同時性	33	土壌汚染	186
生産販売一体型	65	ドライエージングビーフ	59
生鮮食料品流通	132	ドライブイン	94
生物多様性	188	トリプル・ボトムライン	212
西洋料理店	6	トレーサビリティ	216

ナ

内的参照価格	81
中食	19, 257
奈良茶飯	4
肉食禁止令	5
二酸化炭素（CO_2）	181
ニーズ	72
日本酒	63
日本ワイン	63
ヌーヴェル・キュイジーヌ	261
農商工連携	235
農林漁業成長化ファンド	244
ノロウイルス	167

セグメンテーション	72
セブン-イレブン	44
センサー	116
宣伝	196
セントラルキッチン	13, 21, 141
戦略的 CSR	213
総合評価の曖昧性	33
惣菜白書	47
素材ブランド	102
ソーシャル・ビジネス	228
ソーシャルメディア	195
蕎麦屋	3

タ

大気汚染	186
体験型食育	226
第二次資本自由化	253
妥協価格	84
宅配ピザ	44
ターゲット	72
ターゲティング	76
足し算の経営	20
食べログ	106
チェーンストア理論	20
チェーンレストラン	11, 20
地球温暖化	181
地産地消	17, 192
中小企業者と農林漁業者との連携による事業活動の促進に関する法律（農商工連携法）	236
中小企業による地域資源を活用した事業活動の促進に関する法律（地域資源活用促進法）	236
ちょい飲み需要	56
長期継続的取引	146
調理済み食	26
坪効率	58
ディズニーランド	252
ディナーハウス	257, 258

ハ

廃棄物	182
薄利多売	57
働きやすい環境	69
パッケージ	100
花屋敷	5
バラエティ・シーキング型選択行動	86
バリュー	58, 67
──チェーン	218, 239
ビアバル	65
ビアホール	9
非均質性	33
ビッグデータ	114
非分離性と保存の不能性	33
百貨店食堂	10
ヒューマン・インダストリー	222
病原性大腸菌 O157	155
表層サービス	78
品質バロメータ	80
品質を推し量る	80
ファストカジュアル	257, 258
ファストフード	3, 14
ファッションフード	204
ファミリーレストラン	14, 21, 94, 257

フィランソロピー	212
不協和解消型選択行動	86
フードコート	3
フードサービスインダストリー	21
フードサービス階層	90
フードサービスの表層機能	103
フードサービスの本質機能	103
フードサービス・ブランド	93
フードジャーナリズム	104
フードマイルズ	225
フードマイレージ	182
フラペチーノ	101
フランチャイザー	252
フランチャイジー	252
フランチャイズ	252
ブランド	72, 90
───・アイデンティティ	97
───・アイデンティファイア	100
───階層の企業レベル	91
───階層の事業レベル	91
───階層の製品レベル	91
───階層の属性レベル	91
───間の差異性	96
───内の同質性	96
───の意味付与機能	95
───の識別機能	94
───の信頼形成機能	94
───の排他的使用権	96
───・ポジション	97
───・ポートフォリオ	103
───名	99
───要素	99
───ロイヤル型選択行動	86
振り売り	3
プリフィクス	262, 263
プレステージ性	81
プレステージを感じる	80
フレーム・オブ・レファレンス	99
ベビーブーマー	251, 252
ポイント・オブ・ディファレンス	99
ポイント・オブ・パリティ	99
ポジショニング	77
ホスピタリティ	67
ほっかほっか亭	43
本質サービス	78

マ

マクドナルド	21, 253〜256
───兄弟	252
マーケットセグメンテーション	75
マーケティング・ミックス	74
マスメディア	196
見える化	84, 114

ミシュラン	105, 251, 265, 266
───ガイド	205
ミスタードーナツ	253
水茶屋	4
ミール・ソリューション	42
無形文化遺産	281, 285
無国籍料理	17
メセナ	212
メディア	195
───プランニング	196
───ミックス	196
メニューミックス	57
モスフードサービス	255
モータリゼーション	251, 256

ヤ

屋台	2
輸入食材	139
予測	122
4P	74, 77

ラ

リサイクル	180, 183, 219
リスクコミュニケーション	206
リスク・マネジメント	226
───的CSR	213
リスク・リテラシー	226
理想価格	84
リデュース	183
理念の浸透	68
利便性	77
流通懸隔	127
流通コスト	127
流通サービス水準	129
リユース	183
料理茶屋	3
料理人	102
料理評論家	104
料理ブランド	101
レストラン・ブランド	97
ロイヤル	255, 256
───ホールディング	21
労働就業人口	20
6次産業	65
───化	135, 234, 238
ロゴマーク	99
ロス	61

ワ

ワイン業態	58
ワイン文明	271
ワンコイン	60
ワン・ツー・ワン・マーケティング	76

《著者紹介》（執筆順）

茂木信太郎（もぎ・しんたろう）担当：第1章
　亜細亜大学経営学部教授

立原　繁（たちはら・しげる）担当：第2章
　東海大学観光学部教授

佐藤康一郎（さとう・こういちろう）担当：第3章
　専修大学経営学部准教授

大澤　哲（おおさわ・さとし）担当：第4章
　㈱柴田書店編集室室長兼編集長

上田　隆穂（うえだ・たかほ）担当：第5章
　学習院大学経済学部教授

小林　哲（こばやし・てつ）担当：第6章
　大阪市立大学商学部准教授

中村　仁也（なかむら・じんや）担当：第7章
　㈱ゴーガ取締役

伊藤　匡美（いとう・まさみ）担当：第8章
　東京国際大学商学部教授

高力美由紀（こうりき・みゆき）担当：第9章
　宮城大学事業構想学部准教授

丹治　朋子（たんじ・ともこ）担当：第10章
　川村学園女子大学生活創造学部准教授

白鳥　和生（しろとり・かずお）担当：第11章
　日本経済新聞社編集局調査部次長

江口　泰広（えぐち・やすひろ）担当：第12章
　学習院女子大学国際文化交流学部教授

新井ゆたか（あらい・ゆたか）担当：第13章
　農林水産省水産庁漁政課課長

横川　潤（よこかわ・じゅん）担当：第14章
　文教大学国際学部准教授

相原　修（あいはら・おさむ）担当：第15章
　日本大学商学部教授

(検印省略)

2015年6月6日　初版発行　　　　　　　　　略称―フード

現代フードサービス論

編　者　日本フードサービス学会
発行者　塚　田　尚　寛

発行所　東京都文京区　　**株式会社 創 成 社**
　　　　春日2−13−1
　　　　電　話　03（3868）3867　　ＦＡＸ　03（5802）6802
　　　　出版部　03（3868）3857　　ＦＡＸ　03（5802）6801
　　　　http://www.books-sosei.com　振　替　00150-9-191261

定価はカバーに表示してあります。

©2015 Jun Yokokawa　　　組版：ワードトップ　印刷：平河工業社
ISBN978-4-7944-2461-7　C3034　製本：宮製本所
Printed in Japan　　　　　　落丁・乱丁本はお取り替えいたします。

― 経 営 選 書 ―

書名	著者	区分	価格
現代フードサービス論	日本フードサービス学会	編	2,300円
感動経験を創る！ホスピタリティ・マネジメント	山口一美	著	2,600円
モチベーションの科学 ―知識創造性の高め方―	金間大介	著	2,600円
働く人のためのエンプロイアビリティ	山本　寛	著	3,400円
転職とキャリアの研究 ―組織間キャリア発達の観点から―	山本　寛	著	3,200円
昇進の研究 ―キャリア・プラトー現象の観点から―	山本　寛	著	3,200円
大学発バイオベンチャー成功の条件 ―「鶴岡の奇蹟」と地域Eco-system―	大滝義博 西澤昭夫	編著	2,300円
おもてなしの経営学［実践編］ ―宮城のおかみが語るサービス経営の極意―	東北学院大学経営学部 おもてなし研究チーム みやぎ おかみ会	編著 協力	1,600円
おもてなしの経営学［理論編］ ―旅館経営への複合的アプローチ―	東北学院大学経営学部 おもてなし研究チーム	著	1,600円
おもてなしの経営学［震災編］ ―東日本大震災下で輝いたおもてなしの心―	東北学院大学経営学部 おもてなし研究チーム みやぎ おかみ会	編著 協力	1,600円
スマホ時代のモバイル・ビジネスとプラットフォーム戦略	東邦仁虎	編著	2,800円
イノベーションと組織	首藤禎史 伊藤友章 平安山英成	訳	2,400円
経営情報システムとビジネスプロセス管理	大場允晶 藤川裕晃	編著	2,500円
グローバル経営リスク管理論 ―ポリティカル・リスクおよび異文化 　ビジネス・トラブルとその回避戦略―	大泉常長	著	2,400円

（本体価格）

創成社